KB162621

인사이드
머신러닝
인터뷰

인사이드 머신러닝 인터뷰

빅테크에서 자주 묻는 194가지 문제로 ML 면접 완벽 대비하기

초판 1쇄 발행 2024년 03월 15일

지은이 펑 샤오 / **옮긴이** 정원창 / **펴낸이** 전태호
펴낸곳 한빛미디어(주) / **주소** 서울시 서대문구 연희로2길 62 한빛미디어(주) IT출판2부
전화 02-325-5544 / **팩스** 02-336-7124
등록 1999년 6월 24일 제25100-2017-000058호 / **ISBN** 979-11-6921-212-0 93000

총괄 송경석 / **책임편집** 서현 / **기획 · 편집** 최민이
디자인 표지 이아란 내지 윤혜원 / **전산편집** 김민정
영업 김형진, 장경환, 조유미 / **마케팅** 박상용, 한종진, 이행은, 김선아, 고광일, 성화정, 김한솔 / **제작** 박성우, 김정우

이 책에 대한 의견이나 오탈자 및 잘못된 내용에 대한 수정 정보는 한빛미디어(주)의 홈페이지나 아래 이메일로
알려주십시오. 잘못된 책은 구입하신 서점에서 교환해 드립니다. 책값은 뒤표지에 표시되어 있습니다.

한빛미디어 홈페이지 www.hanbit.co.kr / **이메일** ask@hanbit.co.kr

© 2024 Hanbit Media, Inc.

Authorized Korean translation of the English edition of **Inside the Machine Learning Interview**
(ISBN: 979-8394054303) © 2023 Peng Shao

This translation is published and sold by permission of the Author, who owns or controls all rights
to publish and sell the same.

이 책의 한국어판 저작권은 저자와의 독점 계약으로 한빛미디어(주)에 있습니다.
저작권법에 의해보호를 받는 저작물이므로 무단 복제 및 무단 전재를 금합니다.

지금 하지 않으면 할 수 없는 일이 있습니다.
책으로 펴내고 싶은 아이디어나 원고를 메일(writer@hanbit.co.kr)로 보내주세요.
한빛미디어(주)는 여러분의 소중한 경험과 지식을 기다리고 있습니다.

인사이드
머신러닝
인터뷰

ML Fundamentals

ML Infrastructure Design

ML Coding

펑 샤오 지음 정원창 옮김

빅테크에서 자주 묻는

194가지 문제로

ML 면접 완벽 대비하기

ML System Design

한빛미디어
Hanbit Media, Inc.

지은이·옮긴이 소개

지은이 **펑 샤오**^{Peng Shao}

15년 동안 소셜 미디어, 광고 기술, 핀테크, 전자 상거래 등 다양한 분야에서 ML 리더십 직책을 맡아 천 명에 가까운 지원자를 면접했습니다. 트위터(현재 X)에서 스태프 ML 엔지니어로 근무하면서 추천 알고리즘과 광고 예측 및 랭킹을 위한 ML 시스템을 설계했으며 그 전에는 록시^{Roxy}라는 AI 스타트업을 공동 창업해 벤처 캐피탈에서 수백만 달러의 투자를 받았습니다. 경력 초기에 아마존과 팩트셋^{FactSet}에서 ML 팀을 이끌며 기계 번역, 표 형식 정보 추출, 개체명 인식, 토픽 모델링 등 다양한 ML 시스템의 개발을 감독했습니다.

옮긴이 **정원창**

전자 공학과 전산학을 공부하고 국내외의 크고 작은 하드웨어와 소프트웨어 회사에서 다양한 경험을 쌓았습니다. 현재는 자연어 처리에 중점을 둔 ML 엔지니어로 일하고 있으며『개발자의 하루를 바꾸는 코파일럿 & 챗GPT』(한빛미디어, 2023)를 번역했습니다.

이 책은 훌륭한 면접 준비 자료일 뿐 아니라 실무 머신러닝(ML) 펀더멘탈 전반의 요점을 정리해주는 책입니다. 초심자가 읽어도 얻을 것이 있고 중고급자가 읽어도 얻을 것이 있습니다. 면접에 합격한 후 덮을 책이 아닌, 두고두고 찾아볼 만한 자료입니다. 실용서가 갖추기 어려운 미덕이지요. 불과 이삼 년 전에 구한 머신러닝 서적 중에 지금도 들여다볼 만한 책이 얼마나 되는지 생각해보면 금방 알 수 있습니다.

오늘날 머신러닝을 이끄는 양대 산맥은 북미와 중국입니다. 이 책에는 그곳의 면접자들이 자주 묻는 질문이 포괄적으로 담겨 있습니다. 또한 저자의 내공을 바탕으로 군데군데 고수준 관점에서 정리해주는 부분들이 백미입니다. 추천 시스템을 뼈대로 해서 다른 머신러닝 문제로 응용해가는 전개도 훌륭합니다.

이 책으로 면접 합격과 기본 실력 향상이라는 두 마리 토끼를 잡으시길 바랍니다.

정원창, 2024년 3월

생성 AI는 기술 산업에서 큰 주목을 받고 있으며 이미 다양한 응용 분야에 활용되고 있습니다. 이제는 빅테크 기업뿐 아니라 제조, 금융, 게임, 통신 등 거의 모든 산업계에서 AI/ML 분야 인력을 채용하고 관련 팀을 꾸리고 있습니다. 자기도 모르게 트랜스포머를 사용해본 비즈니스 의사결정권자도 많을 겁니다. 하지만 생성 AI의 기본을 이루는 중추적인 뼈대인 ML 개념을 제대로 이해하는 분은 찾기 힘듭니다. 건축물을 세우기 전에 튼튼한 기초를 다지지 않다 보니 그럴듯한 데모나 PoC$^{Proof\ Of\ Concept}$에 환호성을 지를 뿐 실제 프로덕션 적용 시에는 여러 문제가 발생하는 부실 공사로 마무리되거나 베이퍼웨어로 끝나게 됩니다. 수많은 ML 실용서가 출간되었지만 기본기를 다지기에 역부족이며 ML 이론서는 많은 분에게 진입 장벽이 높습니다.

이 책은 ML 직무 면접을 준비하는 분을 비롯해 ML 업계에 몸담고 있는 모든 분의 기본기를 다지는 데 큰 도움이 됩니다. 관련 업계에 이제 막 발을 들여놓는 분이나 주니어에게는 면접을 성공적으로 마무리하는 가이드를 제공하고, 잔뼈가 굵은 시니어, 스태프, 프린시펄 엔지니어에게는 현업에서 접하는 실용적인 주제에 대한 단계별 가이드를 제공합니다. 실용서임에도 어느 정도 깊이가 있어 기본기를 다지는 데 필요한 첫걸음을 떼기에 유용합니다. 저 또한 이 책을 두고두고 보면서 이미 숙지하고 있는 내용을 잊어버리지 않으려 합니다.

원서도 훌륭하지만 번역서는 더욱 훌륭합니다. 원서의 의미를 해치지 않고 관용적으로 쓰는 용어와 번역어를 적절히 활용함으로써 독자가 핵심을 더 쉽게 파악하도록 돕습니다. 면접 대비만이 아닌 ML 역량 향상을 위한 핸드북으로 곁에 두고 틈틈이 읽어보세요. 하루가 다르게 발전하는 ML 분야에서 휩쓸리지 않고 여러분의 경쟁력을 유지하는 발판이 되어줄 책입니다. 이렇게 훌륭한 책을 우리말로 초월 번역한 역자께 박수를 보냅니다.

김대근, 아마존 웹 서비스 시니어 AI/ML 전문 솔루션 아키텍트

이 책을 읽으며 저의 커리어 초기, ML 분야의 면접을 준비하며 느꼈던 막연함과 도전을 다시 한번 떠올리게 되었습니다. 어떤 질문이 나올지 예측할 수 없는 상황과 면접장에서 예상치 못한 문제에 직면했을 때의 낙담감은 지금도 생생합니다. 시간이 흘러도 여전히 ML 분야의 구직자들은 다른 개발 영역에 비해 면접 자료의 부족과 질문 범위의 광범위함으로 인해 어려움을 겪고 있습니다.

이런 상황에 놓인 구직자들에게 이 책은 단비와 같은 존재로 다가옵니다. ML 면접에 자주 등장하는 다양한 주제를 기초부터 심화 단계까지 폭넓게 다루며, 빅테크 회사 면접에서 주로 어떤 질문을 하는지에 관한 깊이 있는 통찰을 제공합니다. 저자는 복잡한 개념을 명확하게 설명하고 면접 과정에서의 성공적인 전략을 제시함으로써 독자가 자신감을 갖고 면접에 임하도록 돕습니다. 또한 실제로 지원자들을 면접한 경험에서 나온 다양한 사례를 공유함으로써 실전과 같은 상황에서 어떻게 대응해야 하는지에 대한 이해를 높여줍니다.

이 책은 ML 면접 준비에 국한되지 않고, ML에 관심 있는 모든 이에게 이 분야에 대한 깊은 이해와 전반적인 지식을 제공하는 귀중한 자료입니다. ML 면접의 복잡한 미로를 헤쳐나가는 데 필요한 전략과 지식으로 가득한, 제가 십여 년 전 수많은 면접에서 실패를 경험하며 절실히 원했던 책입니다.

김영민, 아마존 웹 서비스 데이터 과학자

머신러닝(ML)은 최근 몇 년 사이 엄청난 인기를 얻었으며 현대적 기술 개발의 중요한 구성 요소가 됐습니다. 그에 따라 재능 있는 ML 실무자에 대한 수요가 증가했으며 면접 과정에 대비하는 일은 빠르게 성장하는 이 분야에서 성공을 거두는 데 매우 중요합니다. ML 면접은 코딩 및 설계 면접과는 다른 기술을 요구하는 만큼 상당히 어렵게 느껴지기도 합니다.

다음 질문을 생각해봅시다. "분류 문제 X에 가장 유용한 피처를 어떻게 찾을 수 있나요?"

질문에 답하기 위해 지원자는 전공 지식이나 업계에서 배운 경험을 활용합니다. 전공 지식이 있다면 카이제곱 검정이나 정보 이득과 같은 통계 기법을 거론할 테고 반대로 업계 경험이 있다면 피처값을 교란하거나 절제 연구를 수행하는 등의 직접적인 접근 방식을 제안할 수 있겠죠. 또한 지원자는 피처의 유효성만 고려할 것이 아니라 시스템 제약 아래 오프라인 수집이 용이한지, 프로덕션 환경의 온라인 추론을 위해 빠르고 안정적으로 수화hydration가 가능한지도 고려해야 한다는 점을 강조할 수 있습니다.

지원자로서, 코딩 및 설계 면접 문제에 익숙한 상태에서 ML 지식을 적극적으로 기억해내야 한다면 부담이 느껴질 수 있습니다. ML 실무자가 ML 지식에 능숙함과 동시에 소프트웨어 엔지니어링 기준까지 충족해야 한다는 것도 만만치 않은 일이죠. 하지만 걱정하지 마세요. ML 면접이 어렵기만 한 것은 아닙니다. 사실 정반대일 수도 있습니다.

여러분에게 가장 중요한 주제를 선정하고 내용을 탄탄히 정리한다면 어떤 질문에도 자신 있게 대처할 수 있을 것입니다. 이 책에서는 ML 면접 과정을 단계별로 따라가며 자주 묻는 질문에 대한 이상적인 답변을 구성해봅니다. 이때 제시하는 개념은 광범위하게 적용 가능하므로 변형된 질문에도 적절히 활용할 수 있습니다.

그럼 시작해봅시다!

펑 샤오

이 책을
저의 학습 데이터셋에 바칩니다.
데이터셋이 없었다면
아무것도 알 수 없었을 것입니다.

이 책에 대하여

이 책에서는 ML 면접 과정을 단계별로 안내합니다. ML 기본 지식부터 시스템 설계와 인프라 설계 면접까지, 각 세션에서 접하기 쉬운 면접 질문을 제시하며 강력한 답변을 구성하기 위한 전략을 설명합니다. 방대한 학술 및 응용 ML 자료는 독자에게 부담스러울 수 있기에 이 책에서는 이해하기 쉽게 정리된 답변을 제시하고자 합니다. 노련한 ML 전문가든 이제 막 시작하는 사람이든 관계없이 면접을 자신 있게 진행하는 데 도움이 되도록 귀중한 통찰력을 제공합니다.

이 책을 최대한 활용하려면 기본 ML 지식이 어느 정도 필요합니다. 학습을 시작하기에 앞서 '면접 전에 알아야 할 것'을 반드시 숙지하길 바랍니다. 그렇지 않으면 내용이 잘 이해가 되지 않을 수 있습니다.

ML 면접 경험이 적거나 없다면 각 장 예제들을 간략히 훑어보고 질문 유형에 대한 감을 얻길 바랍니다. 그런 다음 1장 '면접에 임하기'에서 각 면접 세션이 어떻게 구성되는지 읽어보면서 스스로의 실력이 어느 부분에서 충분하고 모자란지를 파악하세요. 그러면 이 책의 어느 부분을 중점적으로 학습해야 면접을 성공으로 이끄는 데 가장 도움이 될지를 파악할 수 있습니다.

이 책은 ML 면접 대비 외에도 유용한 학습 가이드로 활용할 수 있습니다. 여러분이 숙련된 ML 실무자라면 지식과 경험을 바탕으로 각 세션에 포함된 예제들을 풀어보길 바랍니다. 새로 학습해야 할 지식이나 예상치 못한 사각지대를 발견할 수도 있습니다. 예를 들어 '데이터셋의 레이블 불균형에 어떻게 대처하는지'에 관한 내용이 궁금하다면 2장 'ML 기본 지식'을 읽어보면 됩니다.

면접 전에 알아야 할 것

면접에 앞서 ML과 자연어 처리(NLP)에 관한 지식을 체계적으로 학습해야 합니다. 관련 분야의 학위가 있으면 확실히 도움이 되지만 꼭 필요한 것은 아닙니다. 앤드루 응Andrew Ng과 같은 전문가의 ML 강의를 수강하면서 공부하는 것으로 충분할 수 있습니다. 또한 지원자는 과적합

overfitting, 경사하강법gradient descent, 하이퍼파라미터hyperparameter와 같은 용어의 의미를 설명할 수 있어야 합니다. ML 면접에서는 지원자가 이러한 용어를 알고 있다고 가정하며 이 책 전반에서도 해당 용어를 사용합니다.

준비된 지원자라면 면접 전에 최소 한 번은 ML 실무 워크플로를 완전히 거쳐 처음부터 모델을 구축한 경험이 있을 것입니다. ML 실무 워크플로는 다음 단계로 구성됩니다.

1 오프라인 데이터 탐색적 분석
2 오프라인 피처 생성
3 오프라인으로 데이터셋을 생성하거나 기존 데이터셋과 피처들을 결합
4 오프라인 모델 학습
5 오프라인 모델 평가
6 오프라인 모델 하이퍼파라미터 튜닝
7 온라인 피처 수화hydration[1]
8 온라인 모델 서빙
9 온라인 모델 업데이트

ML 실무 워크플로를 숙지하는 것은 ML 면접을 대비하는 데 중요합니다. ML 분야에서 경쟁력을 갖추려면 실무 문제에 ML을 적용할 줄 알고 전체 ML 수명 주기를 이해해야 합니다. ML 실무 워크플로 전체를 경험해보지 않았다면 텐서플로Tensorflow 문서를 참조해 몇몇 튜토리얼을 따라가보세요.

- TFX 시작하기 튜토리얼(TFX: Getting started tutorials, $https://www.tensorflow.org/tfx/tutorials?hl=ko$)은 데이터 추출, 피처 엔지니어링, 모델 학습, 모델 평가, 모델 내보내기export를 포함하는 오프라인 파이프라인 구축을 안내합니다.

----

1 옮긴이_ 저자는 이 책 전반에 걸쳐서 피처의 수화라는 용어를 적극적으로 사용합니다. 이는 이 책이 쓰여진 시점(2023)의 ML 커뮤니티에서는 거의 사용하지 않는 개념입니다. 생경하게 느끼는 독자가 있을 수 있지만 실은 매우 유용한 개념입니다. 특히 MLOps나 시스템적인 관점에서 그렇습니다. ML 파이프라인에서 피처값들이 얼마나 막힘없이 잘 '흐르는지'를 나타내는 개념이라고 이해하면 무난합니다.

이 책에 대하여

- 텐서플로 서빙 튜토리얼(Train and serve a TensorFlow model with TensorFlow Serving, *https://www.tensorflow.org/tfx/tutorials/serving/rest_simple?hl=ko*)을 따라 학습된 모델을 호스팅 환경에 배포하고 분류 또는 회귀 요청을 시도해보세요.
- 텐서플로 서빙 구성(Tensorflow Serving Configuration, *https://www.tensorflow.org/tfx/serving/serving_config?hl=ko*)을 통해 모델을 모니터링하고 정기적인 모델 새로 고침을 활성화할 수 있습니다.

ML 분야의 실무 경험이 없다면 워크플로의 전체 단계, 특히 **7~9단계**를 잘 알지 못할 것입니다. 이러한 단계는 주로 6장에서 다룰 'ML 인프라 설계' 세션의 평가 항목이니 걱정하지 마세요. ML 인프라는 주로 시니어 이상의 지원자를 대상으로 하는 면접에서 다룹니다.

참고자료

본문에 언급된 참고자료에 관한 자세한 정보는 책 뒷부분 '참고자료' 목록에 있습니다. 본문에서 소개하는 개념이나 사례를 더 자세히 알아보고 싶다면 해당 목록을 참조하길 바랍니다.

목차

1장 | ML 면접에 임하기

2장 | ML 기본 지식

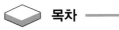
목차

5장 ｜ ML 시스템 설계 2 - 응용

6장 | ML 인프라 설계

7장 | 고급 ML 문제

부록 A | 생성 모델: 노이지 채널 모델에서 LLM까지

ML 면접에 임하기

CHAPTER 1

ML 관련 직무를 희망한다면 ML 기본 지식부터 시스템 설계까지 폭넓은 분야의 지식을 갖춰야 합니다. 면접에서는 지원자를 다음 영역의 숙련도로 평가합니다.

ML 기본 지식

지도 학습과 비지도 학습, 모델 선택, 정규화, 모델 평가를 비롯한 ML의 기본 개념과 원리를 명확히 이해해야 합니다.

소프트웨어 엔지니어링 기술

기술 문제 해결 역량, 코딩, 데이터 구조와 알고리즘, 테스트에 대한 역량입니다. 경우에 따라 분산 시스템에 관한 지식도 필요합니다.

ML 시스템 설계

데이터 수집, 모델 아키텍처, 피처 엔지니어링, 학습, 추론, 모니터링 등 다양한 시스템 구성 요소를 고려할 줄 알아야 합니다.

면접관은 위와 같은 영역에 뚜렷한 약점이 없는 지원자에게 높은 점수를 줍니다. 모든 영역에서 기본기를 갖추되 하나 이상의 영역에서 뛰어난 강점이 있다면 더욱 경쟁력이 있을 것입니다. ML 면접은 일반적으로 테크니컬 폰 스크린, ML 기본 지식 면접, ML 코딩 면접, ML 설계 면접, 기타 면접 등의 세션으로 진행됩니다.

ML 면접에 앞서 자신에게 어떤 강점이 있으며 어떤 부분을 보완해야 하는지 돌아보는 것이 중요합니다. 스스로에게 다음 질문을 던져보길 바랍니다.

내가 보완해야 할 약점이 무엇인가

어떤 부분이 부족한지 명확히 파악하고 보완해야 합니다. 특정 주제에 자신이 없다면 이 책에서 해당 주제를 다루는 부분을 찾아 꼼꼼히 읽어보길 바랍니다. 예를 들어 대규모 모델 서빙에 자신이 없다면 ML 인프라 설계 예제의 솔루션을 자세히 읽어보세요. 필요에 따라 참고자료도 보면서 내용을 확실히 파악하세요.

내 강점을 어떻게 활용할 것인가

예를 들어 다음과 같은 질문을 스스로에게 던져보세요. "로지스틱 회귀가 어떻게 작동하는지 설명할 수 있나요?" ML 기본 지식에 강점이 있다면 면접관에게 교과서 같은 명확한 정의를 제시하고 수학적 배경에 관한 이해를 보여주세요. 응용 측면에 더 강점이 있다면 로지스틱 회귀의 사용 사례와 장단점을 논하고 다른 접근 방식과 비교해 설명하세요.

이어서 ML 면접을 구성하는 각 기술 면접 세션을 자세히 알아봅시다.

테크니컬 폰 스크린

테크니컬 폰 스크린에서는 ML 코딩이나 간단한 ML 모델링 문제로 지원자를 평가합니다.

평가 항목

- ML 전반에 대한 이해도
- 실제 문제에 ML을 적용하는 역량
- 기본 ML 알고리즘을 코드로 구현하는 역량

예제

- k-평균은 어떻게 동작하나요? 구현할 수 있나요?
- 과적합이 무엇인가요?
- X를 추천하는 시스템을 개략적^{high-level}으로 설명하세요.

> **TIP** 테크니컬 폰 스크린에서는 일반적으로 다른 ML 면접 세션에 비해 평이한 문제를 질문합니다. 이 세션을 따로 준비하기보다는 다른 ML 면접 세션 준비에 시간을 더 투자하는 편이 좋습니다.

ML 기본 지식 면접

ML 기본 지식 면접에서는 지원자가 ML 핵심 개념을 얼마나 깊고 폭넓게 이해하고 있는지 평가합니다. 관련 예제는 2장 'ML 기본 지식'을 참조하세요.

평가 항목

- ML 핵심 개념에 대한 이해도
- 일반적인 ML 문제에 대한 논문 및 실무 접근 방식을 설명하는 역량
- 여러 ML 알고리즘을 비교하고 대조하는 역량
- ML 알고리즘 및 기술을 단계별로 자세히 설명하는 역량
- 피처나 모델링 문제에 관한 깊은 지식

ML 코딩 면접

ML 코딩 면접에서는 익숙한 ML 알고리즘을 구현하거나 확률 및 통계 문제를 푸는 코딩 역량을 평가합니다. 이 외에도 때때로 ML과 관련이 없는 데이터 구조, 알고리즘, 분산 시스템 등에 관한 코드를 질문하기도 합니다. 관련 예제는 3장 'ML 코딩'을 참조하세요.

평가 항목

- 적절한 데이터 구조와 알고리즘을 생각해내고 사용하는 역량
- 적절한 API를 설계하는 역량
- 깔끔한 코드와 적절한 테스트를 작성하는 역량
- 코드의 런타임 복잡도를 판단하는 역량
- 문제를 발전시킴에 따라 솔루션을 조정하거나 필요시 재작성하는 역량
- 결과가 정확함을 증명하는 역량

ML 알고리즘 평가 항목

- 알고리즘을 코드로 구현하는 역량
- 수학 라이브러리(예 넘파이NumPy)에 대한 이해도
- 수학을 코드로 표현하는 역량

확률 통계 평가 항목

- 기본적인 확률 문제를 푸는 역량
- 알고리즘을 코드로 구현하는 역량

시니어 이상 지원자 평가 항목

- 분산 시스템에 대한 이해도
- 분산 설계를 통해 대규모 문제를 해결하는 역량

ML 설계 면접

ML 설계 면접에서는 지원자가 ML 수명 주기 전체를 이해하고 있는지 평가합니다. ML 문제에 관한 엔드투엔드 솔루션 설계 및 대규모 ML 모델의 학습 및 프로덕션에 관해 질문합니다. ML 수명 주기에 관한 예제는 4장과 5장을, 대규모 ML에 관한 예제는 6장을 참조하세요.

평가 항목

- 실무 문제에 ML을 적용하는 역량
- 데이터 수집부터 모델링, 프로덕션까지 ML 시스템의 전체 수명 주기를 설명하는 역량

시니어 이상 지원자 평가 항목

- 올바른 기술 전략을 제안하고 복잡한 실무 문제에 대한 접근 방식을 명확하게 설명하는 역량
- ML 수명 주기의 각 단계에서 문제를 발견하고 장단점을 논하고 솔루션을 제시하는 역량

기타 면접

앞서 살펴본 면접 세션 외에도 인성 면접(행동behavioral 면접)과 확률 통계 면접 등이 진행됩니다.

인성 면접

대부분의 ML 면접에서는 지원자의 소프트 스킬과 리더십 역량을 평가합니다. 기업 문화는 회사마다 매우 다양하므로 지원하는 회사의 자료를 살펴보며 어떤 자질을 가장 중요하게 고려해야 할지 파악하세요.

확률 통계 면접

데이터 과학 면접과 달리 ML 면접에서는 일반적으로 확률 통계 기술을 별도로 평가하지 않습니다. 다만 ML 분야의 몇몇 주제는 확률 통계에 관한 이해 없이는 논하기 어려우므로 기본 지식 정도는 필요합니다. 다음과 같은 기본 개념을 이해하는 것이 중요합니다.

- 신뢰 구간
- p-값
- 균일 분포, 정규 분포, 베르누이 분포
- 분산 계산법
- 독립 변수와 종속 변수
- 가능도likelihood[1] 와 확률probability의 차이

우수한 답변의 필수 요소

ML 면접을 성공으로 이끌기 위해 지원자는 이론 지식뿐 아니라 실무 환경에서 실질적인 문제를 해결하는 역량을 갖춰야 합니다. 이러한 역량을 면접관에게 효과적으로 보여주려면 다음과 같은 요소로 답변을 구성하는 것이 중요합니다.

답변을 전달력 있게 구성합니다

답변을 전달력 있게 구성하고 주어진 문제에 관한 ML 기술을 이해하기 쉽게 설명해야 합니다. 경우에 따라 답변의 깊이를 조절하고, 필요시 수학적 개념이나 수식을 자세히 설명하거나 연구를 인용하면 효과적입니다.

세부 사항에 주의를 기울입니다

데이터 수집, 피처 엔지니어링, 모델링, 평가 등 ML 실무 워크플로의 모든 측면에 세심한 주의를 기울입니다. 프로세스 전반에 걸쳐 잠재적인 문제를 인식하고 해결할 수 있으며 가장 중요한 요소에 우선순위를 지정할 수 있습니다. 이론을 명확히 이해할 뿐 아니라 실제로 어떻게 구현할지도 제시할 줄 알아야 합니다.

---

1 옮긴이_ 일본식 용어인 우도(尤度)로 번역하기도 합니다.

한계와 대안을 설명합니다

다양한 ML 접근 방식의 한계와 그에 대한 대안을 제시합니다. 각 접근 방식을 구현하는데 어떤 어려움이 있으며 비용은 어느 정도인지 효과적으로 설명합니다.

트레이드오프를 설명합니다

다양한 ML 접근 방식의 장단점을 명확하게 설명합니다. 어떤 접근 방식이 주어진 상황에 가장 적합한지 판단할 줄 알아야 합니다. 여러 방식을 조합해 사용하는 것이 가장 적절한 경우도 파악해야 합니다.

전략을 제시합니다

현재 접근 방식의 잠재적인 문제와 한계를 미리 생각하고 예측합니다. 지속적인 개선을 위한 계획을 세우고 앞으로 가장 효과적인 기술 전략을 결정할 줄 알아야 합니다. 이는 아이디어 브레인스토밍, 요구 사항 수집, 성공 기준 설정을 포함합니다.

이어지는 장들에서는 ML 기본 지식부터 ML 코딩, ML 설계에 이르는 ML 면접 세션 각각을 자세히 살펴봅니다. 면접에 대비하는 데 도움이 되도록 각 세션에서 자주 묻는 질문과 그에 대한 솔루션을 다룹니다. 여러분의 상대적인 강점과 약점을 파악할 수 있도록 전체 또는 부분적으로 연습 면접을 해보면 도움이 됩니다. 우수한 답변 요소를 포함해 가능한 한 최선의 답변을 구성하도록 노력하길 바랍니다.

ML 기본 지식

CHAPTER 2

ML 기본 지식 면접에서는 다양한 영역에서 지원자의 ML 지식을 테스트해 폭과 깊이를 모두 평가합니다. 폭은 일반적인 ML 문제에 대해 다양한 해결 방법을 제시하는 역량을, 깊이는 각 접근 방식을 자세히 설명하는 역량을 의미합니다.

지원자 입장에서 ML에 관해 무엇이든 질문받을 수 있다는 사실이 부담스럽지만 사실 좋은 면접 토론을 위한 주제는 소수에 불과한 경우가 많습니다. 업계에 관계없이 면접관들은 거의 누구나 학교에서 공부했거나 접했을 법한 질문을 선호합니다. 보편적인 주제에 관해서는 대부분의 지원자와 면접관이 익숙할 것이므로, 평가에 필요한 정보를 충분히 얻고 면접관 간의 평가 결과의 차이를 줄일 수 있습니다. 이 점을 고려해 이 책에서는 주로 보편적인 질문을 다룹니다.

면접관은 ML 기본 지식에 초점을 두므로 특정 분야의 최신 연구에 관해 질문할 가능성은 크지 않습니다. 지원한 포지션에 따라 다르지만 일반적으로 면접관은 트랜스포머Transformer, BERT, 어텐션 메커니즘보다 로지스틱 회귀나 부스팅 트리에 관해 질문할 가능성이 더 큽니다.

이 장에서는 다가오는 면접에 대비해 알아두면 좋은 예시 질문을 살펴봅니다. ML 기본 지식에 관해 자주 나오는 질문을 소개하고 폭넓으면서도 간결한 답변을 제시합니다. 여러분의 학문적 지식이나 실무 경험으로 답변을 보완하고 특히 자신 있는 부분에 깊이 파고들면 좋습니다. 더 깊이 있는 내용을 살펴보고 싶다면 본문에 언급된 참고자료를 참조하길 바랍니다. 이 장에서는 개념 이해를 돕기 위해 그림과 수학 공식을 제공하지만 일반적으로 면접에서 이를 재현할 필요는 없습니다.

학습 데이터셋을 어떻게 준비하나요?

데이터셋을 구성하는 작업은 ML 시스템 개발의 핵심 단계입니다. 다음과 같은 단계를 따릅니다.

1 데이터 수집

모델 학습에 필요한 데이터를 수집합니다. 데이터는 사용자 행동과 같이 시스템에서 생성되는 기존 스트림에서 가져올 수도 있고, 사용자 조사를 통해 수집한 새로운 데이터에서 가져올 수도 있습니다. 수행하려는 작업에 따라 무작위random[1] 샘플링이나 계층화stratified 샘플링과 같은 적절한 샘플링 기법을 사용해야 합니다. 데이터를 일괄 처리하는 경우와 스트리밍하는 경우의 장단점을 검토합니다.

2 데이터 정제

누락되거나 중복된 데이터를 확인하고, 이상치를 찾고, 관련 없는 정보를 제거하고, 오류를 수정합니다. 피처값이 누락된 경우 평균값 대체 또는 더 정교한 기법을 사용해 데이터 포인트를 삭제하거나 대체할 수 있습니다.

3 레이블 지정

지도 학습supervised learning인 경우 데이터에 레이블을 지정합니다. 사용자 상호 작용 데이터를 수집하거나 레이블링 작업자를 고용하기도 합니다.

4 데이터 분할

데이터를 학습, 검증 및 테스트 셋으로 나눕니다. 학습 셋은 모델을 학습시키는 데 사용하고, 검증 셋은 학습 중에 모델 성능을 평가하는 데 사용하며(**예** 조기 종료early stopping, 하이퍼파라미터 튜닝hyperparameter tuning), 테스트 셋은 학습 후 모델 성능을 평가하는 데 사용합니다. 교차 검증과 같은 기술을 사용하는 경우 학습 및 검증 셋을 단일 데이터셋으로 할 수

---

1 옮긴이_ ML 맥락에서 '무작위'는 완전한 무작위라기보다는 '데이터 분포를 잘 반영하는'이라는 뉘앙스가 강합니다. 확률변수(random variable)가 완전한 무작위가 아니라 정확한 분포를 가지는 것과 완전히 같은 경우입니다.

있습니다. 테스트 셋은 학습 셋에 편향되지 않은 성능 평가에 필요하며, 이는 다양한 모델링 접근 방식을 비교하는 데 사용할 수 있습니다.

5 데이터 전처리

데이터를 모델에 적합한 형식으로 정규화, 스케일링, 변환하는 등 필요한 전처리를 합니다.

6 클래스 불균형 확인

데이터 불균형이란 한 클래스가 다른 클래스에 비해 불균형적으로 많은 샘플로 표현됨을 말합니다. 이때 모델이 다수 클래스에 초점을 맞추고 소수 클래스를 무시할 가능성이 크기 때문에 학습에 문제를 일으킬 수 있습니다. 불균형 데이터셋으로 작업해야 할 때는 먼저 실제 분포에 대해 학습을 시도하세요.[2] 모델이 실제 분포에 대해 잘 학습하고 일반화할 수 있다면 문제는 심각하지 않을 가능성이 크며 추가 조치가 필요하지 않을 수 있습니다.

7 데이터 섞기

편향을 줄이고 모델이 데이터의 순서 기반 정보를 학습하지 않도록 데이터 순서를 섞습니다. 그것이 학습의 목적이 아닌 이상 말이죠.

ML을 위한 데이터셋을 구축하는 프로세스는 일반적으로 이러한 일곱 단계를 따르지만 항상 엄격한 선형 프로세스는 아닙니다. 프로세스를 진행하면서 특정 단계를 다시 수행하거나 수정해야 하는 상황도 있습니다. 예를 들어 데이터에 레이블을 지정한 후 데이터를 분할할 수도 있습니다. 마찬가지로 레이블을 지정하기 전에 데이터셋의 균형을 맞출 필요가 없을 수도 있습니다.

---

2 옮긴이_ 불균형이 있더라도 일단 그 분포 그대로 학습해보라는 의미입니다.

학습 데이터를 수집할 때 어떤 문제가 발생할 수 있나요?

데이터 수집 시 각 단계에서 발생할 수 있는 문제는 다음과 같습니다.

1 데이터 수집

서빙 편향serving bias과 같이 데이터 수집 기법으로 인해 발생하는 편향을 인식해 밴딧 기법과 같은 적절한 대책[3]을 적용합니다. 부적절한 샘플링으로 인해 데이터셋이 좁아지거나 동질화homogeneous되면 일반화 능력이 떨어지고 예측 다양성이 제한될 수 있습니다.

2 데이터 정제

이상치 및 중복 검색, 결측값 대치 등 데이터 정제에 사용하는 기술은 데이터에 영향을 미칩니다. 특히 데이터가 무작위로 누락missing at random(MAR)되지 않은 경우, 모델 학습에 부정적인 영향을 미칠 수 있습니다.

3 레이블 지정

레이블링 지침이 모호하거나 작업자 간에 일관성이 부족해서 생기는 노이즈에 주의해야 합니다. 레이블링 오류를 줄이려면 가중치 투표 또는 레이블 검증과 같은 기법을 사용하는 것이 좋습니다. [참고자료 032]에서 자세한 내용을 읽어보세요.

4 데이터 분할

학습, 검증, 테스트 셋 간에 섞이지 않도록 데이터를 정확하게 분리합니다. 예를 들어 데이터를 날짜에 따라 분할한다면 학습 셋에는 해당 날짜까지의 모든 데이터를 포함하고 테스트 셋에는 다음 날짜부터의 데이터가 들어갑니다. [참고자료 057]에서 자세한 내용을 읽어보세요.

5 데이터 전처리

적절하지 않은 정규화normalization는 특정 피처의 유용성에 영향을 미칠 수 있습니다. 예를 들

---

3 옮긴이_ 탐색(exploration)적으로 골라진 샘플들을 추가함으로써 편향을 완화하는 접근입니다.

어 횟수 피처의 값이 대부분 0인 경우 정규화를 하게 되면 모델 학습에 좋지 않은 영향[4]을 미칠 수 있습니다.

6 클래스 불균형 확인

데이터의 클래스 분포는 모델 성능에 영향을 미칩니다. 학습이 느리게 수렴하거나 다수 클래스에 편향되어 소수 클래스를 잘 인식하지 못할 수 있습니다. 오버샘플링이나 언더 샘플링 같은 기술을 사용해 이 문제를 해결할 수 있지만 모델 출력의 확률이 제대로 보정 calibration되지 않는 등의 문제가 남아 있을 수 있습니다. 한 가지 해결책은 다운샘플링된 클래스에 가중치를 높여 보정을 하는 것입니다.[5]

Q 2.3 데이터 수집 시 고려 사항

수집한 데이터가 모델링에 적합한지 어떻게 판단하나요?

학습 데이터셋을 구성하는 첫 번째 단계는 모델을 학습시키고 검증하는 데 사용할 원시 데이터를 수집하는 일입니다. 데이터는 로그, 데이터베이스, 웹 스크레이핑, 사용자 분석 등 다양한 소스에서 얻을 수 있습니다. 원시 데이터를 수집할 때 몇 가지 중요한 고려 사항이 있습니다.

데이터 양

데이터 양은 모델 성능에 직접적인 영향을 미치기 때문에 중요합니다. 데이터셋이 크면 모델이 더 많은 패턴을 학습해서 일반화 능력이 좋아집니다. 일반적으로 데이터셋에는 모델의 매개변수 개수보다 한 자릿수 이상 많은 데이터포인트가 있어야 합니다. 대규모 데이터셋으로 학습한 간단한 모델이 작은 데이터셋으로 학습한 복잡한 모델보다 성능이 뛰어난 경우가 많습니다. 구글은 대규모 데이터셋에 대한 간단한 선형 회귀 모델을 성공적으로 학습시켰습니다(참고자료 222).

품질

품질도 마찬가지로 중요합니다. 신뢰할 수 없는 데이터는 모델 성능에 부정적인 영향을 미

---

4 옮긴이_ 해당 피처값의 변별력이 급격히 떨어질 수 있습니다.
5 Q2.4에서 불균형 데이터셋을 처리하는 방법을 자세히 알아보세요.

칠 수 있기 때문입니다. 데이터셋의 신뢰성이 낮은 데는 몇 가지 이유가 있습니다.

- 피처나 레이블 값이 누락[6]되는 경우: 데이터 수집 시 사람의 실수나 데이터 손상 등 다양한 요인으로 인해 발생합니다.
- 과적합overfitting이 발생한 경우: 데이터셋에 중복된 행이 있어 학습 결과가 왜곡되는 등의 과적합이 발생할 수 있습니다.
- 피처값이 잘못되는 경우: 학습에 사용한 피처 분포와 예측에 사용할 피처 분포 간에 차이가 있을 때 발생할 수 있습니다. 가능한 한 학습 파이프라인과 서빙 파이프라인 간에 코드를 공용하세요(참고자료 290).
- 레이블이 올바르지 않은 경우[7]: 레이블을 잘못 지정하거나 데이터 수집 프로세스에 오류가 있는 경우 발생할 수 있습니다.

샘플링 전략

샘플링 전략을 적절하게 선택하는 일은 고품질 데이터셋을 구축하는 데 중요합니다. 샘플링 전략은 모델링 목표 및 평가 지표와 연동되어야 합니다. 예를 들어 랭킹 모델을 구축하려 한다면 무작위 샘플링으로는 충분하지 않을 수 있습니다. 대신 쿼리 수준[8]과 같이 평가하려는 랭킹 지표를 반영하는 방식으로 데이터를 샘플링해야 할 수도 있습니다.

마찬가지로 데이터셋의 불균형[9]이 심하다면 수렴이 느려지거나 예측 성능이 저하될 수 있습니다.

Q 2.4 레이블 불균형 처리

데이터셋의 레이블 불균형을 어떻게 처리하나요?

ML 모델이 다수 클래스에 편향bias되지 않도록 데이터셋의 레이블 불균형label imbalance을 처리하는 것이 중요합니다. 이는 일부 클래스가 매우 제한적으로 반영represent되어 있는 경우 특히 중

---

6 Q2.5에서 누락된 값을 처리하는 방법을 자세히 알아보세요.
7 Q5.6에서 레이블이 올바르지 않을 때 대처하는 방법을 자세히 알아보세요.
8 옮긴이_ 하나의 추천 쿼리당 여러 후보가 생성되는데 그 그루핑을 반영하는 샘플링을 의미합니다.
9 Q2.4에서 레이블 불균형을 해결하는 방법을 자세히 알아보세요.

요합니다. 데이터셋의 레이블 불균형을 처리하는 몇 가지 방법은 다음과 같습니다.

리샘플링

소수 클래스 오버샘플링은 클래스가 균형을 이룰 때까지 소수 클래스의 샘플을 복제합니다. 다수 클래스 다운샘플링은 클래스가 균형을 이룰 때까지 다수 클래스에서 샘플을 제거해 모델 수렴 속도를 높이고 스토리지 요구 사항을 줄입니다. 또한 다운샘플링 후 다수 클래스에 가중치를 높여주는 것이 유익할 수 있습니다. 이는 학습 전반에 걸쳐 모델의 출력값을 보정하는 데 도움이 됩니다.

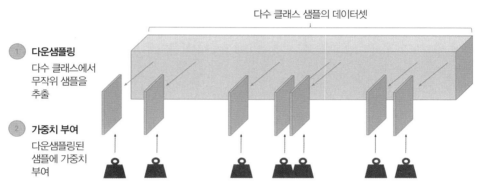

그림 2-1 다운샘플링 및 가중치 부여 기술(출처: 참고자료 096)

합성 데이터 생성

데이터셋의 균형을 맞추기 위해 소수 클래스의 새로운 합성 샘플을 생성하는 방법입니다. SMOTE^{Synthetic Minority Over-sampling Technique}와 같은 기법을 사용합니다.

비용 민감 학습

학습 시의 손실 함숫값에 클래스별로 다른 가중치를 할당함으로써 불균형을 줄입니다.

앙상블

다양한 샘플링 전략에 따라 학습된 여러 모델을 사용하거나 부스팅^{boosting} 또는 배깅^{bagging}을 통해 데이터의 다양한 하위 집합에 대해 학습한 모델 앙상블^{ensemble}을 사용합니다.

정밀도 지향 모델링

일부 모델에는 정밀도precision 또는 정밀도@kprecision@k와 같이 불균형 데이터셋에 민감한 평가 지표를 사용하는 편이 더 적합합니다. 예를 들어 의사 결정 트리와 그 변형(예 랜덤 포레스트, 부스팅 트리 등)에서는 엔트로피가 높거나 샘플이 희소한 경로를 잘라prune낼 수 있습니다. 트리를 의사 결정 목록들로 분해할 수도 있습니다. 도메인 특화 의도 분류Intent Classification(IC)와 같은 특정 자연어 이해Natural Language Understanding(NLU) 시나리오에서는 규칙 기반rule-based 모델로도 좋은 효과를 얻을 수 있습니다. 또는 로지스틱 회귀와 같은 확률 기반 출력을 생성하는 모델의 경우에는 원하는 성능 결과를 위해 임곗값threshold을 조정할 수 있습니다.

레이블 불균형을 처리하는 기법은 문제와 데이터셋에 따라 다르며 최상의 결과를 얻기 위해 여러 기법을 결합할 수 있습니다. 한편 아무것도 하지 않는 편이 가장 좋을 수도 있다는 점을 기억해야 합니다. 특히 데이터 양이 충분하고 모델 용량capacity이 큰 경우에 그렇습니다.

TIP 레이블 불균형 처리에 관해서는 [참고자료 132]에서 자세히 알아보세요.

Q 2.5 누락된 레이블 처리

누락된 레이블을 어떻게 처리하나요?

데이터셋에서 누락된 레이블을 처리하는 몇 가지 방법은 다음과 같습니다.

레이블 지정

레이블 지정은 정확한 레이블을 제공하기 위한 가장 직접적인 접근 방식이지만 비용과 시간이 많이 듭니다.

레이블이 누락된 데이터 제거

이 접근 방식은 누락된 데이터가 적은 데이터셋에 적합하지만 정보가 손실될 수 있습니다.

누락된 레이블 대치

누락된 값을 평균 또는 최빈값^mode과 같이 사용 가능한 데이터를 기반으로 하는 추정값으로 바꿉니다. 예를 들어 매우 불균형한 데이터셋(**예** 웹 클릭 데이터)에서는 다수 클래스의 레이블로 대치할 수도 있습니다. 다만 대치된 레이블 값들이 데이터셋에 편향을 유발해 성능 저하를 초래하기도 합니다.

모델링을 통해 누락된 레이블 예측

일명 '유도^induction[10]'라고 합니다. 여기에는 모델 하나를 이용하는 자체 학습^self-training 또는 여러 개의 모델을 이용하는 공동 학습^co-training이 해당됩니다. 사용 가능한 데이터로 모델을 학습시킴으로써 누락된 레이블을 예측합니다. 단점은 학습된 모델로 얻은 레이블이 잘못된 예측을 강화^reinforce할 수 있다는 점입니다.

분리를 통해 누락된 레이블 예측

일명 '추론^transduction[11]'이라고 합니다. 누락된 레이블을 예측할 때 레이블이 이미 있는 데이터로만 모델을 구축하는 것이 아니라 레이블이 없는 데이터까지 사용합니다. 방법은 여러 가지입니다. 부분 지도 학습을 사용한 클러스터링^clustering 알고리즘, 레이블 전파 알고리즘 Label Propagation Algorithm(LPA)과 같은 그래프 기반 기법, 저차원 공간에서 인접 데이터 간에 유사한 예측 결과를 갖도록 하는 매니폴드 학습^manifold learning 등이 있습니다.

인스턴스 수준에서는 데이터가 누락됐지만 그룹 수준에서는 집계된 레이블을 사용할 수 있는 경우, 그룹 레이블을 활용해 인스턴스 수준의 분류기를 만들어 활용하는 여러 기법을 사용할 수 있습니다.[12]

---

10 옮긴이_ 정착된 번역어가 없습니다. 귀납, 유도 등으로 번역하거나 그대로 'induction'이라고 표현하는 경우도 많습니다.

11 옮긴이_ 정착된 번역어가 없습니다. 추론, 변환, 전환, 전이, 전도 등으로 번역하거나 그대로 'transduction'이라고 표현하는 경우도 많습니다.

12 7장에서 자세히 알아보세요.

다양한 입력 피처 유형과 각각의 유효성을 설명하세요.

ML 모델에는 크게 두 가지 기본 유형의 피처가 사용됩니다.

수치형 피처

금액, 개수, 비율, 기간 등 연속적이거나 이산적인 숫자 값으로 표현되는 피처입니다.

수치형 피처를 범주형 피처로 변환할 수 있습니다. 카디널리티가 작은 경우 수치형 피처를 ID 값을 가지는 범주형 피처로 처리할 수 있습니다. 또는 수치형 피처를 버킷화(예 연령 별로 그룹화)해 범주형 피처값으로 나눌 수도 있습니다.

범주형 피처

키워드, 기기device, 인구 통계학적 요소demographics, 언어, 위치, ID 등 범주로 표현되는 피처입니다. 범주형 피처는 원–핫one-hot, 멀티–핫multi-hot 또는 그것에 가중치를 부여한(예 빈도) 형식[13]으로 나타낼 수 있습니다.

범주형 피처를 수치 벡터로 변환할 수 있습니다. 임베딩embedding을 사용하는 것이 한 예입니다. 이는 입력 어휘 집합이 크고 자연어 텍스트처럼 값들 사이에 잠재 관계가 있는 경우 유용합니다.

범주형 피처는 해싱 함수를 사용해 더 작은 공간으로 압축할 수도 있습니다. 이를 해싱 트릭이라고 하는데 이는 ID 값의 예처럼 추론 시에 어휘에 포함되지 않은 값out-of-vocabulary(OOV)이 많은 피처에 유용합니다. 모델을 처음부터 다시 학습시키지 않고도 새로운 샘플에 증분적으로incrementally 대응할 수 있기 때문입니다.

많은 종류의 피처를 두 기본 유형 중 하나로 만들 수 있습니다. 몇 가지 종류를 살펴봅시다.

---

13 옮긴이_ 예를 들어 tf–idf 가 있습니다.

이진 피처

소속("is-a"), 특징("has-a") 및 임곗값("보다 큼", "보다 작음")과 같이 예/아니요 또는 참/거짓 값으로 표현되는 피처입니다. 수치형 또는 범주형 피처로 나타낼 수 있습니다.

텍스트 피처

텍스트 데이터는 수치 벡터인 임베딩이나 원-핫 또는 멀티-핫 범주형 피처로 변환되는 경우가 많습니다.

이미지 피처

이미지 데이터는 원시 픽셀 값(예 RGB 또는 HSV)이나 임곗값 처리, 블러링^{blurring}, 균등화^{equalization}와 같은 다양한 필터를 적용해 생성한 수정 이미지 같은 수치 배열로 전처리됩니다.

오디오 피처

사운드는 오디오 신호의 주파수 구성 요소 또는 MFCC^{Mel-Frequency Cepstral Coefficient}와 같은 수치 표현으로 전처리됩니다.

순차 피처

주식 가격과 같은 시계열 데이터를 나타내는 피처입니다. 수치형 또는 범주형 피처로 나타낼 수 있습니다.

비디오 피처

비디오 피처는 순차적 이미지 피처로 나타낼 수 있습니다. 또 다른 접근 방식인 광학 흐름 피처^{optical flow feature}는 비디오 프레임들에 걸친 픽셀의 강도를 나타내는 값입니다.

TIP 범주형 또는 수치형 피처, 어휘 집합 또는 해싱 등을 사용해야 하는 경우에 대한 실용적인 지침은 [참고자료 226]에서 알아보세요.

2.7 피처 선택과 중요도

피처 선택과 중요도를 설명하세요.

피처 선택feature selection은 모델 구축에 사용하기 위해 큰 피처 집합에서 가장 관련성이 높고 유용한 피처(예측 변수)의 하위 집합을 찾아내는 프로세스입니다.

피처 선택의 한 가지 목표는 관련성이 없거나 중복되거나 노이즈가 있는 피처를 제거해 모델의 예측 성능을 향상하고 복잡성과 과적합을 줄이는 것입니다. 또 다른 목표는 모델의 크기와 피처를 활용하는 파이프라인의 작업량을 간소화해 학습 및 서빙 효율을 향상하는 것입니다.

피처 중요도는 모델의 예측 성능에 대한 각 피처의 기여도를 나타내는 수치 또는 점수입니다. 주어진 작업에서 가장 중요한 피처를 선택하고 순위를 매기는 데 사용합니다.

Q **2.8** 피처 선택 방법

피처 선택을 어떻게 수행하나요?

피처 선택을 수행하는 데는 개략적으로 세 가지 접근 방식이 있습니다.

필터링

카이제곱 검정, ANOVA, 상호 정보량, 정보 이득, 상관 계수 등의 통계 테스트를 기반으로 피처를 선택합니다.

내재적Intrinsic 선택

피처 선택이 모델링 프로세스의 일부로서 일어납니다. 예를 들어 랜덤 포레스트(참고자료 169)는 전체 피처의 부분 집합으로 각 트리를 학습시키는데, 해당 피처를 이용해 가지 분할된 샘플의 비율이 해당 피처의 상대적 중요도의 추정값이 됩니다.[14] 또 다른 접근 방식은 모델링 프로세스 중에 L1 정규화를 통합해 정보가 적은 피처의 가중치를 0으로 줄이는

---

14 옮긴이_ 상대적으로 더 중요한 피처와 덜 중요한 피처가 자연스럽게 정해진다는 의미입니다.

것입니다.

래퍼Wrapper

모델 성능에 기여하는 정도를 기반으로 피처의 하위 집합이 선택됩니다. 일반적으로 다양한 피처 부분 집합을 사용해 모델을 여러 번 학습시킵니다. 한 가지 방법은 개별 피처값을 교란하고(예 무작위로 섞기) 모델 성능에 얼마만큼 영향을 미치는지 평가하는 것입니다. 또 다른 방법은 피처를 하나씩 또는 그룹으로 생략하는 것입니다. 절차는 상향식(순차 순방향forward 선택) 또는 하향식(재귀적 피처 제거)으로 하거나 시뮬레이티드 어닐링과 같은 비탐욕non-greedy 기법으로 수행할 수 있습니다.

최선의 접근 방식을 결정할 때 고려해야 할 몇 가지 장단점이 있습니다. 예를 들어 필터링 기법은 간단하고 계산 비용이 저렴하지만 통계적 유의성이 예측 능력과 직결된다고 가정합니다. 반면 래퍼 기법은 계산량이 많지만 모델 성능을 더 직접적으로 평가합니다. ML 실무에서는 피처의 상대적 중요도를 더 잘 이해하기 위해 다양한 접근 방식을 사용할 때가 많습니다.

여러 기법을 조합(예 필터링과 래퍼)할 수도 있습니다. 여러 피처의 상관관계가 높은 경우, 모델 성능에 상당한 기여를 하는 피처를 삭제하더라도 성능에 영향이 없을 수 있으므로 상관관계가 높은 피처들을 함께 제거할 수 있습니다.

TIP 피처 선택에 관해서는 [참고자료 112]에서 자세히 알아보세요.

Q 2.9 누락된 피처값

누락된 피처값을 어떻게 처리하나요?

누락된 피처값을 대치하거나 추정하기 전에 몇 가지 주요 질문을 확인해야 합니다.

학습 데이터가 완전한가

데이터는 어떤 방식으로든 손상됐을 가능성이 있습니다. 이 문제는 피처값 대치보다는 데이터 수집 프로세스를 개선해 해결할 수 있습니다.

어떤 종류의 모델을 학습시키고 있는가

XGBoost와 같은 의사 결정 트리의 앙상블은 사용자가 대치하지 않아도 자동으로 결측값을 처리할 수 있습니다(참고자료 069).[15]

데이터가 무작위로 누락됐는가

많은 대치 기술은 데이터가 무작위로 누락되는 시나리오에만 적합합니다. [참고자료 178]에서 이 주제에 관해 자세히 알아보세요. 일부 경우에는 데이터가 누락되는 이유가 명백하므로 누락된 값을 간단히 채울 수 있습니다. 예를 들어 사용자 상호 작용 피처(예 클릭)는 종종 개수가 0인 경우 값이 생략됩니다.

누락된 양이 어느 정도인가

누락된 정도를 시각화해봅니다. 누락된 데이터가 적다면 값을 대치할 수 있습니다. 반면 데이터의 상당 부분이 무작위로 누락됐다면 피처를 삭제하거나 데이터 수집 프로세스를 수정하는 편이 나을 수 있습니다.

결측값이 있는 피처의 분포는 무엇인가

분포가 이봉형^{bimodal}과 같이 비가우시안$^{non-Gaussian}$이라면 평균 또는 중앙값으로 대치하면 성능이 저하됩니다. 또한 연구에 따르면 하나의 값으로 대치하는 기법은 데이터의 분산을 과소평가할 수 있습니다(참고자료 005).

상관관계가 높은 피처가 있는가

다른 피처와의 공선성^{collinearity}이 있다면 누락된 피처를 완전히 삭제해도 됩니다. 또는 상관관계가 높은 피처가 하나 이상 있다면 용이하게 대치(예 트리 대치$^{tree\ imputation}$를 사용)할 수 있습니다. 점별 상호 정보량$^{Pointwise\ Mutual\ Information}$(PMI)이나 피어슨 R$^{Pearson\ R}$, PCA와 같은 통계 검증 기법을 사용해 잠재 상관관계를 찾을 수 있습니다.

누락된 피처값을 처리하는 방법은 다음과 같습니다.

---

[15] 옮긴이_ 의사 결정 트리는 자동으로 결측값을 처리할 수 없습니다. 사실은 의사 결정 트리의 앙상블도 그 자체로는 결측값을 처리할 수 없으며, XGBoost가 그러한 기능을 추가로 내장한 것뿐입니다.

삭제

누락된 값이 포함된 레코드나 인스턴스를 간단히 제거합니다. 이 방법은 누락된 데이터가 거의 없을 때는 유용하지만 누락된 양이 많으면 정보가 손실될 수 있습니다. 또 다른 방법은 피처 자체를 삭제하는 것입니다.

평균/중앙값/최빈값

누락된 값을 피처의 평균, 중앙값 또는 최빈값^{mode}으로 바꿉니다. 이 방법은 간단하고 빠르지만 종종 데이터의 분산을 과소평가하고(참고자료 279) 비가우시안 분포(예 이봉 분포)에 대해 잘못된 추정치를 생성하며 데이터가 무작위로 누락되지 않은 경우 편향을 가져옵니다. 그럼에도 이는 구글 빅쿼리^{BigQuery} ML과 같은 ML 도구 집합에서 표준$^{de\ facto}$ 기법으로 사용하는 경우가 많습니다(참고자료 010).

보간

시계열 데이터에서 누락된 피처값을 인접한 값으로 보간^{interpolation}할 수 있습니다. 예를 들어 주말에는 주식 가격을 확인할 수 없는데 선형 보간법은 금요일과 월요일 값의 평균으로 값을 보간합니다. 또 다른 접근 방식은 금요일 값(LOCF$^{Last\ Observation\ Carried\ Forward}$ 기법) 또는 월요일 값(NOCB$^{New\ Observation\ Carried\ Backward}$ 기법)을 사용하는 것입니다.

k-최근접 이웃(kNN)

일명 'Hot Deck'이라고 합니다. 누락된 값을 최근접 이웃 값 k개에 기반해 만들어 넣습니다. 전체 데이터셋을 메모리에 저장해야 하므로 컴퓨팅 리소스가 많이 필요할 수 있습니다.

회귀

데이터셋에 있는 다른 피처의 값들을 기반으로 누락된 값을 예측하도록 회귀 모델을 학습시킵니다. 이 접근 방식을 kNN과 결합할 수도 있습니다. 예를 들어 유클리드 거리를 kNN 가중치로 사용합니다. 한 가지 단점은 회귀 기법을 사용하면 피처 분포를 제대로 표현하지 못할 수 있다는 점입니다.

트리

의사 결정 트리와 앙상블은 누락된 값을 대치하기 위해 비선형 모델을 학습시키는 기법입니다. 트리를 사용해 결측값과 상관관계가 높은 피처를 찾아내고 이를 사용해 결측값을 예측합니다. 사용 가능한 피처를 이용해 대치할 피처를 예측하도록 트리를 학습시킵니다.

다중 대치

누락된 값을 추정 분포로부터 샘플링해서 여러 개의 완전한 데이터셋을 생성합니다. 그런 다음 각 데이터셋에 대해 모델을 학습시킵니다. 추론 시에는 각 모델의 예측을 통합해(예 가중 평균) 최종 추론치를 생성합니다. 널리 사용하는 기술로 연쇄 방정식을 사용한 다중 대치Multiple Imputation with Chained Equations(MICE)가 있습니다(참고자료 066).

Q 2.10 모델링 알고리즘

일반적인 모델링 알고리즘에는 어떤 것이 있나요?

실무에서 접하는 일반적인 모델링 알고리즘 세 가지는 로지스틱 회귀logistic regression, 그래디언트 부스팅 결정 트리, 심층 신경망입니다.

로지스틱 회귀를 설명하세요.

로지스틱 회귀는 인기 있는 분류 알고리즘으로, 하나 이상의 입력 변수(피처)를 기반으로 이벤트가 발생할 확률을 모델링합니다. 이진 로지스틱 회귀 분석에서는 피처들을 선형으로 결합한 다음 로지스틱 함수(시그모이드sigmoid 함수라고도 함)를 사용해 변환함으로써 이벤트의 확률을 모델링합니다. 다항 로지스틱 회귀에서는 로지스틱 함수 대신 소프트맥스softmax 함수를 사용하며 이 방법을 소프트맥스 회귀라고도 합니다.

로지스틱 함수는 다음과 같이 정의됩니다.

$$h_\theta(x) = \frac{1}{1 + e^{-\theta^T x}}$$

x는 입력 벡터이고 θ는 가중치 벡터이며 $h_\theta(x)$는 x가 주어졌을 때 종속 변수가 1의 값을 가질 확률의 예측값입니다.

로지스틱 함수의 가중치는, 데이터로부터 입력 및 종속 변수가 주어졌을 때 종속 변수를 관찰할 가능성을 최대화하도록 추정됩니다. 이는 로그 손실log loss 또는 교차 엔트로피 손실cross-entropy loss로 표현되는 음의 로그 가능도negative log-likelihood를 최소화하는 것과 동일합니다.

로그 손실은 경사하강법, 확률적 경사하강법, 준뉴턴quasi-Newton 방법(예 BFGS)과 같은 다양한 최적화 알고리즘을 사용해 최소화할 수 있습니다(참고자료 149). 학습 중에 모델 출력값은 학습 데이터로부터 반복적으로 계산되며 모델 가중치는 가중치에 대한 손실 함수loss function의 음의 경사 방향으로 업데이트됩니다. 이 프로세스는 손실이 허용 오차 임곗값 아래로 최소화될 때까지 반복됩니다.

로지스틱 회귀는 손실 함수에 정규화 항을 추가해 정규화할 수 있습니다. 일반적으로 사용하는 정규화 기법은 L1과 L2이며 이는 손실 함수에 페널티 항을 추가함으로써 가중치 값이 작아지도록 합니다.

로지스틱 회귀의 장점은 다음과 같습니다.

- 대규모 데이터셋에서도 빠르게 학습할 수 있는 간단하고 효율적인 알고리즘입니다.
- 확률 추정치를 출력합니다. 이는 위험 평가risk assessment 또는 사기 탐지fraud detection와 같은 애플리케이션에 유용합니다.
- 해석이 쉽습니다. 가중치 벡터를 보면 분류 작업에 가장 중요한 피처를 알 수 있습니다.

한편 단점은 다음과 같습니다.

- 입력 변수와 목표 변수 사이에 선형 관계가 있다고 가정하지만 실제로는 항상 그렇지 않을 수도 있습니다.
- 피처가 학습 데이터보다 훨씬 많으면 과적합되기 쉽습니다.

그래디언트 부스팅 결정 트리 중 XGBoost를 설명하세요.

앙상블 학습 알고리즘인 XGBoosteXtreme Gradient Boosting[16]는 의사 결정 트리를 반복적으로 학습시키는 그래디언트 부스팅 프레임워크를 사용해 이전 트리에서 발생한 오류를 수정하기 위해 모델에 새 트리를 추가합니다.

---

16 옮긴이_ 그래디언트 부스팅 결정 트리에는 여러 종류의 구현이 있으며(예: XGBoost, LightGBM, CatBoost) 세부 사항이 꽤 다릅니다. 이 책에서는 XGBoost를 예로 들어 설명합니다.

일반적으로 사용하는 손실 함수는 다음과 같습니다.

- 회귀: 평균 제곱 오차(MSE), 평균 절대 오차(MAE)
- 이진 분류 작업: 이진의 경우 로그 손실, 다중 클래스의 경우 소프트맥스 손실

기존 부스팅 기법은 현재까지의 앙상블 예측 오류를 기반으로 데이터 샘플에 가중치를 다시 부여한 후 새로운 트리를 추가합니다. 이와 달리 그래디언트 부스팅은 의사 잔차$^{pseudo-residual}$라고도 하는 손실 함수의 음의 경사를 대상으로 다음 모델(트리)을 학습시켜 앙상블에 추가합니다.

XGBoost는 의사 잔차를 명시적으로 학습하지는 않고 각 반복에서 다음 목표 함수를 최소화하는 것을 목표로 합니다.

$$\sum_{i=1}^{n} l\left(y_i, \hat{y}_i^{(t-1)} + f_t(x_i)\right) + \omega(f_t)$$

$\hat{y}_i^{(t-1)}$는 현재 앙상블의 예측이고 f_t는 새 트리이며 ω는 정규화 항입니다. XGBoost는 목표 함수를 테일러 전개해 다음과 같이 재구성합니다.

$$\sum_{i=1}^{n} \left[l\left(y_i, \hat{y}_i^{(t-1)}\right) + g_i f_t(x_i) + \frac{1}{2} h_i f_t^2(x_i) \right] + \omega(f_t)$$

g_i와 h_i는 각각 손실 함수의 1차 및 2차 경사입니다. $l\left(y_i, \hat{y}_i^{(t-1)}\right)$는 해당 반복 차수에서는 일정하므로 보통 생략됩니다. 새로운 트리는 탐욕적^{greedy} 방식으로 만들어지는데, 각 노드에서 최선의 분할을 위한 피처를 선택합니다.[17] 하위 노드의 손실 합계가 상위 노드의 손실을 가장 많이 줄이도록(정보 이득$^{information\ gain}$) 분할하게 되는데, 분할 후 하위 노드들의 1차 및 2차 미분 합계의 함수로 분할 포인트가 정해집니다.

XGBoost의 주요 혁신 중 하나는 손실 함수의 2차 근사를 사용해 경사하강법 절차의 정확도를 향상하는 것입니다. 손실 함수의 2차 테일러 전개를 1차 경사에 추가하게 되며(참고자료 044) 결과적으로 새 트리의 학습을 최적화합니다.

XGBoost의 또 다른 특징은 결측값을 처리하는 기법입니다. 각 피처의 결측값에 대해 분기 시에 특정 방향을 할당[18]하게 되는데 이 방향은 학습을 통해 정해집니다(참고자료 069). 이를

---

17 데이터셋이 큰 경우 XGBoost는 피처의 모든 값을 스캔하는 대신 분위(quantiles)로 분할해 처리합니다.
18 옮긴이_ 결측값 자체를 또 하나의 값으로 간주하게 됩니다. 결측값에 패턴이 있다면 유용할 수 있지만 그렇지 않다면 꼭 도움이 되지는

통해 XGBoost는 결측값을 대치하지 않고도 누락된 값을 처리할 수 있습니다.

XGBoost는 정규화 옵션으로 L1과 L2(alpha와 lambda 매개변수로 지정), gamma(트리 분기를 생성하기 위한 최소 손실 감소), 최대 트리 깊이max_depth 등 여러 기법을 제공합니다. 그 밖에도 학습률learning rate과 데이터 서브샘플링을 정규화 옵션으로 제공합니다.

XGBoost의 장점은 다음과 같습니다.

- 다양한 회귀 및 분류 작업에서 현시점 최고 성능state-of-the-art을 발휘합니다.
- 결측값에 강건하며 스케일링과 정규화normalization 19가 필요 없습니다.
- 작은 규모부터 큰 규모까지 다양한 크기의 데이터셋에서 우수한 성능을 발휘합니다.
- 병렬화와 정규화regularization를 위한 옵션들을 포함해 다양한 하이퍼파라미터가 제공됩니다.

한편 단점은 다음과 같습니다.

- 기본적으로 범주형 피처를 지원하지 않지만 이를 처리하는 기법들이 있습니다(참고자료 036).
- 새 트리가 이전 트리에서 발생한 오류를 수정하도록 학습되므로 이상치에 민감합니다.
- 실무의 다른 모델링 알고리즘들과 다소 동떨어져 있습니다. 다른 모델링 알고리즘과 함께 학습 및 서빙을 통합하는 작업이 깔끔하게 되지 않을 수 있습니다.

심층 신경망을 설명하세요.

심층 신경망Deep Neural Network(DNN)은 상호 연결된 뉴런('단위unit'라고도 함)의 레이어들로 구성된 모델링 알고리즘 클래스입니다. DNN은 입력과 출력 간의 복잡하고 비선형적인 관계를 학습할 수 있어 광범위한 작업에 적합합니다.

DNN에서 각 레이어의 유닛은 이전 및 다음 레이어의 유닛과 연결됩니다. 네트워크의 입력은 첫 번째 레이어로 전달되고 마지막 레이어의 출력이 모델의 예측값입니다. 각 유닛은 입력의 가중 합계에 활성화 함수를 적용하고 그 결과를 다음 레이어의 유닛에 전달합니다. 은닉hidden 레이어가 많아지면 입력 데이터의 점점 더 복잡한 표현을 학습할 수 있습니다. 레이어가 많은 DNN을 흔히 딥러닝 모델이라고 합니다.

않을 수 있습니다. 다만 추가 전처리 없이도 모델이 결측값을 자연스럽게(natively) 다룰 수 있다는 점은 실무자에게 큰 도움이 됩니다.

19 옮긴이_ 여기서 정규화는 'regularization'이 아닌 'normalization'을 의미합니다.

DNN에서는 다양한 손실 함수가 사용되며[20] MSE, 교차 엔트로피Cross-Entropy, Log-Cosh 등이 인기 있습니다. DNN은 예측된 출력과 실제 출력 간의 차이를 최소화하기 위해 뉴런의 가중치를 반복적으로 업데이트하는 역전파backpropagation라는 프로세스로 학습됩니다. 역전파는 뉴런의 가중치에 대한 손실 함수의 경사를 사용해 경사하강법의 변형 기법(예 확률적 경사하강법Stochastic Gradient Descent(SGD))으로 가중치를 업데이트하는 방식으로 작동합니다.

L1 또는 L2 정규화를 추가하거나 드롭아웃을 사용하거나 조기 종료를 통해 DNN을 정규화해 과적합을 방지할 수 있습니다. Max-norm[21]과 배치 정규화batch normalization도 널리 사용됩니다.

DNN의 장점은 다음과 같습니다.

- 입력과 출력 간의 복잡하고 비선형적인 관계를 학습함으로써 XGBoost와 함께 많은 작업에서 현시점 최고 성능state-of-the-art을 달성합니다.
- 고차원 및 대규모 데이터셋으로 확장하기 용이하므로 빅 데이터 애플리케이션에 적합합니다.
- 다용성versatility이 있습니다. 다양한 형태와 크기의 모델을 사용할 수 있으며 피처 상호 작용을 명시적으로 모델링할 수 있습니다(예 교차crossing[22]를 시킴). 광범위한 피처 및 레이블 유형을 사용할 수 있으며 사전 학습된 모델을 새로운 작업에 용이하게 전이 학습transfer learning시키는 등 많은 장점이 있습니다.

한편 단점은 다음과 같습니다.

- 복잡한 모델을 학습시키는 데 계산 비용이 많이 듭니다.
- 효과적으로 학습시키려면 대량의 데이터가 필요합니다.
- 복잡한 모델은 작거나 중간 규모의 데이터셋에 과적합되기 쉽습니다.
- 모델을 해석하고 이해하기 어려울 수 있습니다.

실무에서는 한 모델링 알고리즘에서 다른 모델링 알고리즘으로 전환하는 경우가 많으며 여러 모델링 알고리즘을 결합할 수도 있습니다. 예를 들어 로지스틱 회귀로 모델 개발을 시작하고 적절하게 DNN으로 확장할 수 있습니다. XGBoost 모델은 로지스틱 회귀(참고자료 089) 및 DNN(참고자료 288)과 함께 사용하기도 합니다.

---

20 Q2.24에서 다양한 손실 함수 유형을 자세히 알아보세요.

21 옮긴이_ 가중치의 값에 상한(upper limit)을 두는 기법입니다.

22 옮긴이_ 입력단의 각 피처 노드를 명시적으로 교차시키는 구조를 만드는 경우를 의미합니다.

로지스틱 회귀는 어떻게 작동하나요?

Q2.10에서 설명했듯이 로지스틱 회귀는 하나 이상의 입력 변수를 기반으로 이벤트가 발생할 확률을 모델링합니다. 로지스틱 회귀에서는 입력 변수들을 선형으로 결합해 로지스틱 함수(시그모이드 함수라고도 함)를 적용해서 이벤트의 확률로 변환한 다음 0과 1 같은 이진 결과로 매핑합니다. 로지스틱 함수는 다음과 같이 정의됩니다.

$$h_\theta(x) = \frac{1}{1 + e^{-\theta^T x}}$$

x는 입력 벡터이고, θ는 가중치 벡터이며, $h_\theta(x)$는 x가 주어졌을 때 종속 변수가 1의 값을 가질 확률의 예측값입니다.

로지스틱 회귀 모델은 관찰된 데이터의 가능도를 최대화하는 가중치 벡터 값을 찾는 최대 가능도 추정 방식으로 학습합니다. 가능도 함수는 각 입력 변수와 가중치로부터 계산되는 확률들을 곱한 것입니다. 가능도를 최대화하는 것은 로그 손실(또는 교차 엔트로피) 함수로 알려진 음의 로그 가능도를 최소화하는 것과 수학적으로 동일하며 다음과 같이 정의됩니다.

$$J(\theta) = -\frac{1}{m} \sum_{i=1}^{m} y_i \log(h_\theta(x_i)) + (1 - y_i)\log(1 - h_\theta(x_i))$$

최적화 프로세스의 목표는 가중치 벡터의 최적값을 찾아 손실 함수 θ를 최소화하는 것입니다. 이는 경사하강법, 확률적 경사하강법, 준뉴턴 방법(예 BFGS)과 같은 다양한 최적화 알고리즘을 사용해 달성할 수 있습니다(참고자료 149). 학습 중에 모델 출력값은 학습 데이터로부터 반복적으로 계산되며 모델 가중치는 가중치에 대한 손실 함수의 음의 경사 방향으로 업데이트됩니다. 이 프로세스는 손실 함수가 최소에 수렴할 때까지 반복됩니다.

로지스틱 회귀는 손실 함수에 페널티 항을 추가해 가중치 값이 작아지도록 함으로써 과적합을 방지하도록 정규화할 수 있습니다. 일반적으로 사용하는 정규화 기법은 페널티 항에 매개변수의 절댓값을 추가해 희소성을 장려하는 **L1 정규화**와 페널티 항에 매개변수의 제곱을 추가하는 **L2 정규화**입니다.

다항 로지스틱 회귀는 여러 클래스의 경우에 대한 로지스틱 회귀를 일반화한 것입니다. 다항 로지스틱 회귀 분석에서 확률은 모든 클래스에 대한 확률의 합이 1이 되도록 보장하는 소프트 맥스 함수를 사용해 추정되며 다음과 같이 정의됩니다.

$$h_\theta(x) = \frac{e^{\theta(k)^T x}}{\sum_{j=1}^{K} e^{\theta(j)^T x}}$$

다항 로지스틱 회귀의 손실 함수는 다음과 같이 정의됩니다.

$$J(\theta) = -\sum_{i=1}^{m} \sum_{j=1}^{K} 1\{y_i = k\} \log \frac{e^{\theta(k)^T x}}{\sum_{j=1}^{K} e^{\theta(j)^T x}}$$

Q 2.12 로지스틱 회귀 손실 함수

로지스틱 회귀는 어떤 손실 함수를 쓰며 어떻게 최적화하나요?

로지스틱 회귀는 최대 가능도 추정 방식으로 학습되는데, 이는 입력 변수와 가중치가 주어졌을 때 관찰된 데이터의 가능도를 최대화하는 모델 매개변수(가중치라고도 함) 값을 찾는 방법입니다. 가능도 함수는 각 관측치의 확률을 곱한 것입니다.

가능도를 최대화하는 것은 로그 손실(또는 교차 엔트로피) 함수로 알려진 음의 로그 가능도를 최소화하는 것과 수학적으로 동일하며 다음과 같이 정의됩니다.

$$J(\theta) = -\frac{1}{m} \sum_{i=1}^{m} y_i \log(h_\theta(x_i)) + (1 - y_i) \log(1 - h_\theta(x_i))$$

여기서 y_i는 실제 레이블(0 또는 1)이고 h_θ는 양성 클래스에 대한 예측 확률입니다. 이 함수의 다항 버전은 Q2.11에 나와 있습니다.

로지스틱 회귀의 로그 손실은 **경사 기반 최적화 기법**으로 최적화할 수 있습니다. 확률적 경사하강법(SGD)이나 그 변형(예 미니 배치 경사하강법)과 같은 알고리즘입니다.

최적화 알고리즘은 가중치에 대한 손실의 음의 경사 방향으로 가중치를 업데이트합니다. 경사는 각 가중치에 대한 손실의 미분을 취해 계산되며, 이는 해당 가중치의 작은 변화에 대한 손실의 변화율을 알려줍니다. 음의 경사 방향으로 가중치를 업데이트하면 손실이 줄어들고 모델이 더 정확한 예측을 하도록 학습됩니다.

손실 함수의 미분은 계산하기 용이합니다. 로지스틱 회귀는 로지스틱(시그모이드) 함수를 사용하므로 첫 번째 단계는 시그모이드 함수의 도함수를 찾는 것입니다(참고자료 217).

$$h_\theta(x)(1 - h_\theta(x))$$

이를 위의 로그 손실 식에 대입하면 다음과 같은 손실 함수를 얻습니다.[23]

$$\frac{1}{m}\sum_{i=1}^{m}(h_\theta(x_i) - y_i)x_i$$

최적화 알고리즘의 각 반복에서 손실의 경사는 단일 무작위 샘플(SGD의 경우) 또는 작은 크기의 배치 샘플(미니 배치 경사하강법의 경우)을 기반으로 계산됩니다. 이는 잔차 $h_\theta(x_i) - y_i$와 입력 변수 x_i의 내적을 계산해 배치의 샘플들에 대한 평균을 냄으로써 계산됩니다. 각 가중치는 경사와 학습률의 곱만큼 업데이트되는데, 학습률은 업데이트하는 정도를 정합니다.

최적화 알고리즘은 손실이 허용 오차 임곗값 이하의 최솟값으로 수렴하거나 최대 반복 횟수에 도달할 때까지 가중치를 계속 업데이트합니다. 최종 가중치가 적용된 로지스틱 회귀 모델로 새 데이터의 결과를 예측합니다.

더 빠르게 최적화하는 방법이 있나요? 장단점은 무엇인가요?

2차 최적화 방법은 목적 함수의 2차 도함수(헤시안 행렬Hessian matrix이라고도 함)에서 얻은 정보를 사용하는 최적화 알고리즘입니다. 이러한 방법은 목적 함수의 곡률을 더 잘 추정해 더 빠른 수렴과 더 나은 솔루션을 제공하므로 경사하강법 같은 1차 최적화 방법보다 효율적입니다. 2차 최적화 방법의 예로는 뉴턴법Newton's method, BFGS, L-BFGS가 있습니다(참고자료 213).

---

23 옮긴이_ 엄밀함을 위해 덧붙이자면, 바로 위의 도함수를 대입하면 x_i이 곱해지지 않은 결과가 나옵니다. $x = w_i \cdot x_i$인 단계가 생략되어 있기 때문입니다.

다만 1차 최적화 방법과 비교했을 때 2차 최적화 방법에는 몇 가지 단점이 있습니다. 주요 단점은 다음과 같습니다.

계산 비용

2차 최적화 방법에는 헤시안 행렬 계산이 필요합니다. 모델이 크다면 비용과 시간이 많이 소요될 수 있는데 준뉴턴 방법으로 계산 부담을 줄일 수는 있습니다.

필요 메모리량

고차원 데이터셋의 경우 헤시안 행렬을 저장하는 데 메모리가 많이 필요합니다. 다만 L-BFGS와 같이 행렬을 근사화하는 방법이 있습니다.

안장점

뉴턴법과 같은 일부 2차 최적화 방법은 안장점saddle point으로 최적화될 가능성이 있습니다. 다만 이 문제는 정규화를 통해 완화할 수 있습니다.

이러한 이유로 1차 최적화 기법이 대규모 문제, 특히 계산 또는 메모리 제한이 있는 경우 종종 선호됩니다.

Q 2.13 경사하강법 최적화

경사하강법을 어떻게 최적화하나요?

경사하강법gradient descent은 다음과 같은 형식을 취한다는 점을 기억하세요.

$$\theta = \theta - \eta \nabla_\theta J(\theta)$$

여기서 η는 학습률입니다. 앞서 각 데이터포인트에 따라 가중치 업데이트를 수행하는 확률적 경사하강법(SGD)과 같은 기술을 알아봤습니다. 그러나 SGD는 표본 크기가 작으므로 경사 추정의 변동성이 커서 오버슈팅이 발생할 수 있습니다.

미니 배치 경사하강법은 작은 배치의 샘플(보통 32~256개)에 대한 가중치 업데이트를 계산해 경사 추정의 분산을 줄여 더 부드러운 수렴으로 이어집니다.

다만 여전히 단점이 있는데, 특히 학습률에 관한 것들입니다.

- 학습률이 높으면 가중치 업데이트에 큰 변동이 발생하거나 심지어 발산이 일어날 수도 있습니다.
- 학습률이 낮으면 수렴 속도가 느려집니다.
- 고정되거나 계획(예 어닐링)에 따라 조정되는 학습률이 모델, 데이터셋 또는 손실 함수의 형태와 궁합이 잘 맞지 않을 수 있습니다.
- 학습률을 모든 가중치에 균일하게 적용하게 되면 피처의 희소성이 고려되지 않습니다.

경사하강법의 문제를 해결하는 최적화 알고리즘은 다음과 같습니다.

모멘텀 Momentum

이전 시간 스텝의 가중치 업데이트량의 일부를 현재 가중치 업데이트에 추가합니다. 손실 함수의 경사에 적응하는 것으로 볼 수도 있습니다. 더 빨리 수렴하도록 하지만 잘못된 방향으로 방황할 수도 있습니다.

네스테로프 모멘텀 Nesterov Momentum

모멘텀 기법의 일종으로, 가중치에 모멘텀 업데이트를 적용한 후 경사를 계산합니다. 수렴 속도를 희생하지 않으면서 가중치 업데이트의 정확성을 높이기 위해 모멘텀에 수정을 가하는 것으로 볼 수 있습니다.

[그림 2-2]는 모멘텀, 네스테로프 모멘텀, 최종 업데이트량을 각각 선으로 나타냅니다. 모멘텀은 현재 시간 스텝의 경사에 이전 스텝의 업데이트량을 반영합니다. 네스테로프 모멘텀은 먼저 모멘텀에 따라 가중치가 갖게 될 값을 근사한 후 해당 위치에서의 경사를 계산해 최종 업데이트량을 생성합니다.

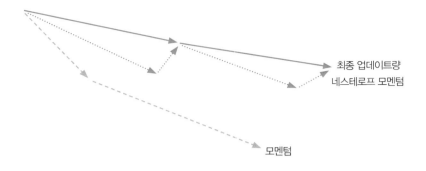

최종 업데이트량
네스테로프 모멘텀

모멘텀

그림 2-2 모멘텀, 네스테로프 모멘텀, 최종 업데이트량

에이다그래드^{AdaGrad}

가중치[24] 희소성을 반영해 업데이트를 조정합니다. 자주 활성화되는 가중치는 그렇지 않은 가중치보다 더 작은 업데이트가 일어나도록 합니다. 학습률의 분모에 가중치별 경사의 제곱을 누적해서 이러한 효과를 얻습니다. 가중치가 더 자주 활성화될수록 해당 학습률이 감소합니다. 단점은 수렴되기 전에 학습률이 너무 많이 줄어들 수 있다는 점입니다.

에이다델타^{AdaDelta}와 RMSProp

에이다그래드의 학습률 감소 문제를 속도를 다시 높임으로써 해결합니다. 이는 경사 제곱의 전체 이력이 아닌 지수적으로 감소하는 이동 평균[25]을 이용해 달성합니다. 에이다그래드보다 메모리 효율이 더 좋습니다. 에이다델타와 RMSProp은 ML 실무 환경에서 널리 사용하는 기법입니다.

애덤^{Adam}

에이다델타나 RMSProp에 관성^{momentum}을 추가한 것으로 볼 수 있습니다. 애덤은 분모에 기하급수적으로 감소하는 제곱 경사의 평균을 축적하는 것 외에도 분자에 기하급수적으로 감소하는 경사의 평균을 저장함으로써 관성을 반영합니다.

---

24 옮긴이_ 원문에는 '피쳐(feature)'로 표현되어 있습니다. 틀린 표현이라고 할 수는 없지만 이 책에 사용된 표현들의 일관성이라는 관점에서는 '가중치'로 표현하는 것이 적절합니다.
25 옮긴이_ 지수 이동 평균(Exponential Moving Average, EMA)을 의미합니다.

한편 모멘텀과 애덤을 사용하지 말아야 하는 경우가 있습니다. 입력 변수에 따라 모델 아키텍처의 각기 다른 영역을 학습시키는(예 마스킹 적용) DNN과 같은 경우입니다. 이러한 시나리오에 모멘텀을 적용하면 의도하지 않은 가중치 업데이트가 발생합니다.

TIP 일반적인 경사하강 최적화 알고리즘은 [참고자료 190]에서 자세히 알아보세요.

Q 2.14 하이퍼파라미터 튜닝

하이퍼파라미터 튜닝 기법에는 어떤 것이 있나요?

하이퍼파라미터 튜닝hyperparameter tuning에는 그리드 탐색, 무작위 탐색, 베이지안 최적화bayesian optimization, 유전 알고리즘genetic algorithm 등 다양한 방법이 있습니다.

그리드 탐색과 무작위 탐색

그리드 탐색에서 사전 정의된 하이퍼파라미터 집합이 빠짐없이 평가되는 반면 무작위 탐색에서는 하이퍼파라미터가 사전 정의된 검색 공간에서 무작위로 선택됩니다. 그리드 탐색은 특히 하이퍼파라미터가 많거나 학습에 오랜 시간이 걸리는 모델의 경우 비효율적일 수 있습니다.

베이지안 최적화

확률 모델을 활용해 하이퍼파라미터와 모델 성능의 관계를 근사합니다. 탐색exploration(새 하이퍼파라미터를 샘플링)과 활용exploitation(유망한 하이퍼파라미터를 평가)의 균형을 유지하며 탐색하는 획득 함수acquisition function[26]를 사용합니다.

유전 알고리즘

유전 알고리즘에서 모델은 하이퍼파라미터('유전자')의 조합으로 표현됩니다. 이 기법에서는 반복적인 방식으로 각 세대에서 가장 적합한 모델을 선택합니다. 살아남은 모델들은 하이퍼파라미터의 수정('돌연변이'mutation') 또는 재조합('교차'crossover')을 거치게 됩니다.

---

26 옮긴이_ 가장 적절한 다음 하이퍼파라미터 후보 집합을 찾아줍니다.

베이지안 최적화와 유전 알고리즘은 복잡한 모델과 대규모 데이터셋에 대한 하이퍼파라미터 값을 찾는 데 효과적일 수 있습니다.

로지스틱 회귀에서 일반적으로 조정되는 하이퍼파라미터는 다음과 같습니다.

- 최적화 알고리즘(일명 '솔버solver')
- 학습률
- 정규화(일명 '페널티') L1과 L2

로지스틱 회귀는 적용되는 정규화의 양을 제어하는 'C' 하이퍼파라미터도 사용합니다.

DNN을 사용할 때는 다음과 같은 하이퍼파라미터도 조정합니다.

- 은닉층 수(일명 '깊이')
- 레이어당 뉴런(단위)
- 임베딩 크기(예 텍스트 및 범주형 피처 임베딩)
- 활성화 함수
- 배치 크기
- 드롭아웃

XGBoost는 다양한 하이퍼파라미터 집합을 사용하는데, 가장 중요한 것은 추정기(트리) 개수 또는 부스팅 횟수입니다.

XGBoost의 다른 하이퍼파라미터들은 대부분 정규화 목적으로 사용됩니다.

- 각 트리의 최대 깊이
- 서브샘플subsample[27](학습에 사용될 데이터의 비율)
- 컬샘플colsample[28](학습에 사용될 피처의 비율)
- 학습률
- L1(일명 'alpha')과 L2(일명 'lambda')
- gamma(트리 분기를 생성하기 위한 최소 손실 감소량)

---

27 옮긴이_ 행(row) 기준으로 샘플링합니다.
28 옮긴이_ 열(column) 기준으로 샘플링합니다.

과적합이 무엇이며 모델이 과적합됐는지 어떻게 알 수 있나요?

과적합이란 모델이 학습 데이터를 너무 자세하게 맞추도록 학습되는 현상입니다. 학습 데이터의 노이즈나 특이성까지 기억할 정도가 되어, 본 적 없는 새 데이터에 일반화될 수 있는 원리 패턴을 학습하기 어려워집니다. 따라서 모델이 학습 데이터에 대해서는 잘 작동하지만 새 데이터에는 성능이 좋지 않을 수 있습니다.

과적합은 학습 데이터 크기에 비해 모델이 너무 복잡하거나(예 가중치가 너무 많음) 너무 오랫동안 학습되거나 모델 가중치가 너무 커지는 경우 발생할 수 있습니다. 이때 모델은 학습 데이터에서 노이즈나 이상치를 포착해버려, 본 적 없는 새 데이터에 대해 잘못된 예측을 하게 됩니다.

ML 모델에서 과적합을 감지하는 몇 가지 징후와 기법은 다음과 같습니다.

정확도 격차
학습 데이터에 대한 모델 정확도^{accuracy}가 검증 데이터에 대한 정확도보다 현저히 높으면 과적합일 수 있습니다.

학습 곡선
학습 손실은 급격히 감소하지만 검증 손실이 느리게 감소하거나 제자리이면 과적합일 수 있습니다. 검증 손실이 줄어들다가 증가하기 시작하는 것도 과적합의 신호입니다.

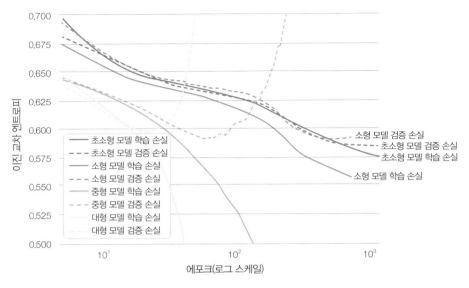

그림 2-3 모델 크기별 학습 및 검증 손실(출처: 참고자료 167)

검증 손실이 잘못된 방향으로 진행된다면 과적합의 확실한 신호입니다. 학습 손실이 감소하는 동안 검증 손실이 제자리이면 모델은 과적합에 가깝습니다.

과적합을 해결하기 위한 전략을 마련하는 것이 중요합니다. 모델이 학습 데이터에 대해 강력한 성능을 보이는 경우는 많지만 우리의 목표는 테스트 데이터와 본 적 없는 새 데이터에 효과적으로 일반화되는 모델을 만드는 것입니다.

과적합에 어떻게 대처하나요?

과적합을 줄이는 접근 방식에는 일반적으로 세 가지가 있습니다.

더 완전한 학습 데이터

데이터가 완전할수록 정규화가 덜 필요하며 복잡한 모델 아키텍처의 잠재력을 활용할 수 있습니다. 다만 학습 데이터가 입력의 전체 범위를 포함하는 것이 중요합니다. 데이터의 양이 늘어나더라도 새로운 케이스들을 포괄하지 않는다면 도움이 되지 않을 수 있습니다.

정규화

L1과 L2 같은 기법은 손실 함수에 페널티 항을 부여해 가중치 크기를 줄임으로써 모델이 학습 데이터의 노이즈를 학습하기 어렵게 합니다. 또 다른 기술인 드롭아웃은 주어진 레이어의 뉴런 출력값들을 무작위로 0으로 설정합니다. 드롭아웃의 이면에 있는 직관은 '상호 적응co-adaptation'[29] (참고자료 205)을 피하자는 것입니다. 이는 뉴런들끼리 서로의 오류를 상쇄하는 현상을 막음을 의미합니다.

모델 용량 축소

입력 변수 수, 레이어 수, 레이어당 뉴런 수를 줄여 모델 용량capacity을 줄입니다. 모델이 간단할수록 기억할 수 있는 정보의 양이 자연스럽게 제한되므로 과적합될 가능성이 작습니다. 모델이 저장할 수 있는 패턴의 수가 제한되어 있다면 학습 프로세스를 통해 모델은 가장 중요한 패턴들을 학습해야 하므로 일반화 능력이 향상됩니다.

이 세 가지 접근 방식은 상호 보완적입니다. 데이터가 많을수록 정규화가 덜 필요할 수 있고, 용량이 클수록 정규화가 더 많이 필요할 수 있으며, 데이터가 많으면 용량이 큰 모델을 사용할 수 있습니다.

세 가지 주요 방식 외에 몇 가지 추가 기법은 다음과 같습니다.

조기 종료

검증 손실이 더 이상 줄어들지 않으면 학습 프로세스를 중단합니다. 이는 모델이 일반적으로 정보signal가 아닌 노이즈에서 더 많은 것을 학습하기 시작하는 시점이기 때문입니다.

앙상블

배깅이나 부스팅으로 여러 모델을 결합하면 모델의 분산을 줄여 과적합을 완화하는 데 도움이 됩니다.

TIP 모델 용량 및 정규화가 검증 손실에 미치는 영향은 [참고자료 167]에서 알아보세요.

---

29 옮긴이_ 공적응, 동시적응, 공동적응 등으로 번역하기도 합니다.

정규화가 무엇인가요? 두 가지 접근 방식을 들어서 비교하세요.

정규화의 목표는 모델 복잡도를 낮춰 과적합을 방지하는 것입니다. 일반적으로 사용하는 L1 및 L2 정규화는 모델 가중치의 크기에 비례하는 페널티 항을 추가합니다.

L1 정규화는 라쏘^{Lasso} 정규화라고도 하며 가중치의 절댓값에 비례해 손실 함수에 페널티 항을 추가합니다. 따라서 일부 가중치가 정확히 0이 되는 희소 모델이 생성되어 결과적으로 모델이 사용하는 피처 개수가 줄어듭니다.

L2 정규화는 릿지^{Ridge} 정규화라고도 하며 가중치 값의 제곱에 비례해 손실 함수에 페널티 항을 추가합니다. 따라서 0은 아닌 작은 가중치들이 만들어짐으로써 모델을 희소하게 만들지 않으면서 모델 복잡도를 낮춥니다.

L1은 가중치를 희소하게 하지만 L2는 그렇지 않은 이유는 무엇일까요? 이는 가중치가 0이 아니라면 L1의 경사는 −1 또는 1이기 때문에, 현재 가중치 값에 관계없이 동일한 증분만큼 가중치를 0이 되는 방향으로 이동하기 때문입니다.[30] 반면 L2의 경사는 가중치가 0에 가까워질수록 0으로 감소하는 선형 함수이므로 가중치 값이 작아질수록 페널티에 따른 변화량도 줄어들기 때문에 0으로 수렴하는 데 오랜 시간이 걸립니다.

---

30 옮긴이_ 성큼성큼 움직여서 금방 0이 되어버리고, 한번 0이 되면 더 이상 변화가 일어나지 않는다는 의미입니다.

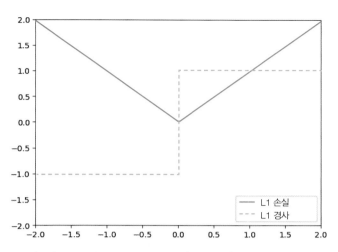

그림 2-4 L1의 경우 경사(점선)는 업데이트 스텝마다 고정된 양(−1 또는 1)만큼 가중치를 0을 향해 이동합니다. 따라서 가중치가 희소해지기 쉽습니다.

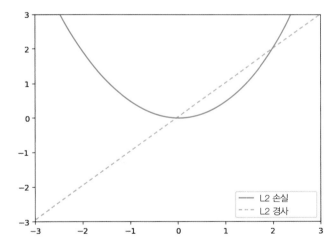

그림 2-5 L2의 경우 L1과 대조적으로, 가중치가 0에 가까워질수록 경사(점선)의 크기가 감소합니다. 즉, 가중치 값이 변화되는 양이 작아집니다.

일반적으로 L1 정규화는 모델이 사용하는 피처(예 중복 피처) 개수를 줄이기 위해 사용하는 반면 L2 정규화는 가중치를 0으로 만들지는 않으면서 크기를 줄여 더 균등하게 분산하기 위해 사용합니다.

선형 회귀와 로지스틱 회귀의 차이점은 무엇인가요?

선형 회귀$^{linear\ regression}$는 종속 변수와 하나 이상의 독립 변수 간의 선형 관계를 최적의 직선으로 모델링합니다. 다음과 같이 정의됩니다.

$$y = \beta_0 + \beta_1 x_1 + \ldots$$

반면에 로지스틱 회귀는 로지스틱 곡선을 피팅해 이진 결과(종속 변수가 0이나 1의 두 값만 취할 수 있음)의 확률을 모델링합니다. 로지스틱 회귀 모델은 확률을 출력한 다음 이진 출력으로 변환합니다. 소프트맥스 회귀는 두 개 이상의 클래스를 처리하기 위한 로지스틱 회귀의 일반형입니다. 로지스틱 함수는 다음과 같이 정의됩니다.

$$p = \frac{1}{1 + e^{-(\beta_0 + \beta_1 x_1 + \ldots)}}$$

선형 회귀는 데이터의 예측값과 실젯값 사이의 제곱 오차$^{squared\ error}$의 합을 최소화합니다. 이는 종종 최소 제곱법(참고자료 118)을 이용해 풀게 됩니다.

로지스틱 회귀는 경사하강법, 준뉴턴 방법 등 다양한 최적화 알고리즘을 사용해 풉니다. 로그 손실 함수 또는 교차 엔트로피 함수로 알려진 음의 로그 가능도를 최소화함으로써 관찰된 데이터의 가능도를 최대화합니다.

2.18 신경망 활성화 함수

신경망의 활성화 함수 몇 가지를 설명하세요.

일반적으로 사용하는 활성화 함수activation function와 각각의 특성은 다음과 같습니다.

시그모이드Sigmoid

입력을 0과 1 사이의 범위로 매핑함으로써 확률을 생성하는 데 유용합니다(예 이진 분류 문제). 입력값이 큰 값이나 작은 값으로 포화되면 경사 소실vanishing gradients 문제를 일으킬 수 있습니다. 결괏값이 0-중심zero-centered이 아니어서 경사 업데이트 값이 항상 동일한 부호[31]를 가지므로 수렴 속도가 느려질 수 있습니다.

소프트맥스Softmax

다중 클래스 분류 문제의 출력층으로 자주 사용되며 입력값을 여러 클래스에 대한 확률 분포로 매핑합니다.

하이퍼탄젠트Tanh

입력을 −1과 1 사이의 범위로 매핑합니다. 즉, 일부 상황에서 유용한 음숫값을 출력할 수 있습니다. 시그모이드 함수와 비교하면 입력값 0 부근의 경사가 확실히 크기 때문에 더 확실한 업데이트로 이어집니다. 다만 하이퍼탄젠트도 포화되면 시그모이드 함수처럼 경사가 소멸하는 경향[32]이 있습니다. 0-중심이므로 경사가 지그재그로 업데이트되는 문제[33]가 없습니다.

[그림 2-6]은 시그모이드와 하이퍼탄젠트의 미분값을 나타냅니다. 원점 부근의 미분값은 하이퍼탄젠트가 더 크며 두 함수 모두 빠르게 포화됩니다.

---

31 옮긴이_ 엄밀히는 한 노드(node)에 대해 그렇습니다. 한 신경망의 매개변수 전체의 업데이트 값이 동일한 부호를 가지는 것은 아닙니다.

32 옮긴이_ [그림 2-6]에서 확인할 수 있듯이 시그모이드보다 더 빨리 포화됩니다.

33 옮긴이_ 바로 위 시그모이드에서 설명한 동일한 부호의 경사 업데이트를 의미합니다.

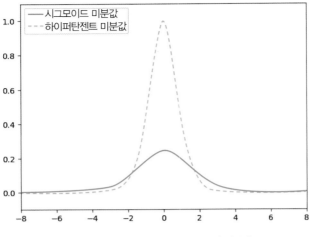

그림 2-6 시그모이드와 하이퍼탄젠트의 미분값

소프트사인^{Softsign}

하이퍼탄젠트와 유사하게 −1과 1 사이의 출력을 갖습니다. 하이퍼탄젠트 함수보다 매끄럽기 때문에 포화가 덜 되어 경사 소실 문제가 줄어듭니다. 결과적으로 수렴이 더 빨라질 수 있습니다. 다만 복잡한 도함수로 인해 계산 비용이 더 높습니다.

ReLU^{Rectifed Linear Unit}

ReLU는 음숫값을 0으로 대체하고 양숫값은 그대로 유지함으로써 함숫값의 포화를 방지하는 부분 선형^{piecewise linear} 함수[34]입니다. 따라서 경삿값이 시그모이드나 하이퍼탄젠트에서처럼 소멸하지 않습니다. 빠르게 계산할 수 있으며 DNN에서 실제로 잘 작동하는 것으로 확인됩니다. 다만 한 가지 문제는 '죽어가는^{dying} ReLU'입니다. 이는 ReLU 함수에 대한 입력이 음수가 되어 출력이 0이 됨으로써 비활성화되어 역전파 중에 경사가 0이 될 때 발생합니다. 결과적으로 이 문제는 복구하기 어려울 수 있습니다.

소프트플러스^{Softplus}

ReLU의 매끄러운 버전으로, 음수에 대한 출력의 최솟값은 0으로 제한되고 양수에 대해서

---

34 옮긴이_ '조각별 선형 함수'로 번역하기도 합니다.

는 제한이 없습니다. 경삿값이 불연속 없이 매끄럽고 완전히 0인 부분이 없다는 점이 학습 안정성을 높입니다(참고자료 284). 다만 미분값(시그모이드) 계산이 간단하지 않아 계산 비용이 ReLU보다 높습니다.

Leaky ReLU

ReLU와 유사하되 '죽어가는 ReLU' 문제를 완화하기 위해 음수 입력에 대해 작은 경사를 줍니다. 음수에 대한 작은 출력은 뉴런들의 평균 활성화 출력이 0에 가까워지도록 유도합 니다.

PReLU Parametric ReLU

Leaky ReLU의 변형입니다. 0보다 작은 입력에 대한 경사가 고정된 값이 아닌 학습 가능 한 매개변수입니다.

ELU Exponential Linear Unit

ML 실무 엔지니어에게 인기 있는 함수입니다. Leaky ReLU나 PReLU와 유사하지만 주 요 차이점은 입력값이 작아짐에 따라 고정된 음숫값으로 포화되고 양수에 대해서는 제한 이 없다는 점입니다. 따라서 ELU는 뉴런 출력값들의 분산을 감쇠dampening하는 효과가 있습 니다. 이를 통해 ELU는 계산 비용이 더 높음에도 더 빨리 수렴함을 보였습니다(참고자료 049).

SELU

뉴런 활성화 함수 출력값들의 평균과 분산이 제어되는 ELU의 이점에 더해, 평균 0과 단 위 분산을 향해 수렴되도록 합니다(참고자료 108). 이 자체 정규화 속성은 은닉층이 많은 DNN이 경사 소실이나 폭발 문제 없이 학습되도록 합니다.

Swish

ELU나 SELU처럼 음수에 대한 출력의 최솟값에는 제한이 있고 양수에 대해서는 제한이 없는 활성화 함수입니다. 또한 단조 증가가 아니면서 매끄러운 형태를 가집니다. 구글 브 레인Google Brain 팀은 실험을 통해 이러한 속성이 ReLU, ELU, SELU보다 우수한 결과를 가 져옴을 발견했습니다(참고자료 180). GELUGaussian Error Linear Unit는 동일한 특성을 지닌 또 다른 활성화 함수입니다.

[그림 2-7]은 Swish와 ReLU 활성화 함수를 나타냅니다. 두 함수 모두 양수 입력에 대해서는 출력값에 제한이 없고(포화 방지) 음수 입력에 대해서는 출력값에 제한이 있습니다. 또한 Swish는 작은 음수 입력에 대해 음수 출력이 나오며 단조 증가가 아니면서 매끄럽기 때문에 최적화에 유용합니다.

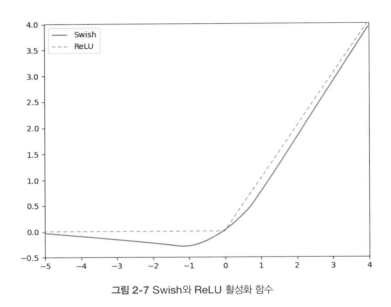

그림 2-7 Swish와 ReLU 활성화 함수

활성화 함수를 선택할 때는 0-중심성$^{\text{zero-centricity}}$, 계산 비용, 경사 소실 또는 폭발과 같은 경사 이상의 가능성을 고려해야 합니다. 이러한 사항을 감안하면 효과적인 활성화 함수는 음숫값과 양숫값을 모두 생성하며 양수에 대해서는 포화를 피하기 위해 값에 제한을 두지 않는 형태인 경우가 많습니다.

TIP 다양한 활성화 함수는 [참고자료 212]에서 자세히 알아보세요.

세 알고리즘의 차이점은 무엇인가요?

의사 결정 트리, 랜덤 포레스트random forest, 그래디언트 부스팅 결정 트리Gradient Boosted Decision Tree(GBDT)의 차이점은 다음과 같습니다.

의사 결정 트리

데이터를 더 작은 하위 집합으로 반복적으로 분할해 트리와 같은 의사 결정 모델을 만들어 내는 ML 알고리즘입니다. 트리의 각 내부 노드는 특정 피처값을 기준으로 하는 분할을 수행하고, 각 분기는 분할 결과가 되며, 각 리프 노드는 출력을 나타냅니다. 분할 기준은 일반적으로 '순도purity'에 기반한 지니Gini 지수 또는 정보 이득information gain에 기반한 엔트로피입니다.

랜덤 포레스트

의사 결정 트리의 앙상블입니다. 각 트리는 데이터의 무작위 하위 집합에 대해 학습되며 각 분할에서 또한 피처의 무작위 하위 집합에 대해 학습됩니다. 모든 트리의 예측을 결합해 최종 예측을 생성하는데 분류 문제에서는 다수결이고 회귀 문제에서는 평균을 사용합니다. 이렇게 많은 의사 결정 트리를 조합하면 분산이 줄어들고 일반화 성능이 향상되지만 해석 가능성이 낮아진다는 단점이 있습니다. 학습 프로세스는 병렬화하기 용이합니다.

그래디언트 부스팅 결정 트리(GBDT)

의사 결정 트리의 앙상블입니다. 각각의 새 트리는 이전 트리에서 발생한 오류를 수정하도록 학습됩니다. GBDT는 의사 잔차라고도 하는 예측 손실 함수(예 MSE)의 음의 경사를 예측하도록 새로운 트리를 학습시킵니다. 분할 기준은 일반적으로 손실 함수를 기반으로 합니다. 랜덤 포레스트와 달리 GBDT의 트리는 서로 독립이 아니며 모든 트리의 예측을 가중 결합해 최종 예측을 합니다. 트리를 순차적으로 학습시켜야 하지만 개별 트리의 학습, 특히 분할 절차는 분산 처리할 수 있습니다.

그래디언트 부스팅 결정 트리는 랜덤 포레스트보다 좀 더 체계적인 방식으로 트리를 만드는 것이 목적입니다. 정보 이득 휴리스틱 대신 학습 손실을 기반으로 분할하고 학습 후에 가지를 잘라내는pruning 대신 정규화를 적용합니다.

Q 2.20 부스팅과 배깅

부스팅과 배깅의 차이점은 무엇인가요?

부스팅과 배깅은 예측 모델의 정확도accuracy를 향상하는 데 사용하는 인기 있는 기법입니다. 두 기법 모두 여러 개의 모델을 구축하고 예측을 결합해 최종 출력을 생성합니다.

부스팅과 배깅의 주요 유사점은 여러 모델을 결합하는 앙상블 방법이라는 점입니다. 두 기법 모두 목표는 모델의 정확도를 높이고 분산을 줄이는 것[35]입니다.

다만 몇 가지 주요 차이점이 있습니다. **부스팅**은 모델을 반복적으로 학습시키는데 각 후속 모델이 학습되면서 전체 성능이 향상되는 순차적 프로세스입니다. 이전 모델의 잘못된 분류에 초점을 맞춰 이전까지의 모델을 개선합니다. 다만 이 점 때문에 부스팅은 배깅보다 과적합되기 쉽습니다.

배깅은 부스팅과 대조적으로 여러 모델을 병렬로 구축하며 각 모델은 학습 데이터의 서로 다른 부분 집합에 대해 학습함으로써 이상치와 노이즈에 대한 강건성을 높입니다. 배깅은 분산 처리가 보다 용이합니다. 즉, 프로세스를 여러 시스템에 분할함으로써 작업 속도를 높입니다.

Q 2.21 비지도 학습 기법

비지도 학습에는 어떤 것이 있으며 각각 어떻게 작동하나요?

비지도 학습unsupervised learning은 알고리즘이 레이블 없이 데이터의 패턴을 학습하는 ML 유형입니다. 유사한 데이터포인트를 클러스터링하거나 데이터의 차원을 줄이는 등 데이터에서 구조

---

35 옮긴이_ 부스팅은 분산을 줄이는 것이 직접적인 목적은 아니며, 반드시 줄어들지도 않습니다.

나 관계를 발견하는 것이 목표입니다.

널리 사용하는 비지도 학습 기술은 다음과 같습니다.

k-평균K-means

클러스터링에 사용하는 비지도 알고리즘입니다. 데이터포인트 집합을 서로 겹치지 않는 클러스터 k개로 분할해 각 클러스터 내의 포인트끼리는 최대한 가깝고 다른 클러스터의 포인트들과는 최대한 멀리 있도록 합니다.

기댓값 최대화Expectation Maximization(EM)

통계 모델의 매개변수를 추정하는 데 사용하는 반복적iterative 알고리즘입니다. 매개변수의 현재 추정값(E 단계)을 사용해 누락된 데이터의 기댓값을 계산한 다음, 관찰된 데이터의 가능도를 최대화[36]하도록 매개변수를 업데이트(M 단계)하는 과정을 번갈아 수행합니다. 기댓값 최대화 알고리즘은 클러스터링, 자연어 처리, 컴퓨터 비전, 음성 인식 등 다양한 응용 분야에서 활용됩니다.

주성분 분석Principal Component Analysis(PCA)

높은 정도degree[37]의 정보를 유지하면서 고차원 데이터의 차원을 줄이는 데 사용하는 통계 기법입니다. 원래 피처들의 선형 조합 중에서 데이터셋이 가지는 분산의 가장 큰 부분을 나타낼 수 있는 것을 찾아갑니다. 먼저, 데이터를 센터링centering한 다음 공분산행렬covariance matrix의 고유벡터를 찾는 연산을 통해 데이터가 최대의 분산을 가지는 방향(주성분principal component)을 반복적으로 찾아냄으로써 수행됩니다.

t-SNEt-Distributed Stochastic Neighbor Embedding

고차원 데이터를 저차원 공간에서 시각화하기 위한 알고리즘입니다. 먼저, 고차원 공간에

---

36 옮긴이_ ML을 공부하는 입장에서 이해하기 까다로운 지점 중 하나는, 누락되거나 관찰된 '데이터'가 정확히 무엇을 의미하는지입니다. ML 관점에서 표현하자면 데이터포인트(row)가 아닌, 데이터의 일부 피처(column)를 의미합니다. 이 문장을 풀어 쓴다면 다음과 같습니다. "매개변수의 현재 추정값(E 단계)을 사용해 '각 데이터포인트의 누락된 피처의 기댓값을 계산해 임시 결정'한 다음, '관찰된 데이터 포인트들에 임시 결정된 피처값을 적용해 계산된' 가능도를 최대화하도록 매개변수를 업데이트(M 단계)한다." 기댓값 최대화 알고리즘은 ML 맥락에서만 사용하는 것은 아니므로 저자가 사용한 표현도 틀리지 않습니다. 다만 ML 관점에서는 혼동을 유발할 수 있습니다.

37 옮긴이_ 원문은 'high degree of information'인데 여기서 degree는 통계적 개념입니다. 자유도(degree of freedom)라고 할 때의 degree와 같은 의미이며 선형대수에서의 rank와 유사한 개념입니다.

있는 데이터포인트 간의 쌍별 유사도를 측정한 다음 이 유사도를 가장 잘 보존하는 저차원 표현을 찾습니다. 확률적 기법을 사용해 유사한 고차원 데이터들을 저차원 공간의 가까운 지점들에 매핑하는 동시에 유사도가 낮은 데이터끼리는 멀리 있도록 합니다.

특잇값 분해Singular Value Decomposition(SVD)

정보 손실을 최소화하면서 고차원 데이터를 저차원 공간에 표현하는 데 사용하는 랭크rank 감소 근사법입니다. 원래 행렬(동시 발생 행렬co-occurrence matrix[38])을 개별 행렬 3개, 즉 왼쪽, 오른쪽, 특잇값singular value 행렬로 분해하며, 이들의 곱으로 원래 행렬을 근사합니다. 왼쪽 행렬을 '임베딩' 행렬로 간주할 수 있습니다. SVD로 근사한 후의 랭크는 특잇값 행렬에서 사용한 값의 개수와 같습니다.

오토인코더Autoencoder

입력 데이터의 압축된 표현을 학습하는 것을 목표로 하는 비지도 학습에 사용하는 DNN 입니다. 입력 데이터를 낮은 차원의 잠재 공간으로 인코딩한 다음 다시 원래 공간으로 디코딩합니다. 오토인코더에는 이미지 및 비디오 압축, 이상치 탐지anomaly detection, 차원 축소 등 다양한 응용 분야가 있습니다.

변분 오토인코더Variational Autoencoder(VAE)

오토인코더와 변분 오토인코더(VAE)의 주요 차이점은 오토인코더가 결정론적 매핑을 학습하는 반면 VAE는 인코딩된 잠재 공간의 확률 분포를 학습한다는 점입니다. VAE는 변분[39] 추론 접근 방식으로 이 분포를 학습하는데, 재구성reconstruction 항과 정규화 항으로 구성된 데이터의 로그 가능도log-likelihood에 대한 하한(ELBO)[40] 최적화를 합니다.

제한 볼츠만 기계Restricted Boltzmann Machine(RBM)

입력 데이터의 압축된 표현을 학습하는 비지도 학습에 사용하는 생성 모델입니다. 가시可視층 뉴런과 은닉층 뉴런이라는 두 레이어로 구성되어 있으며 이때 가시층은 입력 데이터에 해당하고 은닉층은 입력의 잠재 표현을 나타냅니다. 레이어들은 서로 완전 연결되어 있습

---

38 옮긴이_ '동시 등장 행렬'로 번역하기도 합니다.
39 옮긴이_ variational을 '변형'으로 번역하는 자료도 가끔 있습니다.
40 옮긴이_ '하계(下界)'로 번역하기도 합니다.

니다. RBM은 입력 데이터와 은닉층의 출력을 네트워크를 통해 다시 공급해 재구성된 데이터 간의 차이를 최소화하는 네트워크 가중치를 학습합니다.

생성적 적대 신경망Generative Adversarial Network(GAN)

생성기generator와 판별기discriminator라는 두 부분으로 구성된 신경망 유형입니다. 생성기는 주어진 학습 데이터셋과 유사한 새로운 데이터 샘플을 생성하는 방법을 학습하고, 판별기는 생성된 샘플과 실제 데이터를 구별하는 방법을 학습합니다. 두 부분은 게임과 유사한 과정으로 함께 학습되는데 생성기는 판별기를 속이려고 시도하고 판별기는 가짜 데이터를 올바르게 식별하려고 시도합니다. 이는 학습이 진행됨에 따라 생성기가 실제 데이터에 가까운 데이터를 생성하도록 합니다.

Q 2.22 k-평균 작동 방식

k-평균이 무엇이며 어떻게 작동하나요?

k-평균은 클러스터링에 사용하는 비지도 알고리즘입니다. 데이터포인트 집합을 서로 겹치지 않는 클러스터 k개로 분할하는데, 각 클러스터 내의 포인트끼리는 최대한 가깝고 다른 클러스터의 포인트들과는 최대한 멀리 있도록 합니다.

표준 알고리즘은 다음과 같은 절차로 진행됩니다.

1 초기화

k개 클러스터의 초기 중심centroid 역할을 할 k개 데이터포인트를 무작위로 선택합니다.

2 할당

데이터포인트와 중심 사이의 유클리드 거리를 기반으로 각 데이터포인트를 가장 가까운 중심에 할당assign합니다.

3 업데이트

각 중심에 할당된 모든 데이터포인트의 평균을 계산하고 이 평균을 해당 클러스터의 새 중심으로 사용합니다.

중심들이 **더 이상 이동하지 않거나**(또는 공차[tolerance] 내에서 이동), 각 데이터포인트의 할당이 더 이상 변경되지 않거나(또는 공차 내에서 변경) **최대 반복 횟수에 도달**할 때까지 2단계와 3단계를 반복합니다.

k-평균 클러스터링의 결과는 데이터포인트를 k개 클러스터로 분할한 것이며 각각의 클러스터는 중심으로 표시됩니다.

k-평균에는 몇 가지 단점이 있습니다. k 값을 수동으로 선택해야 하고, 초기 시드 중심에 민감하며(참고자료 037) 고차원 데이터셋, 이상치가 많은 데이터셋 등 특정 특성을 지닌 데이터셋을 클러스터링할 때 문제가 있을 수 있습니다. 또한 실제 클러스터의 크기와 밀도가 다양한 경우에 문제가 있을 수 있지만 k-평균 가우스 혼합 모델로 대처할 수 있습니다(참고자료 077).

Q 2.23 준지도 학습 기법

준지도 학습 기법에는 어떤 것이 있으며 각각 어떻게 작동하나요?

준지도 학습[semi-supervised learning]은 레이블이 있는 데이터와 없는 데이터를 모두 이용해 모델을 학습시킵니다. 모델은 레이블이 없는 데이터의 정보를 활용해 레이블이 있는 데이터에 대한 성능을 향상할 수 있습니다.

준지도 학습에는 여러 가지 접근 방식이 있습니다.

유도

모델 하나를 이용하는 자체 학습[self-training] 또는 모델 여러 개를 이용하는 공동 학습[co-training]이 있습니다. 사용 가능한 데이터로 모델을 학습시켜 누락된 레이블을 예측합니다. 단점은 학습된 모델로부터 얻은 레이블이 잘못된 예측을 강화[reinforce]할 수 있다는 점입니다.

추론

레이블이 있는 데이터로만 모델을 구축하는 것이 아니라 레이블이 없는 데이터까지 학습에 사용합니다. 방법은 여러 가지입니다. 부분 지도 학습을 사용한 클러스터링 알고리즘, 레이블 전파 알고리즘[label propagation algorithm](LPA)과 같은 그래프 기반 기법, 저차원 공간에서 인접 데이터 간에 유사한 예측 결과를 갖도록 하는 매니폴드 학습 등이 있습니다. 이러한 추론적 특성을 이용해 학습하는 모델에는 Transitive SVM, Laplacian SVM 등이 있습니다.

하이브리드

레이블이 있는 데이터를 이용해 비지도 학습을 확장하거나, 또는 그 반대의 경우입니다. 예를 들어 변분 오토인코더(VAE)는 레이블이 있는 데이터를 학습에 통합할 수 있는 생성 모델입니다. VAE에서 인코더 네트워크는 입력 데이터를 받아서 저차원 잠재 공간에 매핑해 표현합니다. 이 표현의 목적은 데이터의 원리적인 구조를 담기 위함이며 디코더는 이를 다시 원래 공간으로 매핑합니다.

준지도 학습에서는 레이블이 인코더 측에 지도supervision를 제공할 수 있습니다. 예를 들어 레이블이 있는 데이터를 사용해 잠재 공간으로부터 레이블을 분류하는 지도 학습 모델을 만들어 사용합니다. 또는 입력 데이터의 잠재 공간 매핑에 레이블 정보를 붙여concatenate 디코더에 전달함으로써, 디코더 네트워크가 레이블과 일치하는 결과를 생성하도록 하는 조건부 동작을 시킬 수도 있습니다(참고자료 107). 하이브리드 접근 방식의 또 다른 예로, 지도 학습과 레이블 전파propagation를 번갈아 수행하는 방식이 있습니다(참고자료 101).

데이터에 인스턴스 수준의 레이블은 없지만 그룹 수준으로 집계된 레이블이 있다면, 그룹 레이블을 활용해 인스턴스 수준 분류기를 구축하는 여러 기법을 사용할 수 있습니다.[41]

---

41 7장에서 자세히 알아보세요.

일반적으로 사용하는 손실 함수에는 어떤 것이 있나요? 비교해서 설명하세요.

ML에서 일반적으로 사용하는 손실 함수는 다음과 같습니다.

평균 제곱 오차 Mean Squared Error(MSE)

예측 오차 제곱의 평균입니다. 큰 오찻값을 더 많이 반영합니다. 손실[42]이 0에 가까워질수록 경삿값이 감소하므로 학습이 진행됨에 따라 수렴이 더 미세precise해집니다. L2 손실이라고도 합니다.

평균 제곱 로그 오차 Mean Squared Logarithmic Error(MSLE)

실젯값과 예측값의 로그값 차이를 제곱해서 평균을 냅니다. 큰 값을 압축하므로 MSE보다 이상치에 더 강건합니다. 다만 몇 가지 단점이 있습니다. MSLE는 오차의 절대 크기가 아닌 예측값과 실젯값 간의 비율(상대적 크기)을 오차로 봅니다. 또한 과대평가보다 과소평가[43]에 더 큰 페널티를 줍니다.

평균 절대 오차 Mean Absolute Error(MAE)

예측 오차의 절대 평균으로, 이상치에 더 강건합니다. 이상치의 오차 크기를 중요하게 고려하지 않아도 되는 경우에 유용합니다. 경사가 손실이 줄어듦에 따라 감소하지 않으므로 학습률을 도입하는 것이 중요합니다. L1 손실이라고도 합니다.

평균 절대 백분율 오차 Mean Absolute Percentage Error(MAPE)

예측 오차의 절댓값을 실젯값의 백분율로 표시해 평균을 구합니다. MSLE와 유사하게 오차의 절대 크기가 아닌 예측값과 실젯값 사이의 상대적 크기만을 측정합니다. 다양한 규모의 데이터를 처리할 때 유용합니다. 예측하려는 값들의 크기 규모가 다를 때 유용합니다. 예측하려는 실젯값이 0인 경우를 피해야[44] 합니다.

---

42 옮긴이_ 저자는 오류와 손실을 같은 단락 안에서 같은 의미로 사용하고 있습니다.

43 옮긴이_ 실젯값이 예측값보다 큰 경우입니다.

44 옮긴이_ 0으로 나누는 경우를 방지하기 위함입니다.

후버 손실 Huber Loss

MSE와 MAE를 혼합한 것입니다. 작은 차이에 대해서는 제곱 오차, 큰 차이에 대해서는 절대 오차가 됩니다. 컷오프는 하이퍼파라미터인 δ(델타)로 결정합니다. MSE보다 이상치에 강건하면서도 오차가 작을 때는 MSE의 장점인 정밀함을 갖습니다. δ 값의 선택이 중요합니다.

[그림 2-8]은 후버 손실과 제곱 오차 손실을 나타냅니다. 후버 손실은 큰 오찻값들에 대해 선형입니다.

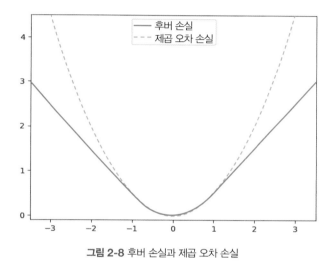

그림 2-8 후버 손실과 제곱 오차 손실

Log-Cosh 손실

예측 오차의 하이퍼볼릭hyperbolic 코사인의 로그입니다. 후버 손실과 유사하지만 δ가 없습니다. 작은 오차에 대해서는 제곱처럼, 큰 오차에 대해서는 절댓값처럼 동작합니다. 두 번 미분 가능하기 때문에 XGBoost와 같은 알고리즘에 유용합니다.

포아송 손실 Poisson loss

주어진 기간 동안의 이벤트 발생 횟수와 같이 횟수 데이터를 예측하는 것이 목표인 회귀 문제에 사용합니다. 이벤트의 분포가 포아송 분포를 따르고 이벤트가 독립적으로 발생한다고 가정해 예측 오차를 계산합니다.

교차 엔트로피Cross-Entropy(또는 로그 손실)

분류 문제 또는 실젯값이 0과 1 사이인 회귀 문제(예 확률)에 사용합니다. 양성 클래스의 예측 확률과 실젯값 사이의 오차를 나타냅니다.

$$-\frac{1}{m}\sum_{i=1}^{m} y_i \log(\hat{y}_i) + (1 - y_i)\log(1 - \hat{y}_i)$$

이 손실 함수는 로지스틱 회귀에 사용됩니다.[45]

쿨백–라이블러 발산Kullback–Leibler Divergence(KLD)

두 확률 분포 간의 차이 또는 상대 엔트로피를 나타냅니다. 교차 엔트로피와 개념적으로 유사하지만 몇 가지 차이점이 있습니다. 첫째, KLD 값은 항상 0 이상non-negative입니다. 둘째, 두 분포가 동일한 경우 KLD는 0인 반면 교차 엔트로피는 해당 분포의 엔트로피값과 같아집니다. 실제 문제에서는 교차 엔트로피를 더 자주 사용합니다. 최적화 문제(참고자료 201)를 푼다는 관점에서는 KLD와 등가equivalent이기 때문입니다. 다만 변분 오토인코더(VAE)의 경우에는 KLD를 정규화 항(참고자료 176)으로 손실 함수에 넣어서 사용합니다.

힌지 손실Hinge loss

예측 오차의 절대 크기입니다. 실제 클래스 레이블에 대한 예측값이 주어진 마진보다 큰 경우에만 손실이 0이 됩니다. 이는 결정 경계와 실젯값 사이의 마진을 최대화하려는 것으로 해석할 수 있고, 따라서 일반적으로 서포트 벡터 머신Support Vector Machine(SVM)에 사용합니다. 힌지 손실은 정확한 모델을 생성할 수 있지만 확률을 추정하는 데는 교차 엔트로피 손실만큼 적합하지 않습니다.

---

45 동일한 데이터에 대해 교차 엔트로피 손실과 MSE를 비교하는 [참고자료 143]을 읽어보세요.

손실 함수가 아래로 볼록한지 어떻게 확인하나요?

손실 함수가 볼록성^{convexity}에 관한 1차 또는 2차 조건을 만족하면 엄밀하게 볼록^{strictly convex}하다고 합니다. 1차 조건은 함수의 1차 도함수(그래디언트 또는 경삿값이라고도 함)가 단조 증가 함수인 경우 또는 함수의 접선(1차 테일러 근사)이 함수에 대한 전역 과소평가[46]인 경우입니다. 2차 조건은 함수의 2차 도함수가 항상 양수인 경우입니다.

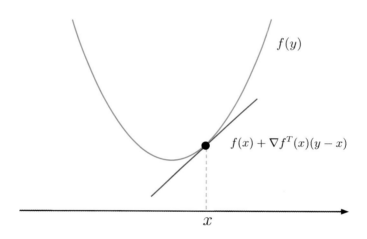

그림 2-9 1차 조건에서 접선은 함수의 전역 과소평가여야 합니다.

엄밀하게 볼록한 함수의 고유한 전역 최솟값은 경삿값이 0인 지점에서 발생합니다.

---

46 옮긴이_ 항상 같거나 작음을 의미합니다.

분류 모델 성능을 어떤 지표로 평가하나요?

모델 성능은 문제 유형과 평가 목표에 따라 다양한 지표로 평가합니다. 일반적으로 사용하는 지표는 다음과 같습니다.

정확도 Accuracy

모든 예측 중에서 올바른 예측이 차지하는 비율입니다. 클래스가 상대적으로 균형을 이루는 경우처럼 특정 유형의 오류가 특히 중요하지는 않을 때 사용합니다.

정밀도 Precision

모든 양성 예측 중에서 참 양성 true positive이 차지하는 비율입니다. 거짓 양성 false positive[47] 발생을 최소화하는 것이 목표일 때 사용합니다.

재현율 Recall

모든 실제 양성 사례 중에서 참 양성이 차지하는 비율입니다. 거짓 음성 false negative 발생을 최소화하는 것이 목표일 때 사용합니다.

F1 점수 F1 Score

정밀도와 재현율의 조화 평균입니다. 낮은 정밀도 또는 낮은 재현율에 신경 써야 할 때 사용합니다.

정밀도@k

랭킹 문제에 더 적합한 정밀도 지표입니다. 시스템이 반환한 상위 k개 결과 중 참 양성이 차지하는 비율입니다.

AUC(또는 PR AUC)

정밀도 대 재현율 곡선의 아래 영역의 넓이입니다. 시각화와 임곗값 지정에 유용합니다.

---

47 옮긴이_ '위음성(僞陰性)'으로 번역하기도 합니다.

양성 데이터가 음성 데이터에 비해 많이 적은 경우에 ROC보다 유용합니다(참고자료 059). 양성 데이터 개수가 적으면 ROC 분석에서는 거짓 양성의 절대 개수가 크게 변화하더라도 거짓 양성률의 작은 변화로만 이어지기 때문에 확인하기가 어려운 점이 있습니다.

ROC(또는 ROC AUC[48])

참 양성률과 거짓 양성률 곡선의 아래 영역의 넓이입니다. 양성 클래스가 다수 클래스이거나 클래스가 상대적으로 균형을 이룰 때 특히 유용합니다.

할인 누적 이득Discounted Cumulative Gain(DCG)과 정규화 할인 누적 이득(nDCG)

검색된 결과의 가치(또는 '이득')를 나타냅니다. 관련도에 등급을 매긴 평가로 볼 수 있는데, 각 결과의 랭킹에서의 위치가 낮을수록 가중치가 낮아집니다. nDCG는 DCG를 0과 1 사이 값으로 정규화한 값입니다. 복수 결과의 DCG 값들 간에 상대적 차이가 있는 랭킹 학습learning-to-rank 문제에 많이 사용합니다.

많은 경우 모델 성능을 더 잘 이해하기 위해 여러 지표를 함께 사용합니다. F1 점수, PR AUC, nDCG와 같이 양성 결과를 잘 나타내는 지표가 검색 및 랭킹 모델 작업에 널리 사용됩니다.

Q 2.27 회귀 모델 평가 지표

회귀 모델 성능을 어떤 지표로 평가하나요?

회귀 모델 평가에 일반적으로 사용하는 평가 지표는 다음과 같습니다.

평균 절대 오차Mean Absolute Error(MAE)

예측값과 실젯값 간 차이의 절댓값의 평균을 계산합니다. 종속 변수와 동일한 단위로 표현되므로 해석이 더 쉽습니다.

---

48 옮긴이_ 저자는 다르게 쓰고 있습니다만 AUC라고 하면 보통 ROC AUC를 의미합니다.

평균 제곱 오차^{Mean Squared Error}(MSE)

예측값과 실젯값 간 차이의 제곱의 평균입니다. 차이를 제곱하면 여러 가지 이점이 있습니다. 첫째, 음의 오차와 양의 오차가 서로를 상쇄할 가능성을 제거합니다. 둘째, 작은 오차보다 큰 오차에 더 큰 페널티를 적용하므로 이상치에 더 민감합니다.

평균 제곱근 오차^{Root Mean Squared Error}(RMSE)

MSE의 제곱근입니다. MSE의 장점을 가지면서, 종속 변수의 크기로 조정된 것이므로 해석이 MSE보다 더 직관적입니다.

평균 제곱근 로그 오차^{Root Mean Squared Logarithmic Error}(RMSLE)

RMSE와 유사하되 예측값과 실젯값의 로그에 적용되며 이상치에 더 강건합니다. 오차의 절대 크기가 아닌 예측값과 실젯값 간의 비율(상대적 크기)을 오차로 봅니다. 과대평가보다 과소평가에 더 큰 페널티를 줍니다(참고자료 194).

R-제곱^{R-squared}

총 제곱합에 대한 잔차 제곱합의 비율을 측정합니다. '결정계수' 또는 '적합도'라고도 합니다. 백분율로 표시하므로 다른 지표보다 더 직관적입니다.

평균 절대 백분율 오차^{Mean Absolute Percentage Error}(MAPE)

실젯값과 예측값 간의 차이를 실젯값 기준으로 백분율을 계산해 그 평균을 취합니다. 값의 스케일에 독립적이며 예측하려는 값들의 크기 규모가 다를 때 유용합니다. 종속 변수(실젯값)가 0이 되지 않도록 해야 합니다.

Q 2.28 모델 최적화

왜 모델을 평가 지표에 대해 직접 최적화하지 않나요?

여러 가지 이유로 모델을 평가 지표에 대해 직접 최적화하지 않습니다. 몇 가지 이유는 다음과 같습니다.

미분 불가능

정확도, F1 점수 등 일부 평가 지표는 미분 불가능합니다. 경사 기반 방법으로 최적화하려면 미분 가능해야 합니다.

비볼록성

평가 지표를 직접 최적화하려 하면 비볼록$^{non-convex}$성 및 로컬 최솟값$^{local\ minima}$ 등에 기인하는 최적화 문제가 발생할 수 있습니다.

비실용적

정밀도, F1 점수 등 일부 평가 지표에 대해 신뢰할 수 있는 값을 얻으려면 많은 샘플로 계산해야 합니다. 그리고 DCG와 같은 평가 지표는 입력을 쿼리별로 그룹화해야 합니다. 이는 데이터 추출, 변환, 로드$^{Extraction,\ Transformation,\ and\ Loading}$(ETL) 또는 모델 학습 작업에 실용적으로 적용하기 어려울 수 있습니다.

그렇다면 모델의 손실 함수를 평가 지표로 사용하면 어떨까요? 실제로 손실 함수 값을 하나의 평가 지표(특히 로그 손실)로 사용하는 경우가 많지만 일반적으로는 관심사 분리$^{separation\ of}$ $_{concerns}$ 원칙을 적용하는 편이 더 좋습니다. 모델 개발 시에는 다양한 손실 함수를 자유롭게 탐색하고, 평가할 때는 주어진 작업에 대해 가장 직관적이거나 유익한 지표를 사용하면 되기 때문입니다.

모델 성능이 좋지 않으면 어떻게 디버깅하고 개선하나요?

다음과 같은 단계로 모델 성능을 디버깅하고 개선합니다.

1 문제 정의

'성능이 좋지 않음'의 의미를 명확하게 정의합니다. 모델이 컴파일되나요? 런타임 문제가 있나요? 손실이 수렴하지 않나요? 아니면 단순히 너무 높은가요? 모델 예측값이 예상 범위를 벗어나나요? 이러한 질문을 던져보고 문제를 정의합니다.

2 데이터 시각화

모델 성능에 영향을 미치는 패턴, 이상치, 손상 등의 문제를 확인하기 위해 데이터를 플롯합니다. 데이터셋이 올바르게 샘플링됐는지 혹은 수집에 문제가 있는지 확인합니다. 전처리 전후의 데이터를 확인합니다. 예를 들어 누락된 값이 지나치게 많거나 잘못 처리됐을 수 있고 수치형 피처가 제대로 정규화되지 않았을 수 있습니다.

3 모델 변수 검사

여기서 변수란 연산을 통해 값이 변경될 수 있는 텐서를 의미합니다(참고자료 100). 변수의 범위가 맞고 적절하게 재사용되는지 확인하고 이름과 형태도 확인합니다.

4 모델 단계별 실행

몇 단계에 걸쳐서 각 레이어에서 모델의 상태state를 검사합니다. 활성화 함수 값을 포함해 모든 텐서 연산의 결과를 출력해봅니다. 이 단계에서 잘못된 텐서 연산, 이상치, NaN, 부적절한 입력값과 같은 문제가 자주 발견됩니다.

5 손실 확인

손실 계산이 올바른지 확인합니다. 학습률, 경사 계산, 레이어 가중치를 확인합니다. 여러 단계를 거친 후 모멘텀과 같은 옵티마이저의 동작을 확인합니다.

6 모델 단순화

모델 성능 문제를 여전히 해결하기 어렵다면 모델의 모든 구성 요소를 단순화해봅니다. 더 적은 피처를 사용해볼 수 있습니다. SGD와 같은 간단한 옵티마이저를 사용하거나 더 적은 매개변수, 레이어 및 텐서 연산을 사용합니다. 모델 학습이 수렴하고 지표들이 올바른 방향을 가리키면 복잡성을 점차 다시 추가하면서 재확인합니다.

7 텐서보드를 사용한 디버깅

텐서보드^{TensorBoard}를 사용해 시간에 따른 손실과 같은 학습 프로세스를 시각화합니다. 이는 모델 관련 문제를 찾아내는 데 도움이 됩니다. 예를 들어 모델에 과적합 징후가 나타나면 정규화 또는 조기 종료를 적용합니다.

8 모델 튜닝

더 나은 성능을 얻기 위해 모델의 다양한 구성 요소를 실험해봅니다.

- 피처 선택
- 피처 사전 처리(참고자료 255)
- 학습 레이블
- 손실 함수
- 레이어 활성화 함수
- 하이퍼파라미터
- 모델 아키텍처

TIP 추가 디버깅 기법은 [참고자료 104]에서, 데이터 유효성 검사에 관해서는 [참고자료 219]에서 자세히 알아보세요.

ML 코딩

CHAPTER 3

이 장에서는 ML 코딩 문제를 해결하기 위한 계획을 세우는 데 초점을 맞춥니다. ML 코딩 면접에서는 일반적으로 다음 세 가지 유형으로 지원자를 평가합니다.

1 일반적인 ML 알고리즘을 구현하기
2 확률 또는 통계 문제를 푸는 코드를 작성하기
3 전통적인 소프트웨어 엔지니어링 코딩 테스트 질문(ML과 직접적인 관련은 없음)

이 장의 예제 질문에서는 1과 2의 코딩 문제에 적용할 수 있는 패턴을 알아봅니다. 3은 이 책의 범위를 벗어나므로 ML 면접에 자주 나오는 그래프, 문자열, 배열 질문 패턴만 알아봅니다. 구체적인 접근 방식을 설명하기 위해 코드 형태로 직접 솔루션을 제시하거나 외부 자료에 있는 코드를 소개하겠습니다.

예제 질문을 살펴보기에 앞서 면접관이 어떠한 관점으로 지원자를 평가하는지, ML 코딩 면접에 대비하려면 어떻게 학습해야 효과적인지 알아봅시다. 이어서 일반적인 ML 코딩 질문과 함께 알아두면 좋은 해시 테이블 및 분산 프로그래밍 문제, 기타 소프트웨어 엔지니어링 문제의 개요를 알아봅니다.

면접관이 중요하게 생각하는 요소

먼저, 면접관이 중요하게 생각하는 요소를 중요도가 높은 순으로 정리하면 다음과 같습니다.

1 코드가 주어진 문제를 해결하는가

면접관이 가장 먼저 관심을 갖는 측면입니다. 결국은 현실의 문제를 효율적이고 효과적으로 해결해야 하기 때문입니다. 그런데 지원자들은 완전하지 않거나 잘못된 솔루션을 제시하는 경우가 많습니다. 그 이유는 문제를 제대로 이해하지 못했거나, 논리에 오류가 있거나, 세부 사항에 주의를 기울이지 않아서입니다. 이러한 경우 지원자가 다른 장점을 지니고 있더라도 잘못된 솔루션을 벗어나기가 어려울 수 있습니다.

따라서 지원자는 코드를 작성하기에 앞서 문제를 철저히 이해하는 데 집중해야 합니다. 완전히 틀린 코드를 최적화하기보다 올바르게 작동하는 솔루션을 제공하는 편이 낫습니다.

2 합리적인 데이터 구조와 알고리즘을 사용하는가

면접관은 지원자가 주어진 문제에 적합한 데이터 구조와 알고리즘을 사용하는지를 봅니다. 예를 들어 문제가 키-값 쌍을 저장하는 일과 관련이 있다면 매핑을 저장하기 위해 해시맵을 사용하는 편이 합리적입니다. 마찬가지로 문제가 요소를 순서대로 추가 및 제거하는 일과 관련이 있다면 큐와 스택을 사용하는 편이 합리적입니다.

다양한 유형의 문제를 해결하기 위해 데이터 구조의 시간 복잡도를 활용할 수 있습니다. 지원자는 다양한 데이터 구조와 알고리즘의 장단점을 파악하고 주어진 문제에 적합한 것을 선택해야 합니다.

3 코드가 깔끔한가

면접관은 읽기 쉽고 유지 관리하기 용이한 코드를 원합니다. 설명적descriptive이고 직관적인 변수 이름을 사용하면 코드를 이해하기 쉽고 주석이 덜 필요합니다. 루프와 조건문의 레이아웃 또한 코드 구조의 중요한 측면입니다. 코드가 올바르게 구성되지 않으면 논리를 따라가기 어려워 오류가 생기고 효율성이 떨어질 수 있습니다.

4 커뮤니케이션 기술

면접관은 지원자가 코드를 논리적으로 설명할 수 있는지를 봅니다. 코드의 시간 및 공간 복잡도, 특정 데이터 구조를 사용한 이유를 물어보거나 알고리즘을 쭉 설명하라고 할 수 있습니다.

5 테스트

면접관은 자신의 코드를 적극적으로 테스트하는 지원자를 높이 평가합니다. 지원자가 주요 성공 시나리오와 몇 가지 에지 케이스를 테스트할 수 있다면 큰 도움이 됩니다. 주요 성공 시나리오 테스트에는 올바른 출력을 생성할 것으로 예상되는 입력값으로 코드를 테스트하는 작업이 포함됩니다. 입력은 가장 일반적이고 명백한 케이스여야 합니다.

에지 케이스 테스트에는 예기치 않은 케이스 또는 경계 케이스를 생성할 것으로 예상되는 입력값으로 코드를 테스트하는 작업이 포함됩니다. 이를 통해 지원자가 잠재적인 에지 케이스를 고려하고 해당 상황에 코드가 예상대로 작동하는지 확인하기 위한 조치를 취했음을 보일 수 있습니다. 나아가 코딩 능력에 대한 자신감을 얻을 수 있고 세부 사항에 주의를 기울인다는 점을 보일 수 있습니다.

ML 코딩 면접은 간단한 ML 알고리즘이나 평가 지표에 관한 논의로 시작해서 몇 가지 추가 설명(예 종료 기준, 필요시 수학 공식 등)으로 이어졌다가 바로 코딩으로 넘어갑니다.

ML 코딩 세션에서 면접관은 코딩 질문에 앞서 ML 기초에 관한 질문을 하기도 하지만 일반적으로 깊이 파고들지는 않습니다. 수학적인 세부 사항이 모호하다면 자유롭게 질문하세요. 예를 들어 정보 이득 지표를 구현하는 문제가 주어졌다면 정확한 공식을 기억할 필요는 없으며 면접관은 감점 없이 수식을 알려줄 것입니다.[1]

다행히 ML 면접은 일반적으로 데이터 과학 면접처럼 확률과 통계에 엄격하게 초점을 맞추지 않습니다. 면접관에 따라 p-값과 같은 기본 개념을 간략하게 다룰 수는 있습니다. 확률 및 통계 개념은 ML 기초에 대한 이해도를 평가할 때처럼 면접 프로세스에 자연스럽게 녹아들어가 있게 됩니다.

종종 코딩 면접에서 데이터를 반복적으로 샘플링한 후 최종 상태 또는 결과를 결정하는 프로세스에 관해 질문하기도 합니다. 두 가지 이유가 있습니다. 첫째, 샘플링은 데이터 수집 및 모델 학습에 널리 사용하는 기술이기 때문입니다. 둘째, 지원자가 확률 이론을 기본적으로 이해하고 있는지 평가하기 위함입니다.

ML 코딩에 대비하기 위한 학습 전략

ML 알고리즘 구현 능력을 향상하는 열쇠는 연습입니다. 다음과 같은 연습 방식이 ML 코딩 면

---

1 옮긴이_ 지원한 포지션에 따라 다를 수는 있습니다.

접에 대비하는 데 도움이 됩니다.

1 간단하고 일반적인 ML 알고리즘을 복습합니다(예 선형 회귀, 로지스틱 회귀, 나이브 베이즈, k-평균, k-최근접 이웃, 의사 결정 트리, 랜덤 포레스트).

2 일반적인 평가 지표를 복습합니다(예 평균 절대 오차, 평균 제곱 오차, 교차 엔트로피, f-값, AUC-ROC, 평균 정밀도, 재현율@k, nDCG).

3 일반적인 알고리즘 몇 가지를 처음부터 코딩해봅니다. 선호하는 언어를 사용해도 되지만 업계에서 가장 일반적으로 사용하는 파이썬으로 작성하는 방법을 학습하길 추천합니다. 넘파이와 같은 수학 라이브러리에 관한 지식이 있으면 알고리즘 코딩이 훨씬 쉬워집니다.

넘파이를 사용해 알고리즘의 벡터화된 버전을 작성하는 방법을 익혀두면 코딩이 쉬워지고 면접 시간을 상당히 절약할 뿐 아니라 점수 또한 더 높게 받을 것입니다. **브로드캐스팅**(참고자료 029)을 배워두면 크기가 다른 아이템이나 리스트를 비교할 때 특히 유용합니다.

k-최근접 이웃 알고리즘을 예로 들어봅시다. 보통의 파이썬 문법을 사용하면 코드는 다음과 같습니다.

```python
def k_nearest_neighbors(query, candidates, k):
    # 모든 데이터포인트에 대해 유클리드 거리 계산
    distances = []
    for i in range(len(candidates)):
        diff = 0
        for j in range(len(query)):
            # 제곱근 적용하지 않아도 됨
            diff += (candidates[i][j] - query[j])**2
        distances.append(diff)

    # 거리에 따라 정렬된 인덱스
    indices = sorted(range(len(distances)), key=lambda k: distances[k])
    return indices[:k]
```

다음은 넘파이와 함께 브로드캐스트를 사용하는 코드로, 한결 깔끔하고 효율적입니다.

```
def k_nearest_neighbors(query, candidates, k):
    # np.arrays를 받았다고 가정
    diff = candidates - query
    distances = np.sum(diff**2, axis=-1)

    # np.argsort(distances)[:k]로 해도 됨
    # np.argpartition()을 사용하면 k개 값이 반드시 정렬되어 있지 않을 수 있음
    return np.argpartition(distances, k)[:k]
```

더 짧게 작성하면 다음과 같습니다.

```
def k_nearest_neighbors(query, candidates, k):
    distance = np.linalg.norm(candidates - query, axis=1)

    # np.argsort(dist)[:k]로 해도 됨
    return np.argpartition(distance, k)[:k]
```

TIP [참고자료 174]에는 다양한 ML 알고리즘에 관한 샘플 코드가 있습니다. 여러 ML 알고리즘을 처음부터 직접 코딩해보고 나서 샘플 코드와 비교해보세요. 정답이 하나만 있는 것은 아니며 샘플 코드는 또 다른 방법을 익히거나 보다 효율적인 방법을 구현하는 데 도움이 됩니다.

확률 문제

일련의 단계 후에 발생하는 특정 이벤트의 확률을 계산하는 일에 관한 코딩 문제에는 동적 프로그래밍이 유용합니다.

동적 프로그래밍으로 이러한 문제를 해결하는 절차는 일반적으로 다음과 같습니다.

1 초기 상태 설정

문제의 시작점입니다. 체스의 기사knight 문제를 예로 들면, 기사가 0번의 이동 후에 체스판에 머무를 확률로 체스판 위 모든 칸을 초기화합니다.

2 점진적 단계 진행

한 상태에서 다음 상태로 이동하기 위한 몇 가지 전환 규칙을 정의하는 작업을 포함합니다. 예를 들어 기사 문제에서 점진적 단계는 기사가 체스판 위 새로운 위치로 이동할 수 있는 모든 움직임을 탐색하는 것입니다.

3 이전 상태에서 다음 상태로의 확률 누적

이전 상태의 확률을 기반으로 현재 상태의 확률을 계산하는 작업을 포함합니다. 예를 들어 기사 문제에서 k 번 이동한 후 기사가 체스판 위에 있을 확률은 이전 위치와 $k - 1$ 번 이동한 후 체스판 위에 있을 확률에 따라 달라집니다.

4 최종 상태에서 확률 결정

관심 있는 이벤트의 최종 확률을 계산하는 작업을 포함합니다. 예를 들어 로또 공 문제에서 공이 U 이하일 최종 확률은 V 와 U 사이 값에 대한 모든 확률의 합입니다.

예제 질문 Q3.7에서 이러한 단계를 설명하는 데 도움이 되는 샘플 코드를 살펴봅니다.

해시 테이블과 분산 프로그래밍 문제

해시 테이블^{hash table}에 관한 질문은 ML 면접에서 자주 나오지는 않지만 만약 나온다면 분산 컴퓨팅 (예 맵리듀스^{MapReduce})에 관한 후속 질문으로 이어지는 경우가 많습니다. 대량의 로그 및 데이터 셋에서 정보를 추출하고 집계하는 데 맵리듀스 프로그래밍 모델을 사용하기 때문입니다. 이는 실무에서 흔히 발생합니다.

해시 테이블 코딩 문제에는 일반적으로 키에 대한 횟수를 집계하는 작업이 포함되는데, 조금씩 누적하는^{incremental} 경우가 많습니다. 예를 들어 tf–idf를 계산할 때 각 문서의 단어들을 그룹화[2] 해 단어 빈도^{term frequency}(tf)를 구해 해시 테이블에 저장합니다. 문서 빈도^{document frequency}(df)를 계산하려면 단어 빈도 해시 테이블에서 단어별로 그룹화해 단어마다 문서 빈도를 저장합니다. 마지막으로, tf–idf 값을 단어와 문서 빈도로부터 반복적인 방식으로 계산합니다.

이러한 코딩 문제를 분산 프로그래밍^{distributed programming}으로 확장할 때는 어떻게 하면 함수형 프로그래밍 스타일로 만들 수 있을지 생각해보면 도움이 됩니다. 함수형 프로그래밍이 분산 프로

---

2   옮긴이_ 설명이 혼동을 유발할 수 있는데 SQL의 GROUP BY 개념으로 이해하면 좋습니다.

그래밍에 적합한 이유는 다음과 같습니다.

불변성

함수형 프로그래밍은 불변 데이터 구조의 사용을 중시하며 이는 값이 설정되면 변경할 수 없음을 의미합니다. 이 속성에 따라, 공유 변경 가능 상태shared mutable state를 처리하기 위해 복잡한 동기화 메커니즘이 필요하지 않으므로 불변성은 분산 시스템에서 매우 중요합니다.

무상태성

함수형 프로그래밍은 상태 유지stateful 객체의 사용을 권장하지 않으므로 분산 환경에서 프로그램의 동작에 관해 추론하기가 더 쉽습니다. 무상태stateless 함수는 은닉 상태나 부작용에 대한 우려 없이 쉽게 병렬화할 수 있습니다.

참조 투명성

함수형 프로그래밍의 함수는 참조에 대해 투명referential transparency한데, 이는 출력이 입력에 의해서만 결정됨을 의미합니다. 이에 따라 더 나은 캐싱 및 메모화가 가능해 분산 시스템의 성능이 향상됩니다.

고차 함수

함수형 프로그래밍 언어는 다른 함수를 인수로 받아들이거나 결과로 반환하는 함수인 고차 함수를 지원합니다. 이를 통해 보다 모듈화되고 구성적인 접근 방식으로 분산 시스템을 구축할 수 있습니다.

내결함성

함수형 프로그래밍의 불변성과 무상태성은 결함에 강건한 시스템을 더 쉽게 구현하도록 합니다. 함수는 공유 변경 가능 상태에 의존하지 않기 때문에 동일한 입력으로 실패한 함수를 다시 실행해 노드 충돌과 같은 오류로부터 복구하기가 더 간단해집니다.

예를 들어 다음은 배열 내의 짝수 정숫값을 두 배로 늘린 후 합을 계산하는 자바 코드입니다. 명령형 스타일과 함수형 스타일을 각각 살펴봅시다.

명령형 스타일

```
int[] arr = {1, 2, 3, 4, 5};
int sum = 0;
for (int i = 0; i < arr.length; i++) {
    if (arr[i] % 2 == 0) {
        sum += arr[i] * 2;
    }
}
```

함수형 스타일

```
int[] arr = {1, 2, 3, 4, 5};
int sum = Arrays.stream(arr)
    .filter(x -> x % 2 == 0)
    .map(x -> x * 2)
    .reduce(0, Integer::sum);
```

이러한 접근 방식은 분산 환경에서 데이터 흐름을 구조화하는 데 도움이 됩니다.

이어서 면접 질문 예제를 알아봅시다. 맵리듀스는 수많은 세부 주제로 구성되어 그 자체로 복잡한 주제입니다. 예제에서는 단순화를 위해 주요 단계에 중점을 둡니다.

맵 단계

입력 데이터는 맵 작업을 통해 병렬 방식으로 처리될 청크로 분할됩니다. 각 맵 작업은 입력 데이터를 읽어서 (키, 값) 쌍으로 변환합니다.

분할, 정렬, 셔플링

맵 작업으로 얻은 (키, 값) 쌍은 해당 키에 따라 분할되고 정렬된 다음 무작위로 섞여 적절한 리듀서 작업으로 전송됩니다. 이 단계는 동일한 키를 가진 쌍을 모두 그룹화하는 역할을 합니다.

리듀스 단계

섞인 (키, 값) 쌍은 병렬 방식으로 리듀스 작업에 의해 처리됩니다. 각 리듀스 작업은 특정 키에 대한 모든 값을 처리해 해당 키에 대해 집계된 결과를 생성합니다.

TIP 함수형 프로그래밍은 [참고자료 253]을 비롯한 스칼라^{Scala} 관련 자료에서 자세히 알아보세요.

기타 소프트웨어 엔지니어링 문제

ML 면접에서는 앞서 살펴본 문제 외에 전통적인 소프트웨어 엔지니어링 코딩 문제가 나오기도 합니다. 코딩 문제는 수많은 책에서 광범위하게 다루므로 여기서 반복하지는 않겠습니다. 대신 이 책에서는 기존 코딩 문제 중에서 어떤 유형이 ML 면접에 자주 나오는지 알아보고 연습과 복습을 위한 참고자료 링크를 제공합니다.

ML 면접에서 흔히 접하는 코딩 질문 유형은 그래프, 문자열, 배열 문제입니다. 각 유형의 학습 전략은 다음과 같습니다.

그래프 기반 코딩 문제를 해결하기 위한 기본 전략은 깊이 우선 또는 너비 우선 방식으로 그래프를 탐색하고 일부 데이터 구조를 사용해 방문한 노드 및 기타 정보를 추적^{track}하는 방식입니다. 요약하면 다음과 같습니다.

1 깊이 우선 탐색(DFS)이나 너비 우선 탐색(BFS)으로 그래프를 탐색합니다.
2 해시맵이나 집합 같은 데이터 구조를 사용해 방문한 노드를 추적합니다.
3 사이클을 감지해야 하는 경우 컨테이너와 같은 추가 데이터 구조를 사용해 검색 경로상의 노드를 추적합니다.

다양한 유형의 하위 문자열 문제를 해결하는 데는 투 포인터^{two pointer} 방식이 유용합니다. 단계는 다음과 같습니다.

1 쿼리의 문자나 단어에 대한 정보를 저장할 해시맵을 초기화합니다. 초기화 방법은 문제에 따라 다릅니다.
2 begin과 end라는 두 포인터를 문자열의 시작 지점을 가리키도록 초기화합니다.
3 end 포인터를 원하는 조건이 충족될 때까지 문자열 끝 방향으로 이동시킵니다. 조건은 문제에 따라 다릅니다.
4 end 포인터를 움직여 원하는 조건이 충족되면, 그 조건이 다시 충족되지 않을 때까지 begin 포인터를 문자열 끝 방향으로 이동시킵니다.
5 찾은 결과가 지금까지의 최상의 솔루션보다 낫다면(예 더 짧거나 길면) 답을 업데이트합니다.

6 end 포인터가 문자열 끝에 도달할 때까지 3~5단계를 반복합니다.

이 프레임워크를 사용해 최단 일치 부분 문자열 문제를 해결할 수 있습니다(Q3.10 참고).

배열 기반 코딩 문제는 유형이 다양하므로 확실한 접근 방식이 한 가지로 정해져 있지 않습니다. 예제에서는 몇 가지 시나리오만 다룹니다.

2차원 배열 문제의 경우 배열을 행과 열별로 탐색하는 것이 보통입니다. Q3.11에서처럼 '섬' 또는 '픽셀'과 같은 관심 있는 셀에 도달하면 원하는 결과를 얻기 위해 인접한 셀을 확인합니다.

Q 3.1 k-평균

k-평균이 무엇인가요?

k-평균은 데이터포인트 간의 유사도에 따라 데이터셋을 서로 다른 클러스터로 분할하는 데 사용하는 알고리즘입니다. 데이터포인트와 해당 클러스터 중심 사이의 제곱 거리의 합을 최소화하는 것이 목표입니다.

k-평균을 어떻게 초기화하나요?

먼저, 원하는 클러스터 수 k를 지정합니다. 일반적으로 무작위 초기화를 하면 초기 중심값들이 데이터셋에서 무작위로 선택됩니다. 또는 k-평균++와 같이 좀 더 진전된 기법을 사용할 수도 있는데 이는 초기 중심값들이 몰려 있지 않도록 합니다.

학습 종료 기준은 무엇인가요?

일반적으로 k-평균의 종료 기준은 최대 반복 횟수 또는 중심 위치 변경량에 대한 임곗값으로 정의됩니다.

알고리즘을 구현하세요.

다음은 최대 반복 횟수 조건이 있는 구현입니다.

```python
def kmeans(input, k, max_iters=100):
    # 중심점 k개를 무작위로 초기화
    centroids = input[np.random.choice(
        range(len(input)), size=k, replace=False)]

    for _ in range(max_iters):
        # 각 데이터포인트를 가장 가까운 중심점에 할당
        distances = np.linalg.norm(
            input[:, np.newaxis] - centroids, axis=2)
        labels = np.argmin(distances, axis=1)

        # 중심점 업데이트
        new_centroids = np.array(
            [input[labels == i].mean(axis=0) for i in range(k)])

        if np.allclose(centroids, new_centroids):
            break

        centroids = new_centroids

    return centroids, labels
```

Q 3.2 k-최근접 이웃

k-최근접 이웃이 무엇인가요?

k-최근접 이웃(kNN)은 분류 및 회귀에 사용하는 알고리즘입니다. 데이터셋에서 지정된 쿼리에 가장 가까운 데이터포인트 k개를 찾아 쿼리의 레이블 또는 값을 예측합니다.

k-최근접 이웃에 어떤 거리 척도를 사용할 수 있나요?

kNN에서 가장 일반적으로 사용하는 거리 척도는 유클리드 거리와 해밍Hamming 거리(이산 변수의 경우)입니다. 요구 사항에 따라 코사인 유사도와 같은 거리 척도를 사용하기도 합니다.

알고리즘을 구현하세요.

k-최근접 이웃에 관한 샘플 코드는 85쪽에서 소개했습니다.

Q 3.3 의사 결정 트리

의사 결정 트리가 무엇인가요?

의사 결정 트리는 순서도와 유사한 구조로 표현되는 알고리즘입니다. 각 내부 노드가 하나의 피처와 연관되고, 각 분기는 해당 피처에 기반한 의사 결정 규칙을 나타내며, 각 리프 노드가 예측값을 나타냅니다.

의사 결정 트리는 어떻게 분기하나요?

의사 결정 트리의 분기는 다양한 기준으로 수행하는데, 흔히 사용하는 기준으로 정보 이득이 있습니다. 정보 이득은 특정 피처값을 기반으로 데이터셋을 분할했을 때 얻는 엔트로피의 감소량입니다. 각 내부 노드에서는 정보 이득을 최대화하는 피처가 선택됩니다.

학습 종료 기준은 무엇인가요?

종료 기준으로는 최대 깊이 제한, 노드에 필요한 최소 인스턴스 개수 또는 추가 분할로 분류 정확도가 크게 향상되지 않는 경우가 있습니다.

정보 이득을 코드로 작성하세요.

정보 이득의 코드는 다음과 같습니다.

```python
def entropy(labels):
    _, counts = np.unique(labels, return_counts=True)
    probs = counts / len(labels)
    entropy = -np.sum(probs * np.log2(probs))
    return entropy

def information_gain(features, labels, split_index):
    feat_split = features[:, split_index]
    unique_values, counts = np.unique(
        feat_split, return_counts=True)
    probs = counts / len(feat_split)
    weighted_entropies = [
        prob * entropy(labels[feat_split==value])
        for value, prob in zip(unique_values, probs)
    ]

    return entropy(labels) - np.sum(weighted_entropies)
```

Q 3.4 선형 회귀

선형 회귀를 처음부터 구현하세요.

선형 회귀에서는 정규 방정식 $\theta = (X^T X)^{-1} X^T y$ 을 사용해 비용 함수(최소 제곱)를 최소화합니다.

```python
def linear_regression(features, labels):
    # bias 항으로서 피처값들에 1의 값을 가지는 항을 더함
    feat_with_bias = np.c_[
        np.ones((features.shape[0], 1)),
        features
    ]

    # 정규 방정식을 사용해 가중치를 계산
    weights = np.linalg.inv(
        feat_with_bias.T.dot(feat_with_bias)).dot(
            feat_with_bias.T).dot(labels)

    return weights
```

다음은 nDCG에 대한 $2^{rel_i} - 1$ 관련성 정의를 기반으로 한 코드입니다.

```python
def ndcg(predictions, labels, k):
    # 이상적인 dcg 계산. 랭킹이 0에서 시작하므로 rank + 2 사용
    ideal_labels = sorted(labels, reverse=True)
    ideal_dcg = sum((2 ** label - 1) / math.log2(rank + 2) \
                    for rank, label in enumerate(ideal_labels[:k]))

    # 예측 결과로부터 dcg 계산
    pred_indices = sorted(range(len(predictions)),
                          key=lambda x: predictions[x],
                          reverse=True)
    pred_labels = [labels[i] for i in pred_indices]
    dcg = sum((2 ** label - 1) / math.log2(rank + 2) \
              for rank, label in enumerate(pred_labels[:k]))

    if ideal_dcg != 0:
        ndcg = dcg / ideal_dcg
    else:
        ndcg = 0.0

    return ndcg
```

저수지 샘플링이 무엇인가요?

저수지 샘플링reservoir sampling은 n개의 항목을 포함하는 큰 집합에서 k개의 샘플을 무작위로 선택하는 기법입니다. n을 알 수 없거나 한 번에 처리하기에는 너무 클 때 사용합니다. k개의 저장소를 유지하면서 입력 스트림으로부터 들어오는 항목을 무작위로 선택합니다. 더 많은 항목을 봤을수록 이번 차례에 들어오는 항목을 선택할 확률은 줄어듭니다.

저수지 샘플링을 구현하세요.

```python
class Reservoir:
    def __init__(self, size):
        self.size = size
        self.reservoir = []
        self.count = 0

    def try_add(self, value):
        self.count += 1

        if self.count <= self.size:
            self.reservoir.append(value)
            return True

        # 들어오는 항목이 샘플링될 확률은 점점 낮아짐
        else:
            insertion_idx = random.randint(0, self.count)
            if insertion_idx < self.size:
                self.reservoir[insertion_idx] = value
                return True
            else:
                return False
```

좀 더 최적화하세요.

앞선 구현의 한 가지 단점은 모든 입력에 대해 난수를 생성해야 한다는 점입니다. 즉, 입력의 n 이 크다면 저장소에 아직 없는 항목을 선택할 확률이 매우 낮아지므로 생성한 난수 대부분이 낭비됩니다.

이 알고리즘을 큰 n에 대해 최적화하기 위해 각 입력에 대한 수용 구간이 기하 분포를 따른다는 사실을 활용할 수 있습니다. 즉, 다음번에 수용하기 전에 건너뛸 입력 수를 계산할 수 있으므로 저장소에 수용할 다음 항목으로 빠르게 이동할 수 있습니다. 이 구현을 알고리즘 L이라고 하며 자세한 내용은 [참고자료 121]에 있습니다.

TIP 알고리즘 L의 파이썬 구현은 [참고자료 206]에 있습니다.

가중 저수지 샘플링을 하려면 어떻게 변경하면 되나요?

가중 저수지 샘플링은 들어오는 입력들이 자신이 선택될 상대적 확률을 나타내는 가중치를 가지고 들어오는 경우입니다. 먼저, 각 항목에 대한 수용 확률을 계산하기 위해 지금까지 본 모든 입력에 대한 가중치의 합을 계산합니다. 그런 다음 각 입력의 가중치를 이 합으로 나눠 상대 가중치를 얻습니다. 입력을 수용할 확률은 상대 가중치에 비례합니다.

```python
class WeightedReservoir:
    def __init__(self, size):
        self.size = size
        self.reservoir = []
        self.total_weight = 0
        self.count = 0

    def try_add(self, value, weight):
        if weight <= 0:
            return False
        self.count += 1
        self.total_weight += weight

        if self.count <= self.size:
            self.reservoir.append(value)
            return True
        else:
            # 상대적 가중치에 비례하는 확률로 항목을 샘플링
            random_weight = random.randrange(0, self.total_weight)

            if random_weight < weight:
                insertion_idx = random.randrange(0, self.size)
                self.reservoir[insertion_idx] = value
                return True
            else:
                return False
```

로또 공을 복원 추출합니다. 각 공에는 1과 N 사이 값이 있습니다. 값이 V 이상인 공이
나올 때까지 계속 뽑습니다. 마지막으로 뽑은 값이 U 이하일 확률은 얼마인가요?

뽑은 로또 공들의 합이 k가 될 확률을 $prob[k]$로 정의합니다. $prob[k]$ 값을 구하려면 합해
서 k가 되는 모든 유효한 경우의 확률을 합산하면 됩니다.

$$prob[k] = (prob[k-1] + prob[k-2] + \cdots + prob[k-N])/N$$

그런 다음 총합이 U 이하일 확률을 계산하기 위해 V와 U 사이 모든 값에 대한 확률을 합
산합니다. V는 종료 기준입니다. 다음 코드에서는 가독성을 위해 V를 min_val로 나타내고
U를 max_val로 나타냅니다.

```
def probability_max_val_or_less(max_val, min_val, num_options):
    if (max_val <= 0 or min_val <= 0 or
        max_val < min_val or num_options <= 0):
        return 0.0

    if max_val >= min_val + num_options:
        return 1.0

    prob_sum = 1.0
    prob = [prob_sum] + [0.0] * max_val

    for idx in range(1, max_val + 1):
        # prob[idx]는 idx에 도달할 수 있는 모든 요소들의 확률의 합을
        # num_option으로 정규화한 값
        prob[idx] = prob_sum / num_options

        # prob_sum이 최대 num_options개 요소의 합을 포함하도록
        # 슬라이딩 윈도를 유지
        if idx - num_options >= 0:
            prob_sum -= prob[idx - num_options]

        # 각 잠재적인 추출에 대한 확률을 누적
        # 추출이 더 이상 불가능할 때 누적을 중지
```

```
        if idx < min_val:
            prob_sum += prob[idx]

    return sum(prob[min_val:])
```

NxN 체스판의 초기 위치(i, j)에 기사가 있습니다. 기사는 최대 k번 이동할 수 있고 체스판 밖으로 나가면 다시 들어올 수 없습니다. k번 이동한 후에도 기사가 체스판에 남아 있을 확률은 얼마인가요?

기사가 초기 위치 (start_x, start_y)에서 시작해 *k*번 이동한 후에도 체스판에 남아 있을 확률을 prob[x][y][k]라고 합시다. 기본 케이스[base case]는 *k=0*일 때이며 이 경우 확률은 1입니다.

이후의 각 *k*에 대해, *k-1*일 때 (start_x, start_y) 위치로부터 기사가 이동할 수 있는 모든 유효한 경우의 확률을 합산해 prob[x][y][k]를 계산합니다. 단일 이동의 확률을 계산하려면 목표 위치가 체스판 범위 내에 있는지 확인하고, 그렇다면 그 이동의 확률을 현재 위치까지의 누적 확률에 더합니다.

```
N = 8 # 체스판 크기
directions = [(-2,-1),(-2,1),(-1,-2),(-1,2),(1,-2),(1,2),(2,-1),(2,1)]
num_directions = len(directions)

def probability_on_chessboard(start_x, start_y, num_moves):
    if num_moves <= 0:
        return 1.0

    prob = [[[0] * (num_moves + 1)
            for _ in range(N)]
           for _ in range(N)]

    # 이동 횟수가 0이라면 체스판에 남아 있을 확률은 1
    for x in range(N):
        for y in range(N):
            prob[x][y][0] = 1.0

    # 이동 횟수를 증가시켜감
    for move in range(1, num_moves + 1):
```

```
# 이번 이동 후에 체스판에 남아 있을 확률을 계산
for x in range(N):
    for y in range(N):
        prob_sum = 0.0
        for dx, dy in directions:
            new_x = x + dx
            new_y = y + dy

            # 체스판에 남아 있게 된다면 확률 질량을 누적
            if (new_x >= 0 and
                new_x < N and
                new_y >= 0 and
                new_y < N):
                prob_sum += prob[new_x][new_y][move - 1]

        # 이동할 수 있는 방향 수로 정규화
        prob[x][y][move] = prob_sum / num_directions

return prob[start_x][start_y][num_moves]
```

Q 3.8 해시 테이블과 분산 프로그래밍 문제

텍스트 말뭉치에 W 크기의 창을 적용해 동시 발생 행렬을 만드세요.

맵리듀스에는 동시 발생[co-occurrence] 횟수를 계산하는 일반적인 기법으로 쌍[Pairs] 기법과 스트라이프[Stripes] 기법(참고자료 125)이 있습니다. 예제에서는 쌍 기법을 설명합니다.

쌍 기법에서는 주어진 창[window] 안의 각 단어에 대해 가능한 모든 단어 쌍을 나타내는 키-값 쌍을 찾습니다. 그런 다음 창 내에서 각 단어 쌍이 함께 나타나는 횟수를 계산합니다.

쌍 기법은 다음과 같은 단계로 구현합니다.

맵 단계

입력 데이터는 문서 집합입니다. 각 문서의 텍스트를 개별 단어로 분할합니다. 그런 다음 창의 각 단어 쌍에 대해 키가 단어 쌍이고 값이 1인 키-값 쌍을 생성합니다.

리듀스 단계

입력 데이터는 맵 단계의 출력입니다. 각 단어에 대해 매퍼가 생성한 모든 단어 쌍의 개수를 합산합니다. 출력은 키가 단어 쌍이고 값이 동시 발생 횟수인 키-값 쌍 집합입니다.

쌍 기법은 간단하지만 맵 단계에서 생성되는 키-값 쌍의 수가 거대해질 수 있습니다. 대안으로 스트라이프 기법이 있는데, 맵 단계에서 해당 단어를 키로 하고 창 내에서 해당 단어와 함께 발생하는 다른 모든 단어의 빈도 해시맵을 값으로 하는 키-값 쌍을 생성합니다.

TIP 쌍 기법과 스트라이프 기법을 구현하는 코드는 [참고자료 016]에 있습니다.

텍스트 말뭉치에서 tf-idf 데이터셋을 생성하세요.

이제 동시 발생 횟수에 대해 맵리듀스를 어떻게 적용하는지 이해했으니 다음으로 tf-idf를 계산해봅시다. 솔루션에는 몇 가지 기법이 있으며 간단한 기법은 다음과 같습니다.

먼저, 각 문서에서 각 단어의 단어 빈도term frequency(tf)를 생성합니다. 여기서 입력은 문서이고 매퍼의 출력은 ((term, doc), 1)입니다. 이어서 리듀서가 개수들을 그대로 합산하거나 문서 길이로 정규화해 tf를 구합니다.

그런 다음 역 문서 빈도inverse document frequency(idf)를 계산합니다. 여기서 입력은 ((term, doc), tf)이고 매퍼의 출력은 단어당 각 문서에 대해 (term, 1)입니다. 리듀서는 이것을 합산해 해당 단어가 포함된 문서의 총 개수를 얻은 다음 log(전체 문서 개수/해당 단어 포함 문서 개수) 공식으로 idf를 계산합니다.

마지막으로 각 단어의 tf 값과 idf 값을 결합합니다. 입력은 (term, ((doc, tf), idf))이고 매퍼의 출력은 ((term, doc), tf*idf)입니다. 이는 각 문서의 각 단어에 대한 tf-idf 점수를 의미합니다.

요약하면 프로세스는 세 단계입니다.

1 tf

입력은 문서이고 매퍼 출력은 모든 단어에 대해 ((term, doc), 1)입니다. 리듀서는 각 단어에 대해 개수((term, doc), tf)를 합산합니다. 혹은 ((term, doc), tf)를 문서 길이로 정규화할 수도 있습니다. 다음에 이어질 조인^{Join} 프로세스를 간단하게 만들기 위해 튜플을 (term, (doc, tf))로 재구성하는 경우도 있습니다.

2 idf

입력은 ((term, doc), tf)이고 매퍼 출력은 (term, doc)이 하나씩만 있으므로 모든 발생에 대해 (term, 1)입니다. 리듀서는 개수를 df로 합산하고 (term, log(전체 문서 개수/df)), 즉 (term, idf)를 계산합니다.

3 tf-idf

단어별로 tf 값과 idf 값을 결합합니다. 입력은 (term, ((doc, tf), idf)이고 매퍼 출력은 ((term, doc), tf*idf)입니다.

TIP 깃허브의 [참고자료 021]에서 스포티파이^{Spotify}의 스칼라 구현을 참조해 함수형 프로그래밍 원칙과 어떻게 부합하는지 알아보세요.

Q **3.9 그래프 문제**

무향 그래프의 노드 포인터 하나를 받아서 그래프 전체를 복사하세요.

그래프를 순회해 원본 그래프와 구조가 동일한 새 그래프를 생성합니다. 이를 달성하기 위해 해시맵을 사용해 방문한 노드를 추적하고 원본 노드를 새 그래프의 새 노드로 매핑합니다.

```
class Node:
    def __init__(self, val = 0):
        self.val = val
        self.neighbors = []

visited = {}

def clone_graph(node: Node) -> Node:
    if node in visited:
        return visited[node]
```

```
        clone_node = Node(node.val)
        visited[node] = clone_node

        for neighbor in node.neighbors:
            clone_node.neighbors.append(clone_graph(neighbor))

        return clone_node
```

유향 그래프의 루트 노드에 대한 포인터를 받아서 그래프에 사이클이 포함되어 있는지 판단하세요.

DFS를 사용해 그래프를 탐색하면서 현재 검색 경로의 노드뿐 아니라 방문한 노드 전체를 추적합니다. 검색 경로에서 노드를 다시 만난다면 그래프에 사이클이 있다는 의미입니다.

```
class Node:
    def __init__(self, val = 0):
        self.val = val
        self.neighbors = []

# 방문한 노드를 모두 추적
visited = set()

# 현재 검색 경로에서 방문한 노드를 추적
search_path = set()

def has_cycle(node: Node) -> bool:
    if node in search_path:
        return True

    if node in visited:
        return False

    visited.add(node)
    search_path.add(node)

    for neighbor in node.neighbors:
        if has_cycle(neighbor):
            return True

    search_path.remove(node)
    return False
```

데이터 구조로 visited와 search_path를 사용하는 이유는 다음 테스트 케이스로 설명할 수 있습니다.

먼저, 사이클이 없는 경우를 봅시다.

```
node1 = Node(1)
node2 = Node(2)
node3 = Node(3)
node4 = Node(4)
node1.neighbors = [node2, node3]
node2.neighbors = [node4]
node3.neighbors = [node4]
```

이 코드는 node4를 두 번 방문하지만 사이클이 없습니다. 즉, node2로부터 node4를 방문한 후 search_path에서 node4와 node2는 제거됩니다. 그러나 node3으로부터 node4에 다시 도달했을 때는 visited에 node4가 이미 존재하므로 node4로부터의 탐색은 하지 않습니다.

이번에는 사이클이 있는 경우를 봅시다.

```
node1 = Node(1)
node2 = Node(2)
node3 = Node(3)
node4 = Node(4)
node1.neighbors = [node2, node3]
node2.neighbors = [node4]
node3.neighbors = [node4, node1]
```

이번에도 node4를 두 번 방문하는 것은 같지만 node1이 여전히 search_path(node1)에 있으므로 node3으로부터 node1을 다시 만날 때 사이클을 발견하게 됩니다(node1 → node3 → node1).

키워드 리스트를 받아서 모든 키워드를 포함하는 가장 짧은 부분 문자열을 찾으세요.

1 투 포인터 방식의 구체적인 단계는 다음과 같습니다.

2 쿼리에 들어 있는 키워드의 빈도를 저장할 해시맵을 초기화합니다.

3 두 포인터 begin과 end를 문자열의 시작 지점을 가리키도록 초기화합니다.

4 모든 키워드가 부분 문자열에 포함될 때까지 end 포인터를 문자열 끝 방향으로 증가시킵니다.

5 모든 키워드가 들어 있게 되면 부분 문자열에서 키워드가 하나라도 누락될 때까지 begin 포인터를 문자열 끝 방향으로 증가시킵니다.

6 부분 문자열의 길이가 현재까지의 최상[3]의 결과보다 짧다면 답을 업데이트합니다.

7 end 포인터가 문자열 끝에 도달할 때까지 3~5단계를 반복합니다.

최단 일치 부분 문자열 솔루션을 구현하면 다음 코드와 같습니다. 이 코드는 입력이 이미 단어 단위로 분할되어 있다고 가정하며 텍스트 전처리를 수행하지 않습니다.

```python
def shortest_matching_snippet(input, keywords):
    # 각 키워드 개수를 저장
    keyword_counts = {}
    for keyword in keywords:
        keyword_counts[keyword] = keyword_counts.get(keyword, 0) + 1

    begin, end = 0, 0
    count = len(keywords)
    min_window = float('inf')
    min_begin = 0

    # 유효한 창이 나올 때까지 끝 포인터를 이동
    while end < len(input):

        if input[end] in keyword_counts:
            if keyword_counts[input[end]] > 0:
                count -= 1
            keyword_counts[input[end]] -= 1
```

---

3 옮긴이_ 이 경우에는 가장 짧은 결과일 것입니다.

```
    # 유효한 창이 있으면 시작 포인터를 이동
    while count == 0:
        if end - begin + 1 < min_window:
            min_window = end - begin + 1
            min_begin = begin

        if input[begin] in keyword_counts:
            keyword_counts[input[begin]] += 1
            if keyword_counts[input[begin]] > 0:
                count += 1

        begin += 1

    end += 1

# 유효한 창이 발견되지 않으면 빈 문자열을 반환
if min_window == float('inf'):
    return ''

return input[min_begin:min_begin + min_window]
```

이 접근 방식으로 많은 유사한 문제를 해결할 수 있습니다. 최장 일치 부분 문자열을 찾으려면 5단계를 수정해 현재까지의 최장의 결과보다 긴 경우에만 답을 업데이트하면 됩니다.

중복되는 단어가 없는 가장 긴 부분 문자열을 찾으세요.

앞서 살펴본 투 포인터 접근 방식을 조금 조정해봅시다.

1 해시맵에는 각 단어를 마지막으로 확인한 인덱스를 저장합니다.
2 중복되는 단어를 발견할 때까지 end를 증가시킵니다.
3 중복되는 단어가 제거될 때까지 begin을 증가시킵니다.
4 현재까지의 최장 결과보다 길면 답을 업데이트합니다.

두 문자열 s와 t를 받아서 s가 t의 부분 문자열인지 확인하세요. 예를 들어 s="abc"이고 t="a1b2c3"이면 True입니다.

투 포인터 접근 방식을 단순화해봅시다. 해시맵을 관리하거나 시퀀스의 길이를 추적하지 않아도 됩니다. 일치하는 문자를 찾을 때까지 end 포인터를 증가시키면 됩니다. 일치하는 문자를 찾으면 더 이상 일치하는 항목이 없을 때까지 begin 포인터를 증가시킵니다.

```python
def is_subsequence(text, query):
    len_query, len_text = len(query), len(text)
    begin, end = 0, 0

    while begin < len_query and end < len_text:
        if query[begin] == text[end]:
            begin += 1
        end += 1

    return begin == len_query
```

문자열을 받아서 모든 부분 문자열 s를 t로 바꿉니다.

일반적인 문자열 검색(예 찾아 바꾸기) 측면에서 효율적인 알고리즘 두 가지는 보이어-무어Boyer-Moore와 커누스-모리스-프랫Knuth-Morris-Pratt(KMP)입니다. 세부 사항은 기억하지 않아도 되지만 두 알고리즘 모두 쿼리 문자열을 전처리해서 테이블을 만들어 문자열 비교 작업의 중복을 피한다는 아이디어를 기반으로 한다는 점은 알아두길 바랍니다. 생성되는 테이블 유형과 검색 중에 사용하는 방식은 서로 다릅니다.

예를 들어 보이어-무어는 검색을 시작하기 전에 두 가지 전처리 단계가 있습니다. 첫 번째 단계에서는 '잘못된 문자' 테이블을 만듭니다. 이 테이블은 검색 중에 텍스트의 일치하지 않는 문자에 맞게 쿼리를 빠르게 이동하는 데 사용합니다. 두 번째 단계에서는 '좋은 접미사' 테이블을 만듭니다. 이 테이블은 쿼리의 접두사와 일치하는 쿼리의 가장 긴 접미사를 찾는 데 도움이 됩니다. 두 테이블을 이용해 보이어-무어는 관련 없는 문자를 건너뜁니다.

TIP 문자열 검색 알고리즘에 관한 기본 사항은 위키피디아 문서 [참고자료 208]에서 알아보세요.

값이 0과 1인 2차원 배열을 받아서 섬의 개수를 구하세요. 섬이란 연결된 1(위, 아래, 왼쪽, 오른쪽)의 그룹을 뜻합니다.

한 가지 접근 방식은 깊이 우선 탐색^{depth-first search}(DFS) 알고리즘을 사용해 2차원 배열을 탐색하며 섬 수를 계산하는 방식입니다. 해당 셀의 값이 1이면 num_islands를 1만큼 증가시키고 그 셀에서 DFS 순회를 시작해 연결된 1을 모두 찾습니다.

DFS 순회에서 현재 셀을 방문한 것으로 표시하고 인접한 셀(위, 아래, 왼쪽, 오른쪽)을 탐색합니다. 인접한 셀도 1이고 아직 방문하지 않았다면 방문한 것으로 표시하고, 그 셀에 인접한 셀을 재귀적으로 탐색합니다. DFS가 완료되면 탐색으로 돌아가서 모든 요소를 방문할 때까지 배열을 계속 탐색합니다.

```python
def num_islands(grid):
    if not grid:
        return 0

    num_islands = 0
    rows = len(grid)
    cols = len(grid[0])

    for x in range(rows):
        for y in range(cols):
            if grid[x][y] == 1:
                num_islands += 1
                dfs(grid, x, y, rows, cols)

    return num_islands

def dfs(grid, x, y, rows, cols):
    if (x < 0 or x >= rows or
        y < 0 or y >= cols or grid[x][y] != 1):
        return

    # 이중 계산을 피하기 위해 셀을 방문한 것으로 표시
    grid[x][y] = 0
```

```
            dfs(grid, x - 1, y, rows, cols)
            dfs(grid, x + 1, y, rows, cols)
            dfs(grid, x, y - 1, rows, cols)
            dfs(grid, x, y + 1, rows, cols)
```

값이 0과 1인 2차원 배열을 받아서 확장하는 함수를 작성하세요.

섬 문제에 사용한 접근 방식과 유사하게 2차원 배열을 행과 열별로 탐색합니다. 배열에서 1을 만날 때마다 인접한 셀을 1로 설정하고 싶을 것입니다.

그러나 이렇게 접근하면 필요보다 많은 1을 할당하는 오류가 발생할 수 있습니다. 이를 피하기 위해 첫 탐색에서는 1에 인접한 셀들을 2로 설정한 다음 두번째 탐색에서 모든 2를 1로 바꿉니다. 이러한 방식으로 원래의 1들에 대해서만 확장을 할 수 있습니다.

1 입력 배열을 행과 열별로 탐색합니다.
2 값이 1인 셀들의 인접 셀을 2로 설정합니다. 인접 셀은 위, 아래, 왼쪽, 오른쪽에 있는 셀입니다.
3 입력 배열을 다시 탐색하면서 값이 2인 셀을 1로 바꿉니다.

```
def dilate(grid):
    rows, cols = len(grid), len(grid[0])

    # 인접한 셀 값을 일시적으로 2로 설정
    for x in range(rows):
        for y in range(cols):
            if grid[x][y] == 1:
                if x > 0 and grid[x-1][y] == 0:
                    grid[x-1][y] = 2
                if x < rows-1 and grid[x+1][y] == 0:
                    grid[x+1][y] = 2
                if y > 0 and grid[x][y-1] == 0:
                    grid[x][y-1] = 2
                if y < cols-1 and grid[x][y+1] == 0:
                    grid[x][y+1] = 2

    # 2를 모두 1로 설정
    for x in range(rows):
        for y in range(cols):
            if grid[x][y] == 2:
```

```
            grid[x][y] = 1

    return grid
```

TIP k만큼의 확장^{dilating}은 블로그 글 [참고자료 166]에서 자세히 알아보세요.

정수 배열을 받아서 다수 요소가 있는지 확인하세요.

다수 요소^{majority element}는 배열 길이의 절반 이상 나타나는 요소입니다. 1차원 배열 문제를 풀 때는 배열이 정렬되어 있을 때의 이점을 고려해보면 좋습니다. 다수 요소 문제를 처리할 때 배열이 정렬되어 있지 않다면 순회하면서 해시맵을 사용해 각 요소의 빈도를 계산하는 데 선형 시간이 걸립니다. 배열이 정렬되어 있다면 O(logN) 시간 안에 효율적으로 찾을 수 있습니다.

배열이 정렬되어 있다면 몇 가지 속성을 활용할 수 있습니다. 특히, 다수 요소가 존재한다면 배열의 중앙을 차지하고 있을 것입니다. 다음과 같은 단계로 찾습니다.

1 중간 인덱스의 값을 후보 요소로 합니다. 배열에 요소가 홀수 개라면 중간 인덱스는 배열 정중앙의 왼쪽이나 오른쪽에 위치할 수 있습니다.
2 배열이 정렬되어 있으므로 이진 검색을 수행해 후보 요소의 가장 왼쪽 항목을 효율적으로 찾을 수 있습니다.
3 left+N/2 위치의 요소가 후보 요소와 동일한지 확인합니다. 다수 요소가 있다면 후보 요소는 left+N/2 위치에도 나타나야 합니다. 그렇지 않으면 다수 요소는 없는 것입니다.

```python
def majority_element(sorted_arr):
    size = len(sorted_arr)

    if size == 0:
        return None

    # 배열에 하나의 요소가 포함되어 있으면 그 요소가 다수임
    if size == 1:
        return sorted_arr[0]

    # 후보는 중간 요소임
    mid = size // 2
    candidate = sorted_arr[mid]
```

```
        # 후보의 가장 왼쪽 항목을 찾기
        left = binary_search(sorted_arr, 0, size, candidate)

        # 후보가 n/2번 이상 나타나는지 확인
        if (left + size // 2 < size and
            sorted_arr[left + size // 2] == candidate):
            return candidate
        else:
            return None

def binary_search(arr, start, end, target):
    while start < end:
        mid = (start + end) // 2
        if arr[mid] < target:
            start = mid + 1
        else:
            end = mid
    return start
```

정수 배열을 받아서 합이 0이 되는 세 정수가 있는지 확인하세요.

배열을 정렬하면 3-Sum 문제를 해결하는 데 도움이 됩니다. 배열을 정렬하면 Q3.10에서 살펴본 투 포인터 접근 방식을 약간 수정해 이 문제를 해결할 수 있습니다.

이 구현에서는 left와 right 포인터를 사용해 합이 0이 되는 고유한 삼중항을 모두 찾습니다. 현재 삼중항의 합이 0보다 작으면 왼쪽 포인터를 증가시켜 합을 늘립니다. 합이 0보다 크면 오른쪽 포인터를 감소해 합을 줄입니다. 합이 0이면 결과 목록에 삼중항을 추가하고, 동일한 첫 번째 요소를 가진 삼중항을 모두 찾기 위해 오른쪽 포인터를 감소하면서 왼쪽 포인터를 증가시킵니다. 중복된 삼중항을 피하기 위해 중복 요소는 건너뜁니다.

```
def three_sum(arr):
    size = len(arr)
    arr.sort()
    result = []

    for idx in range(size - 2):
        # 현재 숫자가 이전 수와 동일하면
        # 중복을 피하기 위해 건너뜀
```

```python
        if idx > 0 and arr[idx] == arr[idx - 1]:
            continue

        left = idx + 1
        right = size - 1

        while left < right:
            # 세 요소의 합 계산
            total = arr[idx] + arr[left] + arr[right]

            if total < 0:
                # 합이 0보다 작으면
                # left 포인터를 오른쪽으로 이동해 합을 크게 만듦
                left += 1
            elif total > 0:
                # 합이 0보다 크면
                # right 포인터를 왼쪽으로 이동해 합을 크게 만듦
                right -= 1
            else:
                # 합이 0이면 결과에 삼중항을 추가
                result.append([arr[idx], arr[left], arr[right]])

                # 중복 건너뛰기
                while left < right and arr[left] == arr[left + 1]:
                    left += 1
                while left < right and arr[right] == arr[right - 1]:
                    right -= 1
                # left와 right 포인터를 다음 고유한 요소로 이동
                left += 1
                right -= 1

    return result
```

ML 시스템 설계 1 – 추천 시스템

CHAPTER 4

이 장에서는 ML 시스템 설계 문제를 공략하기 위한 프레임워크를 알아보고 포괄적인 예제 질문을 살펴봅니다.

ML 시스템 설계 면접에서는 ML 실무 워크플로 전체를 포괄하는 하나의 엔드투엔드 응용 ML 모델링 문제를 제시합니다. 면접관은 일반적으로 "다음과 같은 작업을 수행하는 시스템을 구축해야 합니다."라는 말로 시작해 ML 시스템 구축 프로세스를 초기 설계부터 출시까지 설명하라고 합니다. 다양한 변형 문제가 나올 수 있으며 몇 가지 예는 다음과 같습니다.

- 재무 문서에서 회사 이름들을 추출합니다.
- 뉴스 기사에서 다루는 토픽을 식별합니다.
- 제품을 분류 체계로 분류합니다.
- 카탈로그에서 중복된 제품을 병합합니다.
- 웹상에서 상품에 대한 감성sentiment[1]을 분석합니다.
- 봇 트래픽 패턴을 인식합니다.
- 사용자 인구 통계를 추론합니다.
- 서로 유사한 사용자를 찾습니다.
- 문서의 간결한 요약을 생성합니다.
- 검색 결과 페이지에 광고를 게재합니다.
- 사용자 행동을 기반으로 콘텐츠를 추천합니다.
- 자연어 명령을 이해합니다.

---

1 옮긴이_ 이 문장에서 sentiment를 '감성'으로 옮기면 우리말로 자연스럽지는 않습니다. 다만 해당 목적으로 사용하는 기술이 감성 분석(sentiment analysis)이기 때문에 이와 같이 번역했습니다.

설계 프레임워크

ML 시스템 설계 질문을 받으면 바로 모델링으로 뛰어들고 싶은 유혹이 있을 수 있습니다. 특정 ML 알고리즘을 특정 피처와 함께 제시할 수 있죠. 하지만 이러한 방식보다는 ML 실무 워크플로를 상기하고 그에 따라 답변을 구성하는 것이 중요합니다.

일반적으로 다음과 같은 프레임워크를 사용해 답변을 구성하면 도움이 됩니다. 내용을 효과적으로 정리할 수 있고, 시스템에서 중요한 측면을 모두 논할 수 있으며, 시스템 설계 및 실행에 관한 복잡한 측면을 이해하고 있음을 면접관에게 보일 수 있습니다.

문제를 명확히 하기

이것이 왜 필요한지, 엔드 유저는 누구인지, 사용자는 이 데이터를 어떻게 소비하게 되는지, 어떤 지표가 변할 것으로 예상되는지 등의 질문을 고려합니다.

이 외에도 문제의 운영 매개변수를 이해하면 나중에 데이터셋 크기나 지연 시간[latency] 요구사항 같은 모델 구축 프로세스의 설계 결정을 내리는 데 도움이 됩니다.

개략적 설계

ML 시스템은 복잡하며 단순한 모델 구축 이상의 작업을 포함합니다. 원하는 결과를 만들어내려면 여러 단계를 고려해야 합니다. 시스템의 입력과 출력을 어떻게 정의할지뿐 아니라 데이터가 최종 출력으로 변환되기까지 거치는 중간 단계 또한 이해해야 합니다. 단계는 다음과 같습니다.

추천 시스템에는 후보 가져오기, 필터링 및 기타 비즈니스 로직, 전체 랭킹 작업에 대한 부담을 줄이기 위한 사전 랭킹[pre-ranking], 전체 랭킹, 랭킹 후에 휴리스틱[heuristic]을 적용하는 등의 리랭킹[reranking]과 같은 단계가 있습니다.

정보 추출[Information Extraction](IE) 작업에는 콘텐츠 분류, 엔터티(개체) 추출, 자체적인 후보 가져오기와 랭킹 작업이 필요한 엔터티 해결[Entity Resolution](ER)과 같은 단계가 있습니다.

데이터 수집과 처리

데이터 수집은 ML 시스템 설계의 중요한 부분이며 세심한 주의가 필요합니다. 어떤 종류의 데이터가 필요한지, 데이터는 어디에서 오는지, 양은 얼마나 되는지 등을 고려합니다. 학습 데이터가 광범위한 항목을 정확하게 나타내도록, 무작위 또는 계층화 샘플링을 통해 다양성을 갖게 할 수 있습니다. 또한 이상치, 중복 및 누락된 값을 처리하는 노이즈 제거 작업도 해야 합니다. 그런 다음 레이블링 작업자를 고용하고 교육하거나, 사용자 상호 작용에서 레이블을 얻을 수 있는 경우에는 서빙 편향에 대응해야 합니다.

피처 엔지니어링

피처 엔지니어링feature engineering에는 데이터셋 탐색, 입력 프로토타이핑, 운영 영향을 고려한 관련 피처 선택, 모델 학습을 위한 데이터 변환이 포함됩니다. 피처 엔지니어링이 어려운 몇 가지 이유가 있습니다. 데이터셋과 해당 데이터 흐름이 매우 크고 복잡할 수 있고, 유용한 피처를 생성하려면 문제 도메인에 관한 지식이 필요하며, 모델과 서비스 성능을 최적화하기 위해 피처 조합을 실험하는 데 시간이 많이 걸리기 때문입니다.

모델링과 평가

성공적인 ML 모델을 설계하려면 실무자는 다양한 과제를 해결해야 합니다. 다양한 모델 아키텍처 실험, 데이터셋 품질 및 편향 문제 처리, 모델 적합성(과적합과 과소적합) 및 하이퍼파라미터 튜닝 처리, 모델 및 데이터셋 크기와 계산 리소스 및 학습 시간의 균형 조정, 적절한 평가 지표 선택 등이 포함됩니다. 또한 오프라인 목표(예 손실 최소화)와 온라인 목표(예 사용자 참여 최대화)가 다를 수 있으므로 학습 목표와 평가 지표가 언제나 명확하지는 않습니다.

배포와 서빙

지연 시간, 인프라 영향, 추가된 시스템 복잡성 등 다양한 요인으로 인해 모델 배포 deployment가 까다로울 수 있습니다. 경우에 따라 모델 배포 시 전반적인 성능을 유지하기 위해 시스템을 재설계하거나 최적화해야 할 수 있습니다. 모니터링 및 유지 관리는 모델을 배포 및 서빙할 때 중요한 사항입니다. 또한 시스템은 모델 업데이트 및 롤백rollback에 대한 절차를 포함하는 온라인 실험 프레임워크를 지원해야 합니다. 새로운 모델을 만들거나 기존 모델을 수정하면 학습 데이터의 품질에 영향을 미쳐[2] 편향을 지속시킬 수도 있습니다.

---

2 옮긴이_ 사용자가 시스템을 사용한 기록이 로깅되어 이후의 모델 학습 데이터로 사용되는 경우에 관한 이야기입니다.

이 장에서는 추천 시스템에 관한 예제 질문을 살펴봅니다. 추천 시스템은 개별 사용자 선호도에 맞는 콘텐츠를 추천해 보다 개인화된 경험을 제공합니다. 다양한 형태가 있으며 다양한 산업 분야에서 널리 활용됩니다. 잘 알려진 예는 다음과 같습니다.

- 유튜브 피드
- 인스타그램 릴스
- 틱톡 피드
- 트위터(X) 피드
- 구글 뉴스
- 링크드인 알 수도 있는 사람들People You May Know
- 넷플릭스 영화 및 TV 프로그램 추천
- 아마존 제품 추천
- 온라인 광고

예시 답변을 확인하기 전에 가능한 한 많은 질문에 스스로 답해보길 바랍니다.

Q 4.1 시스템 목적

사용자에게 콘텐츠를 추천하는 목적이 무엇인가요?

사용자가 방대한 데이터에서 매력적인 콘텐츠를 발견하도록 해 다음과 같은 이점을 얻을 수 있습니다.

관련성Relevance

추천 시스템은 개별 사용자의 선호도에 맞는 아이템을 추천함으로써 사용자에게 보다 개인화된 경험을 제공합니다.

검색 가능성 Discoverability

추천 시스템을 사용하면 사용자가 새로운 내용을 발견하기 쉬워져 검색에 소요되는 시간과 노력을 절약할 수 있습니다. 또한 사용자가 만든 콘텐츠 또한 다른 사람들에게 발견되기 쉬워집니다.

참여^{Engagement} 증가

추천 시스템은 관련성 높은 내용을 제공함으로써 참여를 높이고 사용자를 유지^{retention}하며 사용자 네트워크의 유기적 성장을 촉진할 수 있습니다.

매출 증가

사용자는 관심 있는 항목을 구매할 가능성이 크므로 추천 시스템은 매출 증가에 직접적으로 기여할 수 있습니다.

고객 행동에 대한 더 나은 이해

추천 시스템으로 수집한 데이터는 고객 행동 및 선호도에 대한 귀중한 통찰력을 제공하며 이는 제품 및 서비스를 개선하는 데 활용됩니다.

추천 시스템은 다양한 산업에서 중요한 역할을 합니다. 2013년에 실시된 연구에 따르면, 추천 시스템의 결과가 아마존 소비자 구매의 35%를, 넷플릭스 가입자가 소비하는 콘텐츠의 75%를 차지했습니다(참고자료 137). 2016년에는 이 수치가 80%가 됐습니다(참고자료 141).

Q 4.2 시스템 지표

추천 시스템에서는 어떤 지표를 개선해야 하나요?

소비자 관점의 주요 목표는 다음 지표를 개선하는 것입니다.

사용자 유지

일일 활성 사용자^{Daily Active Users}(DAU), 월간 활성 사용자^{Monthly Active Users}(MAU), 소요 시간, 이탈률 등의 지표입니다.

긍정적 및 부정적 참여

클릭, 신고 등의 지표입니다.

사용자 상태 발전User state progression

라이트 사용자가 중간 사용자와 헤비 사용자로 전환되는 것입니다.

구독Subscription

'팔로우follow'라고도 하며, 생산자producer와 소비자consumer 네트워크[3]의 밀도가 높아지는 것입니다.

각 지표의 상대적 중요성을 결정하고 긍정적인 참여와 부정적인 참여 사이의 균형을 유도하는 등의 작업은, 비즈니스 목표와 데이터 과학 작업 모두에 영향을 받습니다.

수익 관점의 목표는 더 복잡합니다. 수익 증가를 유도하면 광고주의 비용이 증가하는 등 부정적인 결과로 이어질 수 있으며 이에 따라 광고주가 이탈할 수 있습니다. 주요 지표는 다음과 같습니다.

노출 수Impression count

여러 요인에 따라 변동될 수 있습니다. 추천 파이프라인의 효율성(예 지연 시간), 예산 계획budget pacing의 효율성, 표시되는 광고의 유형 및 품질 등이 영향을 미칩니다.

참여당 비용Cost-per-engagement

'참여'에는 노출 수와 클릭 수가 포함될 수 있습니다.

수익 창출 가능 참여Monetizable engagement

광고 관련성ad relevance의 효과를 측정합니다. 이 지표의 값이 높으면 광고가 사용자에게 관련성이 높고 참여를 잘 유발한다는 의미입니다.

일반적으로 주요 목표는 수익 창출 가능 참여를 늘리는 일, 즉 광고 관련성은 향상하면서 수익은 유지하거나 높이는 일입니다. 다시 말해 사용자 목표(관련 있는 광고를 보는 것)와 비즈니

---

3 옮긴이_ 추천 시스템 맥락에서 생산자와 소비자는 추천 대상 콘텐츠를 만들어내는 측과 소비하는 측을 의미하는 분야 용어로 정착되어 있습니다.

스 목표(광고 경매auction에서 경쟁력을 갖는 것)가 균형 있게 달성됨을 의미합니다.

수익과 참여도[4]를 동시에 높인다면 더욱 좋습니다. 다만 참여당 비용의 증가가 광고 관련성 향상과 비례하는지 확인하는 것이 중요합니다.

Q 4.3 추천 콘텐츠 유형

어떤 종류의 콘텐츠를 추천해야 하나요?

소비자 관점에서 시스템이 추천하는 콘텐츠에는 두 가지 유형이 있습니다.

비개인화 콘텐츠

인기 콘텐츠(많은 사용자가 자주 참여하거나 평가가 높음), 트렌딩trending 콘텐츠(최근 인기가 높아짐), 새로운 콘텐츠(최근 플랫폼에 추가됨) 등이 있습니다. 특정 카테고리, 지역 또는 주제 내에서 인기가 있거나 뜨고 있는 콘텐츠일 수도 있습니다.

개인화 콘텐츠

개인 특성과 사용 이력을 고려해 사용자의 선호도에 특별히 맞춰진 콘텐츠입니다. 네트워크 내부in-network(사용자의 현재 네트워크 내부를 반영)와 네트워크 외부out-of-network(사용자의 관심 및 선호도를 반영) 콘텐츠를 모두 포함합니다.

다음 요소도 고려해야 합니다.

다양성

여러 관심사를 만족시키고 필터 버블을 생성하지 않도록 다양한 범위의 콘텐츠를 제공합니다. 추천 시스템은 광범위한 주제와 소스를 다루어야 합니다.

---

4 옮긴이_ 정착된 번역어가 없어서 '참여도'로 번역했지만 오해의 소지가 있는 용어입니다. 추천 시스템에서 engagement는 비지니스 주체가 원하는 행동을 사용자가 실제로 행한 케이스의 총칭입니다.

세렌디피티

시스템이 사용자에게 놀랍거나 예상치 못한 콘텐츠를 추천하는 정도를 나타냅니다. 사용자의 참여와 관심을 유지하기 위해 시스템은 우연한 추천 내용을 일부 포함해야 합니다.

수익 측면에서는 다음 요소를 평가하면서 가장 점수가 높은 광고를 게재하는 것이 목표입니다.

긍정적 또는 부정적 참여 예측값

사용자가 광고에 흥미가 있어서 클릭하거나, 관심이 없어서 광고를 끌 가능성 등을 의미합니다.

입찰

광고주는 최대 입찰가, 목표 입찰가 등 다양한 전략을 사용해 입찰합니다(참고자료 020).

예산 계획

지출을 적절하게 배분하기 위해 예산 사용에 제한[5]을 걸어야 하기도 합니다.

장려Boosting[6]

특정 유형의 광고 상품에는 비즈니스 목적에 따라 보조금이 있을 수 있습니다.

수익 공유Revenue share

광고 게재로 인해 발생한 수익을 참여자(광고주, 웹사이트 소유자, 플랫폼 제공자) 간에 나누는 것을 의미합니다. 동영상 광고 등이 이에 해당합니다(참고자료 003).

추가적인 입찰 최적화

추가적인 평가 기준이 있을 수 있는데, 예를 들어 앱 광고에서는 실제로 앱 설치까지 도달했는지를 평가합니다(참고자료 053).

----

5   옮긴이_ 정해진 기간에 사용할 수 있는 액수의 상한선 등을 의미합니다.
6   옮긴이_ 여기서 말하는 boosting은 앙상블 전략인 부스팅과는 다른 개념입니다.

이 외에 맥락 정보도 고려해야 합니다. 예를 들어 광고 주변에 표시되어 있는 콘텐츠와 충돌하거나 모욕적으로 느껴질 수 있는 내용을 추천하지 않아야 합니다. 사용자에게 동일한 광고나 광고주를 반복해서 표시하지 않는 것도 중요합니다.

Q 4.4 추천 콘텐츠 혼합

다양한 유형의 콘텐츠를 어떻게 혼합하나요?

다양한 유형의 콘텐츠(예 네트워크 내부 및 외부 광고)를 혼합하는 방법에는 다음처럼 여러 가지가 있습니다.

인터리빙

유기적^{organic} 콘텐츠와 후원^{sponsored}[7] 콘텐츠 등 다양한 유형의 콘텐츠를 번갈아 표시합니다. 혼합 비율은 균일하지 않을 수 있는데, 예를 들어 광고당 특정 개수의 유기적 콘텐츠를 표시할 수 있습니다. 관련성이나 인기도 같은 요소를 기반으로 가중치를 부여할 수도 있습니다. 이 접근 방식은 추천을 다양화하는 데 도움이 되지만 경험적$^{heuristic-driven}$ 접근 방식인 경우가 많으며 특정 콘텐츠 유형에 편향될 수 있습니다.

휴리스틱

다양성, 계절성, 우연성, 비즈니스 우선순위와 같은 요소를 기반으로 특정 유형의 콘텐츠에 대한 우선순위를 지정하거나 제한하는 일과 관련 있습니다. 예를 들어 신규 사용자에게는 광고를 적게 표시할 수 있습니다.

분리

한 가지 유형의 콘텐츠를 보여준 뒤 다른 유형으로 전환하거나, 사용자 인터페이스의 정해진 위치에서 특정 유형의 콘텐츠를 보여줍니다(예 고정된 위치에 광고를 표시). 사용자 경험 측면에서 좀 더 매끄러우며 각 유형에 적합한 추천 내용을 선정하기 용이합니다.

---

7 옮긴이_ 추천 시스템 맥락에서 유기적 콘텐츠와 후원 콘텐츠란 광고성인지 아닌지를 의미합니다.

클러스터링

같은 특징이나 피처(예 토픽)를 기반으로 콘텐츠를 그룹화합니다. 시스템은 각 클러스터로부터 콘텐츠를 추천함으로써 여러 토픽에 대해 다양한 추천을 생성할 수 있습니다. 이는 사용자가 관심을 가질 수 있는 새로운 토픽을 드러내는 데 도움이 됩니다.

글로벌 랭킹

모든 유형의 콘텐츠의 순위를 매겨서 하나의 통합된 하이브리드 추천 목록을 만듭니다. 알리바바Alibaba가 개발한 기법이 한 가지 예입니다(참고자료 247). 사용자 관점 지표와 수익 관점 지표의 최적 균형을 찾겠다는 것이지만 모든 유형의 콘텐츠에 효과적이지는 않을 수 있습니다. 예를 들어 유기적 콘텐츠와 후원 콘텐츠의 순위를 함께 매기기는 어려울 수 있습니다. 왜냐하면 유기적 콘텐츠의 상대적 가치(사용자 참여 및 유지)와 광고의 상대적 가치(수익)가 정해져야 하기 때문입니다.

강화 학습

사용자와의 상호 작용을 기반으로 다양한 콘텐츠 유형(예 유기적 vs. 광고)에 맞게 삽입 전략을 조정하기 위한 프레임워크를 개발합니다. 틱톡을 만든 바이트댄스Bytedance는 초기 추천 목록을 생성한 후 광고를 삽입할 위치를 결정하는 2단계 시스템을 개발했습니다(참고자료 282).

다양한 접근 방식을 결합할 수도 있습니다. 네트워크 내부 콘텐츠와 네트워크 외부 콘텐츠를 함께 순위를 매길 통합 모델을 사용하거나, 휴리스틱을 이용해 각 유형의 콘텐츠를 몇 개씩 순위를 매길지 정하거나, 결과에 인터리빙을 적용하는 등의 방법을 시도합니다.

Q 4.5 시스템 운영 매개변수

추천 시스템의 운영 매개변수에는 어떤 것이 있나요?

추천 시스템의 운영 매개변수는 사용 사례에 따라 다릅니다. 예를 들어 이메일이나 푸시 알림을 보내는 시스템은 실시간 추천을 제공하는 시스템과는 지연 시간 조건이 크게 다릅니다.

고려해야 할 일반적인 운영 매개변수는 다음과 같습니다.

지연 시간

시스템이 추천을 생성하고 전달하는 데 걸리는 시간입니다. 실시간 추천 시스템에서는 사용자가 적시에 관련 추천을 받을 수 있도록 지연 시간이 짧은 것이 바람직합니다. 지연 시간은 시스템 복잡도에 따라 다르지만 후보 생성, 사전 랭킹, 전체 랭킹 등의 여러 단계가 있으므로 99분위수는 일반적으로 수백 밀리초입니다. 핀터레스트[Pinterest]는 99분위수가 60밀리초에 불과한 추천 시스템을 개발했습니다(참고자료 063). 이메일 및 푸시 알림과 같은 비실시간 시스템의 지연 시간은 주기 시간[cycle time]으로 정해지는데, 이는 모든 사용자에 대한 추천을 생성하는 데 걸리는 시간을 의미합니다. 분 단위 또는 심지어 시간 단위가 될 수도 있습니다.

처리량

처리량[throughput]은 대량의 요청을 받아서 추천을 빠르고 효율적으로 제공하는 시스템의 능력을 나타냅니다. 실시간 추천 시스템의 예상 처리량은 플랫폼의 활성 사용자 수, 사용 빈도, 시간대, 연중 시점, 사용자 상호 작용 패턴, 시스템 구조 등 여러 요소에 따라 달라집니다. 사용자 백만 명당 초당 수백 건의 요청(클라이언트에서 전송된 추천 요청)이 드물지 않습니다.

후보 수

추천 대상으로 고려할 총 아이템 수입니다. 후보는 후보 생성 과정에서 먼저 검색되어 골라지고, 추가 처리를 통해 사용자에게 추천할 최선의 아이템 리스트가 정해집니다. 후보 수는 콘텐츠의 유형과 도메인, 콘텐츠 전체 카탈로그의 크기에 따라 다릅니다. 예를 들어 광고의 경우 수만에서 수십만이고, 팔로우할 사용자 추천의 경우에는 수백만입니다(참고 자료 071). 앞서 언급한 핀터레스트 추천 시스템의 카탈로그는 수십억 개 수준입니다.

결과 수

사용자에게 표시되는 실제 추천 아이템 수를 나타냅니다. 이 수는 사용자 인터페이스, 추천 콘텐츠 유형 등에 따라 결정됩니다. 예를 들어 푸시 알림은 하나의 결과만 생성할 수 있고 실시간 피드(동영상, 뉴스, 게시물 등)는 사용자가 선택할 수 있는 수십 개의 아이템을 만들어냅니다.

추천 시스템의 고수준 설계를 설명하세요.

추천 시스템은 일반적으로 [그림 4-1]과 같이 다단계 계단식 아키텍처 또는 '깔때기^{funnel}' 접근 방식을 사용합니다.

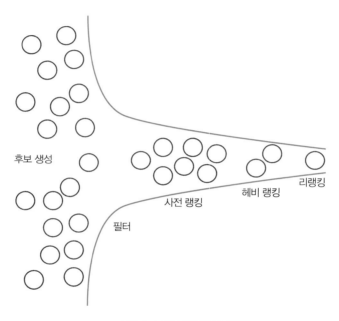

그림 4-1 추천 시스템 아키텍처

각 구성 요소는 다음과 같습니다.

후보 생성

먼저, 방대한 콘텐츠 카탈로그를 순위를 매길 훨씬 더 작은 후보 그룹으로 줄이는 것으로 시작합니다. 다양한 후보 생성기를 사용할 수 있으며 각각은 고유한 후보 집합을 생성합니다. 유튜브용 후보 생성기는 수십억 개의 카탈로그에서 수백 또는 수천 개의 잠재적 후보를 생성합니다(참고자료 183). 이는 이어지는 필터링 및 랭킹 단계들을 고려할 때 업계에서 일반적인 비율입니다. 광고에서는 시스템이 인구 통계학적 요소나 관심사 같은 특정 타기팅 기준을 기반으로 후보를 골라내므로 이 프로세스를 '선택selection'이라고도 합니다.

필터

후보들을 관련 하위 집합으로 줄입니다. 품질 및 상태health (예) 콘텐츠의 언어, 인기도, 작성자, 콘텐츠가 얼마나 오래됐는지) 관련 기준으로 후보 집합의 각 아이템을 평가하는데, 광고의 경우에는 예산 및 개인 정보 보호 제약 조건까지 포함합니다. 이 단계에서 후보의 20~90%가 제거됩니다.

사전 랭킹

사전 랭킹pre-ranking은 라이트 랭킹light ranking이라고도 합니다. 이 단계에서 경량 랭킹 모델은 잠재적 추천 후보 집합을 보다 관리하기 쉬운 크기로 좁혀 이어지는 헤비 랭킹 모델의 계산 부담을 줄입니다. 이 단계의 목표는 재현율을 극대화하는 것이며 결론적으로 전체 랭킹의 대상이 될 후보는 몇백 개만이 남게 됩니다.

헤비 랭킹

헤비 랭킹heavy ranking은 전체 랭킹full ranking이라고도 합니다. 이 단계에서는 특정 형태의 참여 확률과 같은 점수를 예측해 후보들의 최종 순위를 생성합니다. 후보가 적을수록 더 복잡한 모델을 사용할 수 있습니다.

리랭킹

시스템은 다양성, 신선도 등 다양한 요소를 기반으로 후보들의 순위를 재지정할 수 있습니다. 다양성을 보장하기 위해 시스템은 개별 작성자, 토픽 또는 후보 생성 출처의 콘텐츠 양을 제한할 수 있습니다. 또는 (신선도가 높은) 최신 콘텐츠를 우선시하거나, 점수가 낮은 후보를 솎아내거나, 특정 후보 유형을 올려boost주기도 합니다. 또한 리랭킹을 속도 향상을 위해서 적용하기도 하는데 사용자의 디바이스에서 얻을 수 있는 피처만 활용하는 경량 모델을 사용할 수도 있습니다. 광고 시스템에서는 헤비 랭킹의 결과와 광고주의 입찰 내용을 다른 요소들[8]과 결합해서 경매를 위한 리랭킹을 하게 됩니다.

---

8 광고 경매에는 캠페인 예산, 지출액, 수익 공유, 기타 비즈니스 규칙 등 많은 추가 요소가 있습니다.

TIP 다음은 업계의 추천 시스템 설계에 관해 추가로 읽어볼 만한 자료입니다.

- 유튜브: 「유튜브 추천을 위한 심층 신경망」(참고자료 051)
- 바이두: 「바이두 스폰서 검색의 검색어-광고 매칭을 위한 차세대 기법」(참고자료 067)
- 알리바바: 「실무 전자 상거래 검색을 위한 단계적 랭킹 시스템」(참고자료 128))
- 스냅챗: 「스냅챗 광고 랭킹을 위한 머신러닝」(참고자료 136)
- 인스타그램: 「인스타그램의 핵심 모델링 기술」(참고자료 028)

TIP 추천 시스템에 관한 개략적 개념은 구글 강의 [참고자료 098]에서 알아보세요.

Q 4.7 콜드 스타트 문제

신규 사용자 및 아이템에 대한 추천을 어떻게 생성하나요?

콜드 스타트 문제는 행동 상호 작용 이력이 없다는 점에 기인합니다. 대부분의 추천 시스템 모델은 사용자-사용자 및 사용자-아이템 참여 이력에 크게 의존하므로 이 정보가 없다면 관련 추천을 생성하기가 어려울 수 있습니다. 이 문제를 해결하기 위한 기법에는 크게 데이터 수집 기법과 모델링 기법이 있습니다.

먼저, 데이터 수집 기법은 다음과 같습니다.

신규 사용자 온보딩 과정

신규 사용자가 가입하면 시스템이 추천을 개인화하는 데 필요한 데이터가 충분하지 않을 수 있습니다. 따라서 사용자의 선호도, 인구 통계학적 요소, 관심사에 관한 정보를 가능한 한 많이 수집하는 포괄적인 온보딩 흐름을 갖추는 것이 중요합니다. 수집한 데이터로 부분적으로 개인화된 초기 사용자 프로필을 구축할 수 있습니다. 정확성을 높이기 위해, 시간에 따른 사용자의 사용 이력을 이용해 이 프로필을 강화할 수 있습니다.

휴리스틱

신규 사용자에 대한 제한된 정보를 기반으로 휴리스틱을 사용해 추천을 제공할 수 있습니다. 한 가지 방법은 유사한 매개변수를 가지는 사용자 또는 아이템의 임베딩 평균을 취하는 것입니다(참고자료 050). 또는 인기 아이템, 트렌딩 아이템 등 개인화되지 않은 콘텐츠와 다양한 콘텐츠를 표시할 수도 있습니다. 사용자 참여가 수집됨에 따라 점차 개인화된 추천으로 전환합니다.

알아가는Learning[9] 기간

신규 사용자나 아이템에 일정 기간 동안 가산점을 부여해 좀 더 노출되도록 합니다. 가산점은 시간이 지나거나 참여 수준이 높아짐에 따라 줄일 수 있습니다. 사용자 온보딩 과정에 직접 관여하지 않으면서 신규 사용자와 아이템이 좀 더 눈에 띄게 하는 방법입니다.

컨텍스추얼 밴딧Contextual bandit

사용자와 아이템의 맥락 정보를 고려해 순차적으로 아이템을 선택하는 체계적인 접근 방식입니다(참고자료 122, 286). 사용자 피드백을 기반으로 전략을 조정해 장기적인 사용자 참여를 극대화합니다. 예를 들어 신뢰 상한Upper Confidence Bound (UCB) 알고리즘은 사용 가능한 컨텍스트(사용자와 아이템의 과거 및 맥락 피처)를 고려해 보상에 대한 신뢰도 상한이 가장 높은 아이템을 추천해 탐색과 활용의 균형을 맞춥니다. 사용자와 시스템의 상호작용이 누적될수록 사용자의 선호도에 대해 더 많은 확신을 얻어 점점 더 개인화된 추천을 제공할 수 있습니다.

모델링 기법은 다음과 같습니다.

예비 모델Fallback model

기본 모델을 사용하기 위한 데이터가 충분하지 않을 때 추천 후보를 제공합니다. 시스템은 모델에 입력되는 피처 커버리지를 모니터링하다가 임계치보다 낮은 경우 맥락적contextual 피처처럼 높거나 밀집도가 높은 피처만을 사용하는 대체 모델을 사용할 수 있습니다. 정확도는 떨어질 것입니다. 인스타그램(참고자료 028)과 페이스북(참고자료 089)은 신규 사용자에게 콘텐츠를 추천하는 데 이 기법을 사용했습니다.

---

9 옮긴이_ 원문은 learning period이지만 '학습'으로 번역하면 이 책 전체에서 사용하는 학습(training)의 의미와 중첩되어 '알아가는'으로 의역했습니다.

협업 모델Collaborative model

콘텐츠 전달content-forward 모델링 기법을 보간interpolate하는 방법입니다. 잠재 디리클레 할당 Latent Dirichlet Allocation (LDA)을 이용한 협업 토픽 회귀collaborative topic regression (참고자료 239) 또는 노이즈 제거denoising 중첩 오토인코더를 사용한 협업 딥러닝(참고자료 242) 및 사용자이력 피처를 사용할 수 있는 경우에는 기존 모델링 기법 간의 보간을 이용합니다. 이 기법의 한 가지 단점은 목적 함수의 공식이 복잡하다는 점입니다.

하이브리드 모델

딥러닝 접근 방식을 사용해 사용자 행동 정보와 콘텐츠의 잠재 정보를 결합합니다. 딥뮤직DeepMusic (참고자료 164)과 유튜브(참고자료 051)가 그 예입니다. TwHIN(참고자료 065)과 같은 이종 정보 네트워크Heterogeneous Information Network (HIN)는 다양한 유형의 데이터를 통합해 후보를 생성함으로써 콜드 스타트 문제를 완화합니다.

드롭아웃

모델이 드롭아웃을 적용하도록 강제해 손상된 버전의 입력을 재구성하도록 합니다. 목표는 입력 데이터의 일부가 누락됐더라도 정확한 표현을 생성할 수 있도록 하는 것입니다. DropoutNet(참고자료 238)은 이 접근 방식을 활용해 콜드 스타트 시나리오에서 성능을 향상하는 모델의 예입니다.

Q 4.8 데이터셋 유형

추천 시스템을 구축하려면 어떤 데이터셋을 수집해야 하나요?

추천 시스템에는 일반적으로 클릭, 구매, 팔로우와 같은 사용자—아이템 상호 작용 데이터가 필요합니다. 이 데이터는 사용자의 선호도를 예측하고 사용자가 관심을 가질 만한 아이템을 제안하는 모델을 학습시키는 데 사용됩니다. 사용 가능한 데이터가 많을수록 추천 내용이 더 정확해질 수 있습니다. 또한 사용자에 대한 인구 통계학적 데이터, 아이템 메타데이터(예 카테고리또는 신선도)와 같은 맥락 피처를 사용해 추천을 향상할 수도 있습니다.

이러한 기본 데이터셋 외에 다음과 같은 데이터셋 또한 중요합니다.

후보 생성

후보 생성 알고리즘의 경우 학습 데이터는 일반적으로 양성positive 예(정답이 알려진 인스턴스)와 음성negative 예(정답이 후보 목록에 없는 인스턴스)로 구성됩니다. 사용자─아이템 상호 작용 이력은 일반적으로 매우 희소하므로 후보 생성기의 학습을 모든 음성 예에 대해 할 수는 없고, 그렇다고 양성 예에 대해서만 해서도 안 됩니다. 대신 후보 생성 알고리즘은 네거티브 샘플링이라는 기법을 사용합니다. 네거티브 샘플링은 관련 없는 아이템들의 하위 집합을 선택해서 음성 예로 사용합니다. 네거티브 샘플링의 목표는 음성 아이템을 대표할 수 있는 샘플을 만들어서 학습 절차를 최적화하는 것입니다.

사전 랭킹

사전 랭킹 모델은 일반적으로 지식 증류knowledge distillation 기법을 사용합니다. 지식 증류를 위한 학습 데이터는 일반적으로 모델에 대한 입력과 해당 입력에 대해 교사 모델(예 헤비 랭킹 모델)에서 생성한 출력으로 구성됩니다. 학습 중에 학생 모델은 교사의 출력과 유사한 출력을 생성하도록 최적화됩니다.

헤비 랭커 학습과 달리 사전 랭킹 모델에는 사용자 참여 이력의 실제 레이블이 필요하지 않습니다. 결과적으로 모델 학습을 위해 데이터를 수집하는 데 사용할 수 있는 옵션이 더 많아집니다. 한 가지 기법은 헤비 랭커가 모든 입력 후보에 오프라인으로 점수를 매기도록 하는 것입니다. 이를 통해 헤비 랭킹 모델은 사용자에게 제공된 이력이 없는 후보를 포함해 모든 후보에 점수를 매길 수 있게 됩니다. 이 강력한 기법은 다양한 모델 학습 및 평가 기법을 촉진할 뿐 아니라 이어서 설명할 강력한 반사실적 추론 프레임워크의 기초를 형성합니다.

반사실적 추론 프레임워크

반사실적counterfactual 추론은 시스템에서 변수를 한 개 이상 변경했을 때 얻는 효과를 추정하는 기술입니다. 추천 시스템 맥락에서 이는 사용자에게 다른 후보 집합이 제시됐다면 사용자가 어떻게 행동했을지 추정하고 해당 추정치를 사용해 후회regret를 최소화하는 것을 의미합니다.

반사실적 추론은 추천 시스템에서 특히 중요합니다. 수많은 단계에서 후보의 순위가 낮아지거나, 높아지거나, 필터링될 수 있기 때문입니다. 순위가 변하는 예는 다음과 같습니다.

- 후보 생성기 출력을 병합하고 정리[prune]하는 데 사용하는 휴리스틱
- 오래된 콘텐츠 배제, 동일 작성자의 아이템 연속 표시 방지, 언어 매칭 등 다양한 필터
- 사전 랭킹 모델의 결과
- 특정 유형의 콘텐츠를 다른 콘텐츠보다 높여주는[boosting] 규칙
- 다양성 등을 감안한 리랭킹

전통적으로 추천 시스템을 개선하려면 일련의 온라인 A/B 테스트를 수행해 개별 구성 요소를 조정해야 했습니다. 그러나 온라인 실험은 시간이 많이 걸려 무한정 할 수 없으므로 우선순위에 따라 중요한 것을 먼저 하게 됩니다.

이러한 어려움을 극복하기 위해 오프라인에서 반사실적 추론 프레임워크를 사용할 수 있습니다. 한 가지 방법은 주어진 추천 요청에 대해 생성된 모든 후보를 헤비 랭킹 단계까지 유지하면서 과정을 기록하는 것입니다. 각 단계에서 후보가 받은 점수, 리랭킹 결과, 필터링 결과를 모두 기록합니다. 그리고 최종적으로 서빙된 후보들을 구분합니다. 모든 후보가 헤비 랭커로부터 점수를 받기 때문에 각각의 휴리스틱, 필터링, 모델이 시스템에 일으킨 후회의 정도를 계산할 수 있습니다. 이 방법은 오프라인에서 빠르게 실험 가능합니다.

헤비 랭커는 실제 사용자 참여에 대한 추정에 기반하므로 완벽하지 않기 때문에 이 프레임워크가 시스템 개선을 위해 잠재적으로 유익한 경로를 정확히 찾아내는 데 도움이 될 수 있습니다. 또한 온라인 A/B 테스트로 검증해 가설을 지지하거나 기각할 수 있습니다.

Q 4.9 데이터셋 수집 기법

학습 데이터셋을 어떻게 수집하나요?

추천 시스템을 위한 학습 데이터 수집은 어려운 작업일 수 있습니다. 데이터는 사용자와 아이템을 잘 나타낼 수 있어야 하고, 강력한 모델을 학습할 수 있을 만큼 커야 하며, 편향의 영향을 최소화하는 방식으로 구성되어야 합니다. 추천 시스템의 각 단계에서 다양한 데이터 수집 기술을 사용합니다.

후보 생성 단계에서는 네거티브 샘플링을 사용합니다. 모든 음성 아이템을 최적화에 사용하면 계산 비용이 너무 높고, 양성 아이템만 사용하면 음성 아이템에 대해 과예측^{overprediction}을 하는 폴딩^{folding} 현상[10]이 발생할 수 있습니다. 네거티브 샘플링은 사용자가 관여할 가능성이 없는 아이템을 샘플링해 학습 알고리즘이 양성 아이템과 음성 아이템을 판별하는 데 도움을 줍니다. 네거티브 샘플링 기법은 다음과 같습니다.

균일 샘플링

사용자의 이력에 없는 아이템을 네거티브 샘플로 무작위 선택합니다(참고자료 186). 구현이 간단하고 쉽지만 모델이 양성 아이템과 유사도가 높은 음성 아이템을 효과적으로 구별[11]하도록 하지 못할 수 있습니다.

인기 기반 샘플링

인기를 기반으로 음성 아이템을 샘플링합니다. 인기가 많은 아이템보다 적은 아이템이 선호됩니다(참고자료 119). 이는 모델이 틈새^{niche} 아이템과 잘 알려진 아이템을 구별하는 데 도움이 되기도 하지만 인기 아이템에는 과한 불이익을 초래할 수 있습니다.

인기 감쇠 샘플링

샘플링할 때 음성 아이템의 인기를 감쇠^{dampen}[12]시킵니다(참고자료 252). 인기가 적거나 덜 알려진 아이템을 발견하는 데 유용하기도 하지만 사용자와 관련이 있는 인기 아이템을 일부 놓칠 수도 있습니다. 이에 대한 예로 node2vec(참고자료 075)이 있습니다.

원거리 네거티브 샘플링

양성 아이템과 유사하지 않은 음성 아이템이나 모델 점수가 낮은 아이템을 선택합니다. 양성 아이템에 가까운 노드^{node}[13]는 양성으로 간주하고 멀리 있는 노드는 음성으로 간주하므

---

10 옮긴이_ 폴딩은 직역하면 '겹침'이지만 여기서는 '번짐'의 의미에 가깝습니다. 음성 아이템으로부터 학습하지 못해 결정 경계가 부정확해지면서 음성 아이템을 양성으로 판단하는 경우가 많아지는 현상입니다.

11 옮긴이_ 피처 공간에서 결정 경계 가까이에 있는 음성 아이템이 많아야 모델이 경계를 잘 학습할 수 있다는 의미입니다.

12 옮긴이_ 바로 위에서 설명한 인기 기반 샘플링과 반대입니다. 소프트맥스에서 온도(temperature)를 높이는 것과 유사한 기법입니다.

13 옮긴이_ 데이터 또는 데이터포인트라는 표현이 더 자연스럽지만 저자는 노드라는 개념을 사용했습니다. 이는 데이터포인트를 그래프 관점에서 바라보고 있음을 드러냅니다.

로 직관적인 듯하지만 무작위 샘플링과 마찬가지로 정보가 없는uninformative[14] 음성 샘플을 생성할 수도 있습니다.

하드 네거티브 샘플링

오늘날 널리 사용하는 접근 방식입니다. 양성 아이템과 유사도가 높거나 관련성이 클 법한, 예를 들어 모델 점수가 높은 아이템을 선택합니다(참고자료 277). 양성 아이템과 유사도가 높지만 관련성이 작은 아이템을 추천하지 않는 데 도움이 되지만 위음성이 발생할 가능성도 있습니다. 몇 가지 기법은 다음과 같습니다.

- 일반적인 기법은 모델 점수가 높을수록 선택될 가능성이 커지는 방식으로 음성 아이템을 샘플링합니다. 예로 PinSage(참고자료 268)와 RotatE(참고자료 210)가 있습니다.
- 몬테 카를로 네거티브 샘플링Monte Carlo Negative Sampling(MCNS)(참고자료 265)은 랜덤 워크를 활용해 탐색과 활용의 균형을 통해 음성 아이템을 샘플링합니다. 음성 샘플은 예측된 모델 점수에 비례해 선택됩니다.
- 생성적 적대 신경망Generative Adversarial Network(GAN)을 네거티브 샘플링을 위한 적대적 학습 프레임워크로 사용합니다. 예를 들어 KBGAN(참고자료 031)은 생성자로 소프트맥스 기반 모델을 사용해 판별자를 혼동시킬 만한 음성 아이템을 샘플링합니다. 판별자로는 마진 손실 기반 모델을 사용합니다. 다만 이는 상당한 양의 음성 샘플을 만들기에는 비효율적일 수 있습니다.

사전 랭킹 단계에서 사용하는 데이터 수집 기술을 설명하세요.

지식 증류 전략으로 사전 랭킹(라이트 랭킹) 모델에 대한 학습 데이터셋을 만들 때 고려할 만한 기법은 다음과 같습니다.

편향 샘플링

사전 랭킹 단계에서 살아남았거나 사용자에게 서빙된 기록이 있는 후보를 샘플링합니다.

장점은 다음과 같습니다.

- 후보들이 다운스트림 단계에서 로깅되므로 수집하기 용이합니다.

---

14 옮긴이_ 결정 경계에서 멀리 떨어져 있는 경우에는 별다른 도움이 되지 않는다는 의미입니다.

- 모델이 더 강력한stronger[15] 후보로부터 학습할 수 있습니다.

단점은 다음과 같습니다.

- 모델이 약한 후보를 잘 가려내지 못합니다.
- 데이터셋이 모델이 수신하는 입력 데이터를 정확하게 나타내지 못합니다.
- 사전 랭킹 모델에 바람직하지 않은 피드백 루프를 제공합니다.

균일 샘플링

입력 후보를 완전히 무작위로 샘플링합니다.

장점은 다음과 같습니다.

- 입력 데이터를 정확하게 나타낼 수 있습니다.
- 모델이 접하는 학습 데이터라는 측면에서 가장 다양diverse합니다.

단점은 다음과 같습니다.

- 일반적으로 사전 랭킹 모델에 가장 유용한 랭킹 지표를 평가할 수 없습니다.[16]
- 일부 모델 학습 기법을 사용할 수 없게 됩니다. 예를 들어 목록별listwise 랭킹 학습이나 상위 n 포인트별 레이블 기반 학습을 할 수 없습니다.

요청 레벨 샘플링

특정 요청 또는 쿼리에 대한 입력 후보를 모두 샘플링합니다.

장점은 다음과 같습니다.

- 입력 데이터를 정확하게 나타낼 수 있습니다.
- 학습 옵션, 평가 지표, 반사실적 추론 등의 측면에서 제약이 없습니다.

단점은 다음과 같습니다.

- 다양성이 저하됩니다(특히 요청당 후보 수가 많은 경우).
- 최종 결과에는 거의 포함되지 않는, 약하거나 클릭베이트clickbait성 후보들의 하위 집단에 대해 과도하게 학습될 수 있습니다.
- 프로덕션 시스템에서 구현하기 가장 어려운 방법인 경우가 많습니다.

---

15 옮긴이_ 사용자가 선택할 가능성이 크다는 의미입니다.
16 옮긴이_ (n)DCG, MRR, MAP 등의 지표를 계산하려면 사용자에게 보여진(impressed) 리스트와 그에 대한 참조 레이블이 있어야 하는데 이 방식에서는 일반적으로 그것이 없다는 의미입니다.

실무에서는 여러 기법을 조합해 보다 포괄적인 학습 데이터셋을 구성하면 좋습니다. 예를 들어 학습에 균일 데이터셋을 사용하고 평가에는 요청 레벨 데이터셋을 사용할 수 있습니다. 또는 요청 레벨 데이터셋을 서브샘플링해 요청 다양성을 높이거나 잘못된spurious 후보[17]의 발생률을 낮출 수 있습니다. 각 기법의 장단점과 모델 성능에 미치는 영향을 고려하는 것이 중요합니다.

랭킹 단계에서 사용하는 데이터 수집 기술을 설명하세요.

일반적으로 헤비 랭킹 모델의 학습 루프는 사용자에게 서빙되는 후보들의 데이터에 대한 스트림 처리를 필요로 합니다. 다시 말해, 사용자에게 보여진 후보들에 대한 결과가 모델에 다시 공급됨으로써 시간에 따라 랭킹 알고리즘이 업데이트되고 개선됩니다. 헤비 랭킹 모델을 위한 학습 데이터를 수집하고 사용할 때 고려해야 할 중요한 사항은 다음과 같습니다.

업데이트 빈도

데이터 신선도는 랭킹 모델을 위한 학습 데이터를 수집할 때 고려해야 할 중요한 요소입니다. 랭킹 모델을 업데이트하는 방법에는 일괄batch, 온라인, 연속 업데이트 등이 있습니다.[18] 어떤 업데이트 방법을 사용하는지에 따라 데이터 수집 프로세스가 다를 수 있습니다. 일괄 업데이트를 사용할 경우 데이터 수집 프로세스에서는 일반적으로 오프라인 작업을 실행해 로그 및 기타 데이터를 학습 저장소로 집계한 다음 모델을 학습시키는 데 사용합니다. 반면 연속 업데이트에는 실시간으로 모델에 전송될 연속 데이터 스트림이 필요한데, 여기에는 복잡한 데이터 처리 및 스토리지 인프라 요소가 포함될 수 있습니다.

지연된 피드백

많은 실시간 시스템에서 사용자 상호 작용 데이터에는 길고 무작위한 지연이 발생한 후에만 레이블이 정해집니다(참고자료 111). 예를 들어 추천 시스템에서 사용자는 몇 초 또는 몇 분이 지나서야 아이템을 클릭할 수 있습니다. 극단적으로는 모바일 앱 프로모션과 같은 광고 상품에 며칠 또는 몇 주가 지나서 레이블이 생길 수 있습니다(참고자료 136).[19] 나이브한 전략으로, 긍정적인 레이블이 생기기 전까지 모든 데이터포인트를 음성 샘플로 간

---

17 옮긴이_ 추천 시스템 맥락에서 잘못된 후보는 일반적으로 전혀 관련성이 없는 후보를 의미합니다.

18 6장을 참조하세요.

19 Q7.1을 참조하세요.

주한다면 지연된 양성 샘플들의 사례를 과소예측^{underpredict}하는 경향이 생깁니다.[20]

네거티브 샘플링

양성 샘플은 일반적으로 전체 후보 수에 비해 훨씬 적으므로 심각한 클래스 불균형 문제가 발생합니다. 예를 들어 모바일 앱 프로모션 시나리오에서 광고 노출이 앱 설치로 이어질 확률은 0.01% 미만일 수 있습니다. 이러한 클래스 불균형에 따라 학습 데이터셋이 음성 샘플에 치우쳐 모델 성능이 저하될 수 있습니다. 이 문제를 해결하기 위해 데이터 수집 시에 다양한 샘플링 전략을 적용합니다.[21] 오버샘플링과 다운샘플링은 클래스 분포의 균형을 맞추기 위해 흔히 사용하는 방법입니다. 또 다른 기법으로 비용 민감 학습이 있습니다. 실무에서는 네거티브 샘플링을 자주 사용합니다.[22]

탐색/활용

헤비 랭커에서 모델은 사용자에게 보여진 이력이 있는 아이템의 레이블 정보만을 학습합니다. 이에 따라 모델이 학습 시에 봤던 아이템만을 선택하게 되는 잠재적인 피드백 루프 문제가 발생합니다. 그리고 데이터셋에 위치 편향, 서빙 편향 등 다양한 편향이 발생해 장기적으로 모델 성능에 영향을 미칠 수 있습니다. 이러한 편향을 완화하려면 일정 수준의 탐색을 학습 프로세스에 통합하는 것이 중요합니다.

Q 4.10 데이터셋 편향

데이터셋에서 어떤 편향이 발견될 수 있나요?

추천 시스템을 위한 학습 데이터셋에는 다양한 편향이 있을 수 있습니다. 그중 일부는 다음과 같습니다.

위치 편향$^{Position\ bias}$

사용자가 상단에 있는 아이템을 클릭하거나 선택할 가능성이 클 때 발생하며, 이에 따라

---

20 Q7.1에서 이 문제에 대처하는 방법을 알아보세요.
21 2장을 참조하세요.
22 Q4.9에서 네거티브 샘플링을 자세히 알아보세요.

해당 아이템의 중요성이 지나치게 강조됩니다. 이는 사용자가 다른 아이템을 보기 위해 아래로 스크롤하지 않거나 상단에 있는 아이템이 더 관련성이 있다고 생각할 수 있기 때문에 발생합니다.

표시 편향Presentation bias

아이템의 표현 방식이 사용자의 결정에 영향을 미칠 때 발생합니다(참고자료 273). 예를 들어 특정 아이템에 더 매력적인 이미지나 설명이 표시되면 다른 아이템들보다 더 많은 클릭이나 참여를 얻을 수 있습니다.

신뢰 편향Trust bias

사용자가 추천 시스템을 높은 수준으로 신뢰할 때 발생하며, 이에 따라 처음 몇 가지 결과만 고려하거나 시스템에서 권장하는 특정 아이템만 선택하게 됩니다(참고자료 162).

서빙 편향Serving bias

알고리즘 편향이라고도 하며, 좋은 성과(예 클릭 또는 사용consume)를 보인 이력이 있는 아이템과 유사한 것을 추천하는 경향입니다. 학습 데이터를 활용exploitation[23]한다고 볼 수 있습니다. 이는 사용자 선호도와 경험의 전체 범위를 정확하게 반영하지 못해 모델의 편향을 영속시킬 수 있습니다.

Q **4.11** 서빙 편향 완화

서빙 시의 편향을 어떻게 완화하나요?

추천 시스템은 학습 루프에서 업데이트되어 예측 정확도를 높이고 진화하는 사용자 선호도에 맞춰 조정됩니다. 그런데 이에 따라 모델이 학습할 데이터를 스스로 선택하게 되는 피드백 루프가 만들어짐으로써 서빙 편향이 발생합니다. 이로 인해 모델이 노이즈를 학습해 유망한 추천 후보를 탐색할 수 없게 될 가능성이 있습니다.

이러한 활용/탐색 트레이드오프는 추천 시스템에서 중요한 개념입니다. 편향 없는 데이터셋을

---

23 옮긴이_ 여기서 말하는 활용은 강화 학습적 개념입니다.

생성하기 위해 아이템들을 사용자에게 동등하게 표시할 수도 있습니다. 그러나 과도한 탐색을 적용하면 사용자 경험에 나쁜 영향을 미치게 됩니다.

추천 시스템에서 서빙 편향을 완화하는 방법에는 여러 가지가 있습니다. 인기 있는 기법 몇 가지는 다음과 같습니다.

입실론-그리디 탐색

서빙 편향을 간단히 완화하는 방법으로, 학습 데이터셋에 임의의 데이터를 추가합니다. $1 - \epsilon$의 확률로 추천 랭킹 점수가 있는 아이템을 추천하고, 나머지 ϵ의 확률로 다른 아이템을 무작위로 균일하게 선택해서 추천합니다. 이는 단순한 기법임에도 실무의 추천 시스템에서 밴딧 기법과 같은 고급 기법보다 좋은 성능을 보일 때가 많습니다.

컨텍스추얼 밴딧

톰슨 샘플링Thompson sampling과 신뢰 상한Upper Confidence Bound (UCB)은 활용/탐색 딜레마를 해결하는 데 사용하는 두 가지 컨텍스추얼 밴딧contextual bandit 알고리즘입니다. 톰슨 샘플링은 모델 예측의 사후 분포에서 무작위로 샘플링해 아이템을 추천하는데, 가장 가치가 높은 아이템을 선택하는 확률적 접근 방식입니다. UCB는 모델 예측에 불확실성 추정치를 추가해 얻은 신뢰 상한이 가장 높은 아이템을 선택함으로써 탐색을 촉진합니다. 트위터(참고자료 079), 야후(참고자료 122) 및 구글(참고자료 041)에서 컨텍스추얼 밴딧을 적용했습니다.

인과 추론

관심 결과에 대한 대체 조치의 인과 효과를 추정하는 것을 목표로 합니다. 추천 시스템 맥락에서는, 무작위화 전략을 사용해 정확한 반사실적 추정치를 얻어 중요도 샘플링을 수행함으로써 데이터의 가중치를 재조정하는 것이 있습니다. 마이크로소프트에서는 광고 예측(참고자료 027) 작업에 이 기법을 적용했습니다.

알아가는 기간

신규 사용자, 광고 캠페인, 제품 등 신규 아이템을 올려boosting줍니다. 시간이나 참여도 증감 같은 신호에 따라 올려주는 정도를 줄여갑니다. 이는 콜드 스타트 문제의 서빙 편향을 완화하는 데 도움이 됩니다. 최신 데이터에 더 높은 가중치를 부여하고 시간에 따라 점차 가중치를 줄여간다는 의미입니다. 다만 이 접근 방식은 가짜spurious[24] 신호 학습, 다양성과 콘텐츠 탐색exploration의 부족 등의 문제는 개선하지 못합니다.[25]

이론적으로 랭킹 모델은 편향되지 않은 데이터셋으로만 학습해야 합니다. 그러나 현실에서는 탐색 데이터셋이 너무 작을 수도 있고 사용한 샘플링 전략에 따라 다른 유형의 편향이 포함될 수도 있습니다. 실제로 모델은 탐색 및 활용 데이터를 조합해 학습하는 경우가 많습니다.

Q 4.12 위치 편향 완화

위치 편향을 어떻게 완화하나요?

추천 시스템의 랭킹 모델에서 위치 편향을 완화하는 효과적인 방법은 다음과 같습니다.

위치를 무작위로 섞기

아이템 위치에 임의성을 추가하면 새로운 랭킹 모델 개발 시 위치 편향을 완화하는 데 도움이 될 수 있습니다. 추천 아이템의 위치를 무작위로 섞음으로써 모델은 위치와 관계없이 관련성 높은 아이템을 찾아내는 방법을 학습할 수 있습니다. 다만 이 접근 방식은 사용자 경험을 저하하기도 합니다.

위치 피처 추가하기

아이템의 목록 내 위치 같은 위치 피처(참고자료 040)를 모델에 통합합니다(참고자료 290). 이러한 피처는 위치 편향의 영향을 포착하는 데 도움이 될 수 있습니다. 프로덕션에서 서빙할 때는 모델에 입력될 아이템들의 위치를 모두 1로 설정해 위치의 영향을 무효화합니다.

---

24 옮긴이_ 유의미한 정보가 없고 노이즈에 가깝다는 뜻입니다.
25 옮긴이_ 문제를 오히려 악화할 가능성이 있습니다.

위치 편향을 모델링하기

아이템 확인^{examination}과 관련성을 별도로 모델링[26]하는 위치 편향 모델을 개발하고 이를 이용해 정규화^{normalization} 또는 표준화^{regularization}를 합니다.[27] 아이템 확인은 위치에 의존하고 관련성은 맥락과 아이템에 의존한다고 가정합니다. 위치 편향은 전역적으로 모델링되거나(모든 쿼리에 대해 동일), 쿼리 유형에 따라 분할되거나, 일반화될 수 있습니다(위치 편향을 예측하도록 모델 학습). 그런 다음 위치 편향의 효과를 포착하기 위해 역성향^{inverse propensity} 가중 점수를 최적화하도록 랭킹 모델을 학습시키게 됩니다. 마이크로소프트(참고자료 188, 052), 트립어드바이저(참고자료 123), 구글(참고자료 249, 248)의 사례를 참조하세요.

다중 작업 모델

위치 편향에 기여하는 피처를 다중 작업^{multi-task} 랭킹 모델의 와이드^{wide}[28] 요소로 입력시킵니다. 여기서 각 작업^{task}은 랭킹의 다양한 목표에 맞게 최적화됩니다. 각 작업에서 위치 편향의 효과를 모델이 파악해냄으로써, 성향^{propensity} 점수를 얻기 위해 위치를 무작위로 섞는 실험을 할 필요가 없어집니다. 유튜브에서 이 기법을 어떻게 구현했는지 알아보세요(참고자료 283).

적대적 학습

학습 데이터로부터 아이템의 위치를 예측하는 보조^{auxiliary} 작업을 정의합니다. 나중에 역전파 단계에서는 모델 예측에 대한 위치 피처의 영향을 감소하기 위해 모델에 전달되는 경사의 부호를 바꿉^{negate}니다. 이 접근 방식은 일반적으로 도메인 적응(참고자료 230)과 머신러닝 공정성^{machine learning fairness}(참고자료 018) 작업에 적용됩니다.

---

26 옮긴이_ 확인은 사용자가 아이템을 클릭하는 등 상호 작용하는 것만을 의미하고, 관련성은 아이템의 순수한 가치만을 의미합니다. 즉, 관련성은 높지만 위치가 좋지 않아서 확인되지 않는 아이템이 있다고 가정하고 두 가지를 분리해서 모델링한다는 의미입니다.

27 옮긴이_ ML 맥락에서 regularization은 보통 '정규화'로 번역하지만 바로 앞에 다른 의미의 정규화가 있기 때문에 동어 반복을 피하기 위해 여기서는 '표준화'로 번역했습니다.

28 옮긴이_ 와이드 앤 딥(Wide & Deep) 아키텍처를 전제한 설명입니다.

추천 후보는 어디에서 얻나요? 잠재적인 출처를 나열하세요.

추천 시스템에서 후보 생성은 사용자에게 추천할 만한 아이템 집합을 선택하는 프로세스입니다. 후보를 생성할 수 있는 출처에는 비개인화 출처, 개인화된 네트워크 내부 출처, 개인화된 네트워크 외부 출처 등 여러 가지가 있습니다.

비개인화 출처는 사용자의 관심사나 선호도와 관련이 없습니다. 예시는 다음과 같습니다.

인기 콘텐츠
다수의 사용자가 자주 참여하거나 높이 평가하는 아이템입니다.

트렌딩 콘텐츠
최근 인기를 얻었거나 참여도나 평가가 높아진 아이템입니다.

신규 콘텐츠
최근 플랫폼에 추가됐지만 아직 많은 사용자가 평가하거나 참여하지 않은 아이템입니다.

특정 영역의 트렌딩 콘텐츠
특정 카테고리, 지리적 위치 또는 토픽 내에서 인기가 높은 아이템입니다.

개인화된 네트워크 내부 출처는 사용자의 현재 연결 및 활동 네트워크에 관한 출처입니다. 몇 가지 예시는 다음과 같습니다.

네트워크 내부 콘텐츠
해당 사용자가 현재 팔로우하거나 연결되어 있는 사용자나 업체가 생성한 아이템입니다.

과거 콘텐츠
사용자가 이전에 소비했거나 참여(예 높이 평가하거나 즐겨찾기에 추가)한 아이템입니다.

개인화된 네트워크 외부 출처는 사용자의 관심과 선호도를 반영하지만 현재 연결되어 있는 네트워크에서 온 것은 아닌 아이템입니다. 몇 가지 예시는 다음과 같습니다.

내용 기반 필터링Content-based filtering

사용자가 이전에 상호 작용했거나 관심을 보인 아이템과 유사한 아이템입니다. 장르, 키워드, 토픽, 미디어, 기타 메타데이터와 같은 피처를 기반으로 합니다.

협업 필터링Collaborative filtering

시스템 내 다른 사용자의 선호도와 사용자 선호도의 유사도를 기반으로 추천되는 아이템입니다. 해당 사용자와 관심사가 유사한 사용자들이 상호 작용했거나 관심을 보인 아이템을 기반으로 합니다.

추천 시스템의 후보 생성을 논할 때 출처를 구체적으로 이야기하지 않으면, 기본적으로 개인화된 네트워크 외부 출처를 기반으로 합니다.

각 출처의 장단점은 무엇인가요?

각 출처의 장점과 단점은 다음과 같습니다.

비개인화 출처

장점은 아직 개인 정보나 아이템에 대한 평점을 제공하지 않은 신규 사용자에게 좋은 출발점이 될 수 있다는 점입니다. 또한 관심사에 관계없이 일반적으로 인기 있거나 트렌드에 맞는 아이템을 찾는 사용자에게도 도움이 됩니다.

단점은 사용자의 관심사에 맞춰지지 않아 관련성이 낮은 아이템이 추천될 수 있다는 점입니다. 또한 특정 유형의 콘텐츠나 인기 트렌드에 편향되어 추천의 다양성이 떨어질 수 있습니다.

개인화된 네트워크 내부 출처

장점은 사용자의 현재 연결 및 활동을 기반으로 해 사용자의 관심 및 선호도와 관련성이 높을 수 있다는 점입니다. 또한 사용자의 기존 네트워크 내에서 새로운 아이템과 사용자를 발견할 수 있는 기회를 제공하기도 합니다.

단점은 사용자의 현재 네트워크 내부로 제한을 둠으로써 추천의 다양성이 떨어질 수 있다는 점입니다. 또한 아직 네트워크가 제대로 구축되지 않은 신규 사용자에게는 효과적이지 않습니다.

개인화된 네트워크 외부 출처

장점은 사용자의 관심 분야와 선호도에 맞춰 고도로 개인화된 추천을 제공할 수 있다는 점입니다. 새로운 아이템을 발견하고 현재 네트워크를 넘어 관심 분야를 확장하려는 사용자에게 효과적입니다.

단점은 사용자 유사도나 콘텐츠 기반 필터링을 기반으로 추천 아이템을 생성하려면 상당한 사용자 데이터 및 처리 능력이 필요할 수 있다는 점입니다. 또한 사용자가 과거에 상호 작용한 아이템과 유사한 추천만 생성함으로써 추천의 다양성이 떨어지는 '필터 버블' 효과가 발생하기도 합니다.

Q 4.14 추천 후보 생성 단계

추천 후보를 어떻게 생성하는지 개략적으로 설명하세요.

추천 시스템의 후보를 생성할 때는 소스를 가져오고, 추천 후보를 생성하고, 후보를 필터링하는 단계를 거칩니다. 각 단계를 살펴봅시다.

1 소스 가져오기

첫 번째 단계는 후보 생성을 위한 시드 역할을 하는 소스를 출처로부터 가져오는 일입니다. 출처에는 사용자 임베딩, 콘텐츠, 최근에 상호 작용한 사용자 등이 있습니다. 예를 들어 음악 스트리밍 서비스의 추천 시스템은 사용자의 청취 기록, 재생 목록에 포함된 노래, 팔로우하는 아티스트와 같은 소스를 가져옵니다.

2 추천 후보 생성하기

하나 이상의 후보 생성 알고리즘을 사용해 후보를 생성합니다. 그래프 기반 알고리즘, 심층 신경망 기술 등 다양한 알고리즘을 추천 후보 생성에 사용할 수 있습니다.

사전 랭킹 단계까지 합리적인 수만큼 생존할 수 있도록 후보를 병합하고 정리합니다. 후보가 너무 많으면 처리 시간이 길어지고 추천 품질이 저하될 수 있으므로 필터링은 중요한 작업입니다.

후보는 다양한 알고리즘을 사용해 다양한 출처에서 생성될 수 있으므로 이 단계는 다대다^{many-to-many}입니다. 예를 들어 그래프 기반 알고리즘을 사용해 사용자가 최근에 들은 노래를 기반으로 후보를 생성할 수 있으며, 심층 신경망 기술을 사용해 사용자가 팔로우하는 아티스트를 기반으로 후보를 생성할 수 있습니다. 트위터에서는 후보를 생성하기 위해 수십 가지 조합을 적용합니다(참고자료 223).

Q 4.15 추천 후보 생성 알고리즘

추천 후보를 생성하는 알고리즘에는 어떤 것이 있나요?

후보 생성 방법에는 여러 가지가 있으며 개략적으로는 다음과 같습니다.

이웃 기반 방법

아이템에 대한 사용자의 선호도 차이나 다른 사용자의 선호도를 활용해 후보를 생성합니다. 이 기법의 예로는 슬로프 원^{Slope One}과 피어슨 R이 있습니다. 슬로프 원은 아이템 기반 방법으로, 사용자가 평가한 아이템 쌍 간의 차이를 고려해 선호도를 예측합니다. 피어슨 R은 사용자 기반 방법으로, 사용자와 다른 사용자 간의 상관계수를 기반으로 유사한 사용자를 찾아내 그들의 평점을 기반으로 아이템을 추천합니다. 두 기법은 임베딩을 학습하지 않습니다.

그래프 기반 방법

아이템 또는 사용자 간의 관계를 그래프로 모델링하고 그래프 알고리즘을 사용해 후보를 생성합니다. 예를 들어 그래프 연결을 기반으로 유사한 아이템이나 사용자를 찾아내고 그에 따라 후보를 생성합니다. 접근 방식은 다양합니다. 아마존(참고자료 203)은 수년간 연관 규칙 마이닝[association rule mining](참고자료 004) 또는 공동 방문[co-visitation] 횟수를 기반으로 콘텐츠 기반 필터링을 적용해왔습니다. 유튜브도 마찬가지였으며(참고자료 058) 트위터는 그래프 구조에서 허브[hub]와 권위[authority]의 개념을 활용했습니다(참고자료 198).

'그래프 임베딩'이라는 명칭으로 알려진 사용자 및 아이템 임베딩 생성 기법도 있는데 이에 관해서는 Q4.16에서 알아봅니다.

잠재 방법

행렬 분해와 심층 신경망(DNN) 같은 알고리즘을 사용해 후보를 생성합니다. 데이터에서 직접 관찰할 수 없는 잠재[latent] 관계를 포착해 예측에 활용합니다. 접근 방식은 다양합니다. 야후(참고자료 074)는 제품 추천에 신경망 언어 모델 기술을 사용했습니다. 핀터레스트가 개발한 PinSage(참고자료 268)는 신경망을 사용해 로컬 그래프 이웃(예 사용자의 일촌 친구)들의 피처 정보를 집계하는 그래프 컨볼루셔널 네트워크[Graph Convolutional Network](GCN)입니다. 구글(참고자료 267)은 투 타워[Two Tower] 기법을 사용해 아이템을 추천합니다. 투 타워 기법은 Q4.16에서 자세히 살펴봅니다.

내용 기반 정보와 그래프 구조를 결합하는 하이브리드 접근 방식도 있습니다(예 PinSage).

Q 4.16 임베딩 기술

임베딩 기술을 추천 후보 생성에 어떻게 사용하나요?

Q4.15에서 언급한 기법들을 활용하는 세 가지 임베딩 기술을 살펴봅시다. 첫째는 행렬 분해를, 둘째는 심층 신경망을, 셋째는 그래프 기반 방법을 활용합니다.

행렬 분해를 설명하세요.

2010년대 대부분에는 추천 후보 생성에 행렬 분해[Matrix Factorization](MF)를 많이 사용했습니다(참고자료 110). 예를 들어 페이스북은 2015년에 아이템 추천을 위해 MF를 구현했습니다

(참고자료 095). 행렬 분해 기법은 평가 행렬rating matrix[29]을 낮은 랭크를 갖는 행렬로 분해해 사용자 및 아이템에 대한 임베딩을 학습합니다.

임베딩을 계산하는 기법에는 특잇값 분해(SVD)가 있습니다. 사용자-아이템 상호 작용 행렬을 정보 손실을 최소화하면서 낮은 차원 공간에서 표현하기 위해 낮은 랭크 근사ow-rank approximation를 사용합니다. 이는 원래 행렬을 왼쪽, 오른쪽, 특잇값 행렬 등 세 가지 개별 행렬로 분해합니다. 세 행렬의 곱은 원래 행렬을 근사합니다. 왼쪽 행렬을 임베딩으로 간주합니다.

또 다른 접근 방식은 가중 행렬 분해Weighted Matrix Factorization입니다. 여기서 목적 함수는 관찰된 쌍에 대한 오차를 최소화하기 위한 항과 관찰되지 않은 쌍에 대한 오차를 최소화하기 위한 항으로 구성됩니다. 가중치를 목적 함수에 통합함으로써 이 접근 방식은 희소성이 높은 데이터셋을 처리할 수 있습니다.

가중 행렬 분해를 위한 목적 함수는 다음과 같습니다. A는 사용자-아이템 상호 작용의 희소 행렬이고, $\langle U_i, V_j \rangle$는 사용자와 아이템 임베딩의 내적이며, w_0는 두 항의 균형을 맞추기 위한 하이퍼파라미터입니다.

$$\min_{U \in \mathbb{R}^{m \times d}, V \in \mathbb{R}^{n \times d}} \sum_{(i,j) \in \text{obs}} \left(A_{ij} - \langle U_i, V_j \rangle\right)^2 + w_0 \sum_{(i,j) \notin \text{obs}} \left(\langle U_i, V_j \rangle\right)^2$$

임베딩 최적화에는 확률적 경사하강법(SGD), WALSWeighted Alternating Least Squares 등을 사용합니다. WALS는 사용자 임베딩과 아이템 임베딩을 번갈아 업데이트하는 최적화 기법입니다.

행렬 분해는 사용자와 아이템 피처의 상호 작용을 효과적으로 담아내는 데 어려움이 있었습니다. 2차second-order까지의 피처 상호 작용을 포착하기 위해 SVDFeature(참고자료 045)와 인수 분해 머신Factorization Machine(참고자료 185) 등의 기법이 개발됐습니다.

심층 신경망을 설명하세요.

최근 여러 연구에서, 추천 정확도를 향상하는 데 MF 기술보다 심층 신경망(DNN)이 더 효과적임이 입증됐습니다(참고자료 088). DNN은 매우 비선형적인 특성이 있어 기존 MF 방법보다 복잡한 피처 상호 작용을 더 효율적으로 포착합니다.

---

29 옮긴이_ 세로축은 사용자, 가로축은 아이템이며, 행렬의 요소 값은 사용자가 아이템에 대해 평가한 값입니다. 여기서 평가 값은 평점, 구매 여부, 시청 여부 등 여러 가지가 될 수 있습니다.

추천 시스템에서 임베딩을 생성하는 데는 다양한 유형의 DNN을 사용할 수 있습니다. 그중 시퀀스 모델, 그래프 신경망, 투 타워 등을 널리 사용합니다. 각각 자세히 살펴봅시다.

시퀀스 모델

신경망 언어 모델과 같은 시퀀스 모델sequence model을 사용해 후보 생성을 위한 사용자 및 아이템 임베딩을 생성합니다. 사용자의 상호 작용 이력을 '단어'(여기서는 아이템)들의 시퀀스처럼 처리함으로써 신경 언어 모델은 아이템들과 사용자 선호도 간의 순차적 종속성을 포착하는 임베딩을 학습합니다. 최근에는 어텐션 메커니즘과 트랜스포머를 사용해 임베딩을 생성할 수 있는 모델이 개발됐습니다. 또한 이러한 모델은 모델 구조에 사용자 및 아이템 피처를 통합해 시간적 측면과 맥락적 측면을 모두 포착하는, 보다 정확한 임베딩을 학습할 수 있습니다. 에어비앤비AirBnb(참고자료 073), 크리테오Criteo(참고자료 234), 엣시Etsy(참고자료 281) 등에서 시퀀스 모델을 적용했으며 야후에서는 뉴스 임베딩을 위해 관련 기법을 적용했습니다(참고자료 163).

그래프 신경망

그래프 컨볼루셔널 네트워크(GCN)와 같은 그래프 신경망Graph Neural Network(GNN)은 그래프 구조의 데이터를 처리하도록 설계된 네트워크 유형입니다. GCN은 재귀적으로 컨볼루션convolution을 수행해 노드의 로컬 이웃들로부터 피처 정보를 수집하고 결합하는 방법을 학습합니다. 컨볼루션 작업은 노드와 직결된 이웃들로부터 피처 정보를 모아서 이를 밀집된 표현으로 변환합니다. 컨볼루션 레이어의 중첩을 통해 그래프 내의 정보가 거리가 먼 노드까지 전파됩니다. 이렇게 GCN은 로컬 및 글로벌 그래프 구조를 모두 포착할 수 있게 됩니다. 콘텐츠 정보에만 기반하는 DNN과 달리 GCN은 콘텐츠 정보와 그래프 구조를 모두 활용해 사용자 및 아이템 임베딩을 생성할 수 있습니다. PinSage와 PinnerSage(참고자료 168)가 그 예입니다.

[그림 4-2]는 GCN에서 단일 노드 임베딩이 만들어지는 과정의 두 단계를 시각화한 것입니다. 점선으로 표시한 노드는 이웃 노드입니다. 이웃 노드의 정보가 컨볼루션 연산을 통해 단계적으로 처리됩니다. 각 컨볼루션 작업은 풀링pooling, 연결concatenation, 피드포워드 네트워크로 구성됩니다.

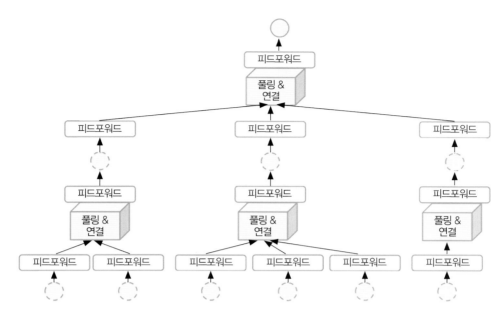

그림 4-2 GCN에서 단일 노드 임베딩이 만들어지는 과정

투 타워 아키텍처

SplitNet 또는 벡터 곱[vector-product] 모델이라고도 합니다. DNN을 각각 사용자 및 아이템 피처를 처리하는 두 하위 네트워크로 나누며 둘 사이에는 교차 피처가 없습니다. 각 네트 워크의 출력은 각각 사용자 및 아이템 임베딩을 나타내는 고정 크기 벡터입니다. 점수는 내적 또는 아다마르[adamard] 곱과 같은 다양한 유사도 함수를 사용해 계산합니다. 신규 사용 자나 아이템의 임베딩을 상호 작용 이력 없이도 독립적으로 생성할 수 있다는 이점이 주목 할 만합니다. 이는 사용자와 아이템 타워를 격리함으로써 가능한데, 신규 사용자와 아이 템이 지속적으로 유입되는 시나리오에서 특히 유용합니다. 구글(참고자료 267)과 트위터 (참고자료 254)에서 추천 후보 생성에 이 기법을 적용했습니다.

> **TIP** 추가로 읽어볼 만한 DNN 기반 기법은 다음과 같습니다.
> - SDNE: 노드 임베딩 목적 함수에 고차 근접성[high-order proximity]을 통합하는 예입니다(참고자료 240).
> - 스택 노이즈 제거[stacked denoising] 오토인코더: 더 진전된 기법으로 노드 임베딩을 학습합니다(참고자료 034).
> - 자기 지도 기법: 그래프 섭동[perturbing]과 재구성 같은 작업으로 그래프 인코더(그래프 신경망)를 학습합니다 (참고자료 257).

> **TIP** 그래프 신경망은 [참고자료 260]에서 자세히 알아보세요.

그래프 임베딩을 설명하세요.

네트워크 임베딩이라고도 알려진 그래프 임베딩^{graph embedding}은 대규모 네트워크의 노드를 컴팩트한 저차원 표현으로 변환하는 데 사용합니다.

한 가지 예는 트위터에서 개발한 커뮤니티 기반 그래프 임베딩 접근 방식인 SimClusters(참고자료 192)입니다. 이 임베딩은 트위터 전체에서 추천 후보 생성에 광범위하게 사용합니다. SimClusters 임베딩의 각 차원은 유사한 팔로워들의 클러스터인 커뮤니티로 표현됩니다. 즉, 관심사나 선호도가 비슷한 사용자 그룹을 나타냅니다. 임베딩이 만들어지는 순서는 다음과 같습니다.

1 Follow 그래프 생성

팔로워^{follower}–팔로이^{followee} (소비자^{consumer}–생산자^{producer}라고도 함[30]) 행렬을 만듭니다.

2 생산자–생산자 행렬 생성

Follow 그래프에서 생산자–생산자 행렬을 만듭니다. Follow 그래프상에서 생산자 쌍 간에 팔로워 집합이 얼마나 겹치는지가 코사인 유사도가 되도록 만듭니다.

3 KnownFor 행렬 생성

메트로폴리스–헤이스팅스^{Metropolis–Hastings} 알고리즘을 적용해 Follow 그래프를 k개의 커뮤니티로 나눠 밀도를 높입니다. 그 결과로 KnownFor 행렬이 생성됩니다. 이는 생산자–생산자 행렬의 저차원 표현이며 생산자와 특정 커뮤니티의 팔로워들 간의 유사도를 나타냅니다.

4 사용자 임베딩 계산

Follow 그래프에 KnownFor 행렬을 곱해 사용자 임베딩을 계산합니다. 이는 해당 사용자가 팔로우하는 사람을 기준으로 사용자와 각 커뮤니티(구체적으로는 해당 커뮤니티의 팔로워들) 간의 유사도를 나타냅니다. 이 임베딩은 사용자 InterestedIn 임베딩이라고도 합니다.

---

30 옮긴이_ 추천 시스템 분야에서는 소비자–생산자가 더 일반적인 용어입니다.

5 아이템 임베딩 계산

아이템(예 트윗)에 '좋아요'를 누른 사용자들의 InterestedIn 벡터를 집계해 계산합니다. 다른 상호 작용도 사용할 수 있습니다.

TIP 트위터의 SimClusters 알고리즘은 깃허브 [참고자료 224]에서 자세히 알아보세요.

또 다른 인기 있는 기법은 이종 정보 네트워크(HIN)입니다(참고자료 199). HIN을 사용하면 여러 유형의 엔터티(예 사용자, 아이템)와 이들 간의 다양한 유형의 관계(행동 상호 작용)를 포함하는 네트워크를 모델링할 수 있습니다. 이러한 네트워크에서 각 엔터티와 관계는 임베딩 벡터로 표현됩니다.

그래프 임베딩을 생성하기 위해 HIN은 소스 엔터티, 관계 유형, 대상 엔터티로 구성된 삼중항에 스코어링 함수를 적용합니다. 한 가지 접근 방식은 TransE(참고자료 025)입니다. 스코어링 함수는 소스 엔터티의 임베딩을 가져와 관계의 임베딩을 적용해 변환하고 대상 엔터티 임베딩과의 내적으로 점수를 계산합니다. 즉, 스코어링 함수는 관계로 연결된 엔터티 임베딩 간의 유사도를 포착합니다.

모델을 학습시키기 위해 HIN은 쌍별 마진 기반 랭킹 기준을 사용합니다. 이 기준의 목표는 관찰된 양성 삼중항과 관찰되지 않은 음성 삼중항을 구별하는 것입니다. 네거티브 샘플은 양성 삼중항의 엔터티 중 하나를 손상시켜 생성합니다. 트위터는 추천 후보 생성 작업에 적용할 사용자 및 아이템 임베딩을 만드는 데 HIN을 성공적으로 적용했습니다(참고자료 065).

이 외에 마이크로소프트의 LINE(참고자료 215)은 임베딩을 고려해 그래프에서 1차 및 2차 간선edge을 관찰할 확률을 최대화하는 그래프 임베딩 기법입니다. 이러한 임베딩 기법들은 모두 네트워크 노드를 저차원 공간으로 변환하는 데 효과적이고 확장 가능합니다.

규모가 매우 커지면 추천 후보 생성을 위해 모든 잠재 후보를 실시간으로 평가할 수는 없습니다. 이 문제를 어떻게 해결하나요?

대규모 추천 시스템에서 모든 잠재적 추천 후보의 점수를 실시간으로 매기기는 불가능한 경우가 많습니다. 이 문제를 해결하기 위한 기법은 다음과 같습니다.

근사 근접 이웃 Approximous Nearest Neighbors(ANN)은 널리 사용하는 접근 방식으로, 각 사용자에 대한 최선의 후보를 효율적으로 찾습니다. ANN은 점간 거리를 근사화해 고차원 공간을 효율적으로 검색합니다. ANN 구현에 널리 사용하는 기법은 다음과 같습니다.

국소성 민감 해싱Locality Sensitive Hashing(LSH)

서로 유사한 아이템을 높은 확률로 동일한 버킷에 해싱하고, 유사성이 낮은 데이터포인트는 다른 버킷에 속할 가능성이 크도록 해 고차원 공간을 효율적으로 검색할 수 있게 합니다. 인기 있는 기법인 SimHash는 무작위 투영을 합니다. 랜덤 벡터와 아이템 벡터 간 내적의 부호를 기반으로 이진 해시 코드를 생성합니다.

제품 양자화 파일 역인덱스Inverted File Index with Product Quantization(IVFPQ)

데이터를 컴팩트한 코드로 압축 및 양자화해 고차원 데이터를 처리하도록 설계됐습니다. 데이터는 먼저 부분 공간으로 분할됩니다. 각 부분 공간은 클러스터링을 통해 양자화되고 중심을 갖게 됩니다. 데이터포인트는 각 부분 공간에서 가장 가까운 중심의 코드워드에 할당됩니다. 결과 코드는 반전 파일 인덱스inverted file index에 저장됩니다. 검색하려면 쿼리 벡터에 제품 양자화기를 적용해 반전 파일 인덱스를 사용해 가장 가까운 이웃을 찾습니다.

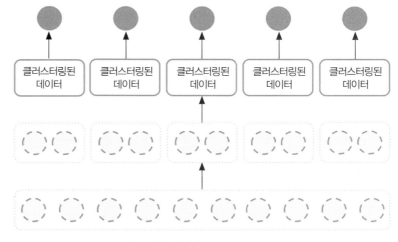

중심의 코드워드

클러스터링된 데이터

클러스터링된 데이터

클러스터링된 데이터

클러스터링된 데이터

클러스터링된 데이터

그림 4-3 제품 양자화

HNSW^{Hierarchical Navigable Small World}

고차원 아이템들의 그래프를 구성하는데, 높은 클러스터링 계수(가까운 노드끼리 연결)와 낮은 직경(임의의 두 노드 사이 최단 경로의 길이)[31]을 갖도록 함으로써 효율적인 그래프 순회가 가능합니다. 그래프는 계층적 방식으로 만들어지며 각 계층은 서로 다른 수준의 해상도를 나타냅니다(참고자료 139). 최상위 계층에는 연결점이 많은 소수의 노드가 들어 있습니다. 최상위 계층 노드는 아래 계층에 있는 노드에 연결되어 있는데 아래 계층 노드들은 연결점은 더 적지만 개수는 좀 더 많습니다. 이를 통해 효율적이고 정확한 최근접 이웃 검색이 가능합니다.

TIP 클러스터링 계수, 직경 및 탐색 NSW^{Navigable Small Worlds}가 구성되는 방법은 유튜브 동영상 [참고자료 158]에서 알아보세요.

또 다른 접근 방식은 철저한 오프라인 스코어링을 수행하고, 각 사용자 또는 아이템에 대한 상위 추천 후보 목록을 미리 계산해서 저장하는 것입니다. 이는 후보 아이템 풀이 비교적 작고 안정적인 관련 아이템 추천에 효과적입니다.

....

31 옮긴이_ 구체적으로는 임의의 두 노드 사이 최단 경로 길이의 평균을 최소화합니다.

새로 생성된 콘텐츠를 어떻게 색인화index하나요?

많은 경우 신규 콘텐츠를 모델 재학습 없이 시스템에 용이하게 통합할 수 있습니다. 다음과 같은 기법을 활용합니다.

행렬 분해

행렬 분해 접근 방식으로 신규 사용자나 아이템에 대한 임베딩을 신속하게 생성합니다. 적은 수의 행동 상호 작용 데이터만 주어지면 WALS의 한 번의 반복에 해당하는 다음 방정식을 풀어서 임베딩을 얻습니다(참고자료 050).

$$\min_{v_i \in \mathbb{R}^d} \| A_i - U v_i \|$$

A는 사용자–아이템 행렬이고 U는 임베딩 행렬이며 v_i는 신규 사용자 또는 아이템에 대한 임베딩[32]입니다.

DNN

투 타워 기법은 신규 사용자 또는 아이템의 피처를 DNN의 해당 타워에 입력해 결과로 얻은 임베딩을 저장하기만 하면 되므로 특히 깔끔한seamless 솔루션입니다. 사용자와 아이템 간 상호 의존성과 관계없이 작동[33]할 수 있도록 아키텍처를 설계한 것입니다.

그래프 임베딩

SimClusters 접근 방식에서는 커뮤니티가 미리 결정되어 있어 프로세스도 간단합니다. 사용자 임베딩을 얻으려면 팔로우 그래프를 모아서 기존의 KnownFor 행렬와 곱해 사용자의 InterestedIn 임베딩을 생성하기만 하면 됩니다. 사용자 집단 전체의 관심사는 빠르게 변하지는 않으므로 모든 커뮤니티를 대표하는 KnownFor 행렬을 자주 재학습시킬 필요는 없습니다. 아이템 임베딩을 구하는 프로세스도 마찬가지로 간단합니다. 아이템과 상

---

32 옮긴이_ 실제로는 원–핫(one–hot) 또는 인덱스 벡터입니다.

33 옮긴이_ 두 임베딩의 내적이 상호 의존성을 포착할 수 있도록 설계했다고 볼 수도 있습니다.

호 작용한 사용자들의 InterestedIn 임베딩을 집계[34]하기만 하면 됩니다.

Q 4.19 추천 후보 병합 및 정리

랭킹 단계로 넘길 추천 후보의 수가 제한되어 있다고 합시다. 서로 다른 알고리즘이 생성한 후보들을 어떻게 병합하고 추려내나요?

여러 출처 및 알고리즘으로 생성한 후보를 병합하고 추려내는 방법은 다음과 같습니다.

휴리스틱

휴리스틱을 사용해 각 알고리즘의 후보 수를 제한하거나 일부 알고리즘을 다른 알고리즘보다 우선시합니다. 이는 테스트 셋에 대한 성능이나 알고리즘에 대한 일부 사전 지식 등을 기반으로 합니다. 다만 단점은 후보 간의 상대적 품질이나 알고리즘 간의 후보 중복이 고려되지 않을 수 있다는 점입니다.

임계치 사용

알고리즘의 스코어링 함수에 의해 정의된 임곗값을 기반으로 각 알고리즘의 후보 수를 조정합니다. 다만 이 접근 방식 또한 서로 다른 알고리즘이 골라낸 후보 간의 상대적인 품질을 고려하지 않는다는 단점이 있습니다.

공용 점수

모든 알고리즘의 스코어링 함수 출력을 보정calibration함으로써 공용universal 점수를 만듭니다. 이때 헤비 랭킹 모델과 같은 교사teacher 모델을 기반으로 각 알고리즘의 점수를 정규화하는데, 이렇게 하면 모든 알고리즘을 고려하면서 각 알고리즘에서 가장 적합한 후보를 선택한다는 장점이 있습니다. 그러나 후보 생성기의 스코어링 함수가 랭킹에 최적화되어서는 안된다는 주장도 있습니다. 또 다른 단점은 보정 작업 때문에 ML 실무자의 업무량이 늘어날 수 있다는 점입니다.

---

34 옮긴이_ 보통은 (가중) 평균을 취하거나 합니다.

회귀

각 알고리즘의 스코어링 함수를 기반으로 선형 회귀를 수행합니다. 종속 변수는 헤비 랭킹의 점수와 같이 교사 모델을 기반으로 할 수 있습니다. 단점으로는 대부분의 후보가 모든 알고리즘에 의해 점수가 매겨지지는 않는다는 점과 새로운 알고리즘을 도입하는 속도가 느려질 수 있다는 점이 있습니다.

라이트 랭킹

모든 후보를 매우 빠른 라이트 랭킹 모델(사전 랭킹 모델)로 보냅니다. 사전 랭킹 모델은 컨텍스트와 사용자 선호도를 더 잘 포착하는 더 복잡한 모델과 피처를 사용합니다. 다만 단점이 있는데, 사전 랭킹 모델은 랭킹에는 최적화되겠지만 여러 후보 생성 알고리즘을 사용하는 목표 중 하나인 다양성을 확보하는 데는 효과적이지 않을 수 있습니다. 또한 모든 알고리즘에서 생성된 모든 후보를 처리하지는 못할 수도 있습니다.

후보 생성기를 사용해 순위를 매겨 추려낼 수도 있나요?

후보 생성기는 아이템 간의 점수나 유사도를 계산하지만 후보 순위를 매기는 데 사용하는 것은 권장되지 않습니다. 그 이유는 다음과 같습니다.

첫째, **여러 후보 생성기**가 시스템에서 사용될 때 각각의 점수를 직접 비교할 수 없는 경우가 있습니다. 따라서 점수를 종합해 최종 순위를 생성하려면 별도의 랭킹 모델이 필요할 수 있습니다.

둘째, 랭킹 작업은 더 작은 후보 풀을 다루게 되는데, 이렇게 함으로써 맥락과 사용자 선호도를 더 잘 포착하는 **더 복잡한 모델**과 피처를 사용할 수 있어 더욱 정확하고 개인화된 추천을 제공할 수 있습니다.

셋째, 후보 생성기가 사용하는 **스코어링 함수**는 랭킹 작업에 최적화되지 않았을 수 있습니다. 랭킹 작업은 여러 목표(예 클릭, 좋아요)에 대한 최적화, 부정적인 참여 감소와 같은 요소를 고려해야 합니다. 이를 해결하고 랭킹 목표 함수를 최적화하기 위해 별도의 랭킹 모델을 설계하게 됩니다.

사전 랭킹 모델은 무엇을 하나요?

라이트 랭킹이라고도 하는 사전 랭킹 모델은 일반적으로 헤비(또는 전체) 랭킹 모델을 단순화한 버전입니다. 상위 추천 후보 선별을 목표로 헤비 모델을 적용하기 전에 후보 순위를 빠르게 지정하는 데 사용합니다. 사전 랭킹 모델은 기본적으로 재현율이나 누적 이득^{cumulative gain}을 최적화하는 데 중점을 둡니다.

사전 랭킹 모델은 실시간 또는 대화형 애플리케이션과 같이 추천 시스템의 지연 시간이 중요할 때 사용하지만 푸시 알림과 같은 비실시간 추천 시스템에서도 유용해 전체 컴퓨팅 및 연산 주기를 절감할 수 있습니다.

후보를 신속하게 평가하기 위해 사전 랭킹 모델은 전체 랭킹 모델에 비해 축소된 피처 집합과 간단한 모델을 사용합니다. 이에 따라 일반적으로 후보의 25~90%를 제거함으로써 전체 모델에 좀 더 복잡한 구조를 사용할 수 있게 됩니다. 따라서 높은 수준의 재현율 또는 누적 이득을 유지하는 사전 랭킹 모델을 통해 시스템은 전체적으로 보다 정확한 추천 아이템을 생성할 수 있습니다.

사전 랭킹 모델은 무엇을 학습해야 하나요?

사전 랭킹 모델은 일반적으로 **지식 증류**를 사용합니다. 지식 증류는 크고 복잡한 모델(교사 모델)의 지식을 더 작고 단순한 모델(학생 모델)로 전달하는 데 사용하는 기술입니다. 학생 모델을 원래 학습 데이터로 처음부터 학습시키는 것이 아니라 교사 모델의 출력을 모방하도록 학습시킵니다.

지식 증류 과정(참고자료 012)에는 학습 중에 교사 모델의 출력(예) 확률)을 학생 모델의 목표^{target}로 사용합니다. 학생 모델은 자체 출력과 목표 출력 간의 차이를 최소화하도록 학습됩니다. 지식 증류를 통해 교사 모델은 풍부한 정보를 학생 모델로 전해주면서도 학습 속도를 빠르게 하고 리소스가 제한된 환경에 배포하기에 적합한 모델을 만들 수 있습니다.

지식 증류의 가장 큰 단점은 교사 모델에 의존한다는 점입니다. 교사 모델이 잘 학습되지 않았거나 과도하게 매개변수화됐다면 증류될 지식에도 오류가 있을 것입니다.

또 다른 접근 방식은 사전 랭킹 모델이 전체 랭커$^{full ranker}$와 마찬가지로 정답 레이블$^{ground truth label}$로 직접 학습하도록 하는 방법입니다. 다만 몇 가지 반론이 있습니다.

첫째, 사전 랭킹 단계에서 제거되는 후보가 있으므로 모든 샘플에 대한 정답 레이블을 수집하는 것은 현실적이지 않습니다. 최종 단계에서 탈락한 후보를 포함하는 학습 데이터를 수집하는 것은 가능하지만 이 경우에는 데이터셋이 상대적으로 작아지고, 특히 최종 전체 랭킹 모델이 다른 요소들도 감안해서 탐색^{exploration}을 한다는 점[35]을 생각하면 전체 추천 시스템의 성능이 저하될 수 있습니다.

둘째, 학습 데이터는 여러 요인으로 인해 전체 랭킹 작업에 편향되는 방식으로 불균형을 이룰 수 있습니다. 많은 추천 시스템에는 전체 랭커가 여러 개 있고 사전 랭킹 모델이 한 개에서 많으면 두 개까지 있습니다. 이는 사전 랭킹 모델이 앙상블의 지식을 압축해야 함을 의미합니다. 또한 전체 랭커 학습 데이터는 입력 분포를 특정 전체 랭커로 왜곡^{skew}하는 방식으로 샘플링될 수 있는데, 이는 사전 랭킹 모델의 입력 분포와 유사하지 않습니다.

셋째, 단계 간의 상관관계는 전체적으로 시스템 오류를 줄이는 데 도움이 될 수 있습니다. 또한 전체 랭커의 개선점이 자동으로 사전 랭킹 단계로 전파됩니다.

그렇지만 지식 증류 절차에 정답 레이블을 통합하는 것은 가능합니다. 예를 들어 정답 레이블을 학습 데이터에 통합하거나(참고자료 216), 학습 손실을 정답 레이블을 반영하도록 수정하거나(참고자료 091), 정답에 관한 샘플 중요도에 따라 가중치를 부여할 수도 있습니다.

Q 4.21 사전 랭킹 모델 평가 지표

사전 랭킹 모델을 어떤 지표로 평가하나요?

사전 랭킹 모델의 목표는 전체 랭킹 모델에 전달할 후보 풀이 유력 후보로 채워지도록 재현율을 최대화하는 것입니다. 이는 궁극적인 사용자 경험 등의 요소에 따라 다양한 지표로 평가할

---

35 옮긴이_ 최종 단계에서의 탐색 또는 탈락의 기준을 사전 랭킹 모델이 반드시 학습할 필요는 없다는 의미입니다. 예를 들어 기술적이지 않은 목적을 위해 최종 단계에서 일시적으로 특정 콘텐츠를 배제하거나 올림(boost) 수도 있습니다.

수 있습니다. 몇 가지 지표는 다음과 같습니다.

정규화 누적 이득 Normalized Cumulative Gain

누적 이득 비율 cumulative gain ratio 이라고도 하며, 가장 좋은 추천 후보 집합을 식별하는 모델의 능력을 평가하는 지표입니다. 이는 정규화 할인 누적 이득 normalized Discounted Cumulative Gain (nDCG) (참고자료 062) 지표와 같지만 위치 페널티가 없습니다. 이득은 전체 랭킹 예측을 기반으로 계산하는데, 특정한 종류의 참여 engagement 가능성 또는 후보 광고의 예상 매출과 같은 것을 고려하게 됩니다. 추론 시 제공되는 입찰 및 예산 계획 매개변수 같은 요소는 고려하지 않습니다.

Top-k 재현율

사전 랭킹 모델이 상위 k개 후보를 얼마나 잘 찾아내는지 평가합니다. 여기서 k는 지정된 값입니다. 예를 들어 k=1이면 두 번째나 세 번째로 좋은 후보를 놓치더라도 최상의 후보를 일관되게 찾아내는 모델의 능력을 측정합니다. 이 지표는 푸시 알림과 같이 사용자에게 하나의 추천만 제공될 때처럼 1등 후보를 반드시 올바르게 찾아야 하는 경우에 특히 의미가 있습니다.

예상 Top-k 손실

Top-k 재현율의 완화된 버전입니다. 상위 k개 후보의 이득 값 gain value 차이를 평가합니다. 모든 후보의 전체 랭킹을 매기는 대신 사전 랭킹 모델을 사용했을 때의 참여 또는 매출의 잠재적 손실을 예측하는 데 유용합니다.

Q 4.22 사전 랭킹 모델 알고리즘

사전 랭킹 모델에 적합한 알고리즘은 무엇인가요?

사전 랭킹 모델에는 휴리스틱, 로지스틱 회귀, 투 타워, 경량 DNN 등을 사용해왔습니다.

사전 랭킹 모델은 오랫동안 몇 단계에 걸쳐 발전했습니다. 처음에는 평균 예측 참여도 또는 후보 출처 및 알고리즘 인터리빙과 같은 **휴리스틱**적인 비개인화 기법이 사용됐지만, 나중에는 학습이 빠르며 지속적 학습continuous learning으로 업데이트하기 용이한 **로지스틱 회귀** 모델로 대체됐습니다(참고자료 144).

몇 년간 로지스틱 회귀가 지배적으로 쓰였지만 결국 SplitNet 또는 벡터 곱이라고도 하는 **투 타워 아키텍처**로 대체됐습니다. 이 모델은 두 개의 병렬 하위 신경망으로 구성됩니다. 한 신경망은 대상 피처를 입력받고 다른 신경망은 후보 피처를 입력받는데, 둘 사이에 교차 피처가 없습니다. 각 신경망의 출력단에서는 각각 대상 및 후보 임베딩을 나타내는 고정 크기 벡터가 나옵니다. 서빙 타임에는 임베딩을 꺼내서retrieving[36] 내적을 계산함으로써 효율적인 예측을 할 수 있습니다. 유튜브(참고자료 051), 트위터(참고자료 061), 알리바바Alibaba(참고자료 250) 등의 플랫폼에서 이 접근 방식을 성공적으로 도입했습니다.

[그림 4-4]는 투 타워 네트워크를 나타냅니다. 각 타워는 각각의 입력 피처를 가져오고 그중 희소 피처(점선 흰색 공)는 임베딩으로 변환합니다. 이러한 임베딩은 밀집된 피처(점선 연녹색 공)와 연결concatenated되어 완전 연결fully-connected 레이어로 공급됩니다. 두 타워의 마지막 레이어값들은 일반적으로 내적을 사용해 결합됩니다. 내적값을 확률로 변환하기 위해 시그모이드 함수를 적용하기도 합니다. 여기에는 다양한 변형이 있을 수 있는데, 예를 들어 트위터에서는 내적 대신 아다마르 곱을 사용했습니다(참고자료 241).

---

36 옮긴이_ 임베딩을 미리 계산해서 저장했다가 서빙 타임에는 읽어오기만 하는 경우입니다.

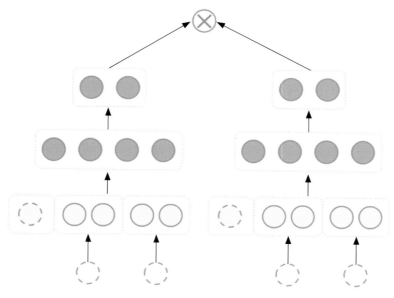

그림 4-4 투 타워 네트워크

투 타워 기법은 성공적이었지만 단점도 있었습니다. 한 가지 주요 단점은 교차 피처를 사용할 수 없다는 점인데, 이는 추천 시스템 성능 최적화에 필수이며 종종 피처 중요도 분석에서 상위에 자리합니다.

속도와 정확성 간의 균형을 취하기 위해 **경량 DNN**이 대안으로 등장했습니다. 이 모델은 캐싱과 모델 압축 같은 다양한 최적화 기술을 사용해 투 타워의 속도에 근접할 수 있습니다. 한 가지 예로 알리바바의 COLD 모델(참고자료 250)에는 모델 아키텍처의 복잡성을 동적으로 조정하기 위해 SE$^{\text{Squeeze-and-Excitation}}$(참고자료 093) 블록이 있습니다.

많은 후보를 사전 랭킹해야 한다면 모델을 어떻게 최적화하나요?

투 타워 모델(SplitNet 또는 벡터 곱 모델이라고도 함)은 서빙 타임에 추천 후보에 효율적으로 점수를 매길 수 있어 사전 랭킹에 널리 사용됩니다. 대상 임베딩과 후보 임베딩을 생성하고 내적을 수행하는 데 걸리는 지연 시간은 한 자릿수 밀리초 단위입니다.

투 타워를 더욱 최적화하기 위해 임베딩을 캐시하거나 사전 계산할 수 있습니다. 캐싱 기법에서는 후보 임베딩을 대규모 캐시에 저장할 수 있고, 대상 임베딩은 후보 생성 이전이라도 요청 처리 초기에 계산할 수 있습니다. 이는 핵심 경로critical path가 캐시 읽기 및 내적 계산으로만 이뤄지게 해 지연 시간을 줄입니다. 사전 계산 기법에서는 사용자와 후보 임베딩을 전부 오프라인으로 미리 계산해둡니다. 이 기법의 단점은 임베딩 버전 불일치 문제를 피하기 위해 모델 업데이트 시 신경을 많이 써야 한다는 점입니다. 또한 임베딩 사전 계산 주기만큼 임베딩의 업데이트가 늦어질 수 있습니다.

교차 피처를 활용할 수 없는 투 타워 모델의 정확도를 향상하기 위해 DNN을 사용합니다. 다만 기존 DNN은 일반적으로 투 타워보다 느리므로 예측 시간을 줄이려면 최적화를 해야 합니다. 최적화 기법은 다음과 같습니다.

프로세스의 모든 단계에서 병렬성을 추구합니다

랭킹 요청을 여러 쿼리로 분할합니다. 샤딩은 효율적인 캐시 전략을 유지하면서 랭킹 요청을 분산하는 방법입니다. 또 다른 기법은 피처를 동시에 가져오거나 그룹화해 피처 수화에 필요한 네트워크 호출을 최소화하는 것입니다. 배치 크기를 조정해 예측을 병렬로 실행할 수도 있습니다.

입력을 최적화합니다

피처를 연결해 밀도를 높입니다. 또한 학습 중에 대상 피처와 후보 피처의 밀집된dense 임베딩 표현을 저장함으로써 피처를 압축할 수 있습니다. 서빙할 때는 임베딩만 있으면 되므로 모델의 내부 레이어에 직접 입력해주면 됩니다. 별도의 예로, 알리바바의 COLD 모델에서는 피처가 캐시 친화적인 열 기반 형식으로 표현됩니다.

여러 수준에서 피처를 캐시합니다

피처 수화 지연 시간을 최소화하기 위해, 메모리 및 데이터 센터 수준을 비롯해 여러 수준에서 피처를 캐시해 지연 시간과 캐시 적중률^{cache hit rate} 간의 균형을 유지합니다. 대상 피처의 수화는 추천 후보 생성 이전에 일어나므로, 다른 관련 작업에 지장을 주지 않는 방식^{non-blocking}으로 교차 피처를 미리 가져올^{prefetch} 수 있습니다. 다만 모든 후보에 대해 피처를 가져올 수는 없으므로 상위 k개 후보의 피처만 가져오고 나머지 후보의 교차 피처는 후보 생성 후 백필^{backfill}할 수 있습니다. 지연 시간이 중요한 경우에는 포기할 수도 있지만 정확성에 손실이 생깁니다.

모델 아키텍처를 최적화합니다

정확성을 유지하면서 모델 크기와 계산 복잡성을 줄이는 최적화도 가능합니다. 여기에는 양자화, 가지치기^{pruning}, 낮은 랭크 분해^{low-rank factorization}와 같은 모델 압축 기술을 널리 사용합니다. 또한 알리바바 COLD 모델에 도입된 SE 블록과 같이 효율적인 모델 아키텍처를 적용할 수 있습니다.

Three-way split network

위 개념들과 투 타워 모델을 결합하는 아이디어입니다. 이 기법은 대상, 후보, 교차 피처에 대해 학습할 수 있습니다. 대상이나 후보에 대한 임베딩은 투 타워 모델의 표준 기법 중하나를 사용해 얻습니다. 또한 앞서 설명한 방식으로 교차 피처를 미리 가져오거나 백필할 수 있습니다. 이렇게 하면 모델 서버에 예측 호출을 하지 않고 빠르게 내적을 계산할 수 있습니다.

앞서 언급한 기법으로 원하는 결과를 얻을 수 없는 경우 쌍별 모델 점수를 캐시하거나 오프라인으로 모두 미리 계산해둘 수도 있습니다. 다만 이러한 방법에는 몇 가지 단점이 있습니다. 점수를 캐시하는 데 상당한 스토리지 비용이 발생할 수 있으며 TTL^{Time-To-Live}이 낮다면 만족스러운 캐시 적중률이 나오지 않게 됩니다. 또한 오프라인으로 점수를 미리 계산하는 경우에는 데이터 분포의 변화를 따라가지 못하는 지연 현상이 발생하기도 합니다.

어떤 피처를 사용해야 하며 그 이유는 무엇인가요?

추천 시스템의 랭킹 모델에는 다양한 피처를 사용할 수 있으며 주요 피처 유형은 다음과 같습니다.

- 대상target 피처: 사용자를 나타내는 피처
- 후보candidate 피처: 사용자가 관심을 가질 만한 아이템을 표현하는 피처
- 교차crossing 피처: 사용자와 아이템 간의 상호 작용을 표현하는 피처

수치형 피처는 업계 추천 시스템 전반에서 많이 사용하며 일반적으로 사용자의 이전 상호 작용과 같은 이력historic 피처의 형태로 사용합니다. 이력 피처가 가장 중요한 피처인 경우가 많습니다(참고자료 089).

이력 피처에 관해서는 다양한 옵션을 사용할 수 있습니다. 예를 들어 원본raw 누적 횟수, 경과시간에 따라 감소시킨decayed 횟수[37], 기간 창window 적용 횟수[38], 기간, 비율, 이벤트 후 경과 시간, 'Y 기간동안 X를 했는지 여부'와 같은 이진 횟수 피처 등이 있습니다.

대상 피처를 설명하세요.

사용자를 표현하는 피처에는 연령, 성별, 언어와 같은 인구 통계학적 요소뿐 아니라 관련 키워드, 임베딩으로 표현될 수 있는 사용자의 관심사가 있습니다.

또한 요청 수준request-level 피처라는 것이 있는데 여기에는 콘텐츠가 사용자 인터페이스의 어느 페이지에 표시되는지, 쿼리값(존재한다면)[39], 사용 기기, 클라이언트, 이동통신사, 사용자의 네트워크 상태, 지리적 위치, 시간대, 요일 등이 포함됩니다.

사용자의 과거 행동을 나타내는 수치형 피처도 있습니다. 예를 들어 얼마나 자주 사용했는지, 언제 마지막으로 사용했는지, 콘텐츠를 얼마나 소비했는지 등입니다. 이러한 피처는 과거 참여

---

37 옮긴이_ 발생 후 시간이 오래 지날수록 가중치를 적게 주는 방식으로 집계한 횟수입니다.
38 옮긴이_ 지난 1일간, 1주일간, 1달간, 1년간 등으로 집계한 횟수입니다.
39 옮긴이_ 사용자가 검색 쿼리를 입력하는 경우입니다.

와 최근 참여를 모두 포착합니다. 또한 플랫폼상 사용자의 존재감을 나타내는 수치형 피처(예 구독자 수)도 있습니다.

임베딩 피처 또한 일반적으로 사용됩니다. 사용자 자체를 나타내는 임베딩, 사용자의 최근 참여 이력을 구성하는 콘텐츠에 대한 임베딩, 추천 내용의 시발점이 된 콘텐츠의 임베딩, 사용자의 구독자 임베딩 등이 있습니다.

광고 수익 모델에는 평균 입찰 심도$^{bid\ depth}$, 입찰가, 클릭률, 유효 노출률$^{fill\ rate}$[40], 벙글^{Vungle} 등의 플랫폼이 제공하는 네트워크 가치 등의 피처가 추가로 포함됩니다.

후보 피처를 설명하세요.

우선, 콘텐츠의 정적 특성에는 ID, 카테고리, 텍스트 및 미디어에서 추출한 피처, 크기, 형식 등이 있습니다. 작성자 및 광고주의 정적 특성으로 광고주 유형 및 규모도 있습니다.

대상 피처와 마찬가지로 후보 피처도 콘텐츠의 최신성, 과거 및 최근 참여와 같은 수치형 피처를 많이 포함합니다. 콘텐츠 자체와 콘텐츠 카테고리 등을 나타내는 임베딩 피처도 있습니다. 유사한 피처를 콘텐츠 작성자, 광고주, 광고 캠페인에 대해 사용할 수도 있습니다.

광고 수익 모델은 광고 상품 유형, 입찰 유형, 통화^{currency}와 같은 메타데이터 피처를 사용합니다. 또한 광고하는 제품에 관한 피처도 있습니다. 예를 들어 모바일 앱 프로모션이라면 앱 세부 정보, 설치 횟수, 카테고리 등에 관한 피처가 있습니다.

교차 피처를 설명하세요.

교차 피처는 사용자와 콘텐츠, 사용자와 콘텐츠 작성자 간의 과거 및 최근 상호 작용을 포착하는 데 중요한 역할을 합니다. 광고의 경우 이러한 피처는 사용자와 광고 자체, 광고 캠페인 및 광고주와의 상호 작용을 담을 수 있습니다. 예를 들어 '사용자가 이 작성자의 콘텐츠를 얼마나 소비했는지', '사용자가 이 작성자의 콘텐츠를 언제 마지막으로 사용했는지', '사용자가 이 광고, 캠페인 또는 광고주와 몇 번이나 상호 작용했는지' 등이 있습니다.

---

40 유효 노출률은 총 광고 요청 수 대비 표시(impress)된 광고 수의 비율로 정의됩니다.

또한 모델 아키텍처 내에서 내적을 통해 피처를 교차시킬 수 있습니다. 일반적인 방법 몇 가지는 다음과 같습니다.

명시적 교차

주로 로지스틱 회귀에 사용하며 구글의 와이드 앤 딥^{Wide & Deep}(참고자료 046)에서도 찾아볼 수 있습니다. 명시적 교차로 많은 피처를 생성할 수 있으므로 도메인 지식이나 피처 선택 알고리즘을 사용해 교차 피처의 수를 제한하는 것이 중요합니다.

임베딩 교차

입력 전처리에 의해 생성된 임베딩으로부터 교차 피처가 만들어집니다. 화웨이^{Huawei}의 DeepFM(참고자료 080), 페이스북의 DLRM(참고자료 157)과 같은 추천 시스템에서 이 기술을 사용했습니다.

딥 크로싱

구글의 딥 앤 크로스 네트워크^{Deep & Cross Network}(DCN)(참고자료 243)와 DCN v2(참고자료 244)에서 사용하는 기술입니다. 각 교차 레이어는 이전 단계 교차 레이어의 출력과 입력단(첫 레이어)의 임베딩 연결^{concatenation} 간의 상호 작용의 함수입니다.

> **TIP** 다음 자료에서 업계의 추천 시스템에서 일반적으로 사용하는 피처를 자세히 알아보세요.
> - 트위터: 「텐서플로를 이용한 트윗 랭킹」(참고자료 289)
> - 스포티파이: 「음악 콘텐츠의 그래프 기반 귀납적 표현의 다중 작업 학습」(참고자료 191)
> - 알리바바: 「누구도 소외시키지 않기: 광고주 모델링을 위한 다중 시나리오 다중 작업 메타 학습 접근 방식」 (참고자료 275)
> - 콰이쇼우^{Kuaisho}: 「모바일 기기에서의 숏폼 영상 실시간 추천」(참고자료 072)
> - 유튜브: 「유튜브 추천을 위한 심층 신경망」(참고자료 051)

텍스트 또는 ID 기반 피처를 어떻게 사용하나요?

심층 신경망(DNN)에는 텍스트 및 ID 기반 피처를 전처리하는 다양한 방법이 있습니다. 그 예는 다음과 같습니다.

원-핫 인코딩

입력의 카디널리티가 낮을 때 사용할 수 있습니다. 텍스트의 경우에는 어휘^{vocabulary}라고 하고 ID 기반 피처의 경우에는 아이덴티티^{identity}라고도 합니다. '낮은 카디널리티'의 대략적인 기준은 고유한 값이 데이터셋 크기의 20% 또는 크기의 제곱근보다 작은지 여부입니다(참고자료 226).

해싱 트릭

입력의 카디널리티가 높다면 해싱 트릭을 적용해 입력 벡터의 차원을 줄일 수 있습니다. 해시 함수를 피처에 적용해서 결과 해시값을 인덱스로 사용합니다. 메모리를 덜 소비할 뿐 아니라 입력 벡터의 정의나 모양을 변경하지 않고도 모델이 신규^{unseen} 값에 대해 대응할 수 있도록 합니다. 다만 해시 충돌이 발생할 수 있습니다.

임베딩

범주형 피처를 저차원 공간에서 연속값 벡터로 표현하는 데 사용합니다. 임베딩은 입력값 간의 관계를 포착하는 것이 중요[41]할 때(예 추천 시스템) 특히 유용합니다. 다만 과도하게 일반화될 수 있다는 문제가 있는데, 특히 희소하고 랭크가 높은 ID 기반 피처의 경우에 그렇습니다.

임베딩은 실제로 널리 사용하는 기술입니다. 구글의 와이드 앤 딥과 페이스북의 DLRM 추천 시스템은 모든 범주형 기능에 임베딩을 적용합니다. 일반적으로는 입력 피처당 하나의 임베딩

---

41 옮긴이_ 임베딩 대상 피처의 값끼리 유사도를 논할 수 있는 경우를 의미합니다. ID 기반 피처의 경우, ID는 기호에 불과하므로 그 자체로는 ID 간의 멀고 가까움을 논할 수 없습니다. 이 경우에는 임베딩 공간이 불필요한 의미를 갖게 될 수 있습니다. 이를 두고 저자는 '과도하게 일반화'된다고 설명했습니다.

을 사용하며, 차원은 보통 5와 100 사이로 설정되는데 최댓값은 입력의 고유한 값 개수의 제곱근입니다.

Q 4.26 횟수 기반 피처

횟수 기반 피처를 어떻게 사용하며 어떤 문제가 있을 수 있나요?

횟수^{counting} 기반 피처의 값은 상당히 커질 수 있으므로 어떤 방식으로든 표준화하는 것이 중요합니다. 그렇지 않으면 학습 프로세스에서 여러 문제가 발생할 수 있습니다. 예를 들어 입력 피처 간에 값의 범위가 상당히 차이가 나면 손실값이 진동해 학습이 느려지거나 불안정해집니다. 또한 모델이 데이터의 노이즈에 취약해져 신규 데이터에 대한 성능이 저하됩니다.

DNN을 위한 수치형 피처를 전처리하는 몇 가지 방법은 다음과 같습니다.

로그 변환

자연 로그나 피처값에 1을 더한 로그(log1p)를 적용합니다. 계산이 효율적이며 거듭제곱법칙$^{power\ law}$ 분포를 갖는 피처에 특히 적합합니다. 다만 음숫값을 처리할 수 없습니다.

z-점수 스케일링

각 값에서 평균값을 빼고 표준 편차로 나눠 표준 점수로 변환합니다. 정규 분포를 갖는 피처라면 0-중심이 된다는 이점이 있으며 이상치가 극단적이지 않은 경우에 적합합니다. 다만 데이터셋이 크면 계산 비용이 높아 샘플링이 필요할 수 있습니다.

버키팅

구간화^{binning} 또는 이산화^{discretizing}라고도 알려져 있으며 각 수치형 피처를 개별 구간으로 분할합니다. 분위수^{quantile} 경계를 사용하거나 최소 설명 길이$^{Minimum\ Description\ Length}$ (MDL) (참고자료 068) 등을 적용할 수 있는데, 후자는 정보 이득을 활용해 최적의 분할을 찾습니다. 피처 분포에 왜곡이 있는^{skewed} 데이터셋에 유용합니다. 다만 이 접근 방식에는 정보 손실이 있습니다.

클리핑

피처값의 범위를 정해진 상하 임곗값 사이로 제한합니다. 이 전략은 이상치가 극단적인 시나리오에서 특히 유용하며 다른 전처리 기술과 함께 사용하는 경우가 많습니다.

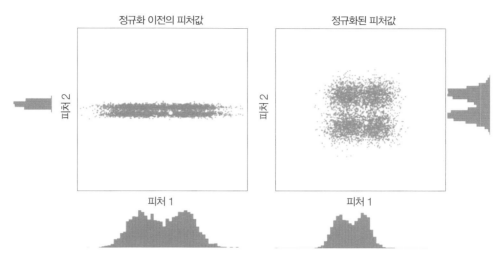

그림 4-5 Z−점수 스케일링(정규화)을 적용하면 x축과 y축의 피처는 동일한 스케일을 갖게 됨(출처: 참고자료 175).

복수의 전처리 기술을 적용할 수도 있습니다. 여러 기법을 결합해서 적용하거나 하나의 피처로 버키팅 버전과 z−점수 스케일링 버전을 모두 생성하는 등 복수의 버전을 만드는 방법도 있습니다.

네 가지 기술 모두 실무에서 사용됩니다. 예를 들어 구글의 와이드 앤 딥은 z−점수 스케일링을 사용하고, 화웨이의 DeepFM은 버키팅을 사용하며, 구글의 딥 앤 크로스 네트워크는 로그 변환을 사용합니다. 이 모델들의 경우 모든 수치형 피처에 동일한 전처리 기술을 적용했다는 점은 주목할 만합니다.

수치형 피처를 전처리하는 또 다른 방법으로, 다층 퍼셉트론multilayer perceptron (MLP)을 피처에 직접 적용해서 은닉층의 출력을 나머지 네트워크 레이어의 입력으로 사용할 수도 있습니다. 이 접근 방식은 업계에서 널리 채택되지는 않지만 페이스북의 DLRM 추천 시스템에서 사용됐습니다.

TIP 다양한 수치형 전처리 기술을 얼마나 이해했는지 시험해보려면 구글의 데이터 전처리 강의 [참고자료 227]에서 제공하는 퀴즈를 풀어보세요.

4.27 헤비 랭킹 모델 학습

헤비 랭킹 모델은 무엇을 학습해야 하나요?

추천 시스템에서 랭킹 모델은 사용자와의 관련성을 기준으로 추천 후보에 순위를 매기는 데 사용됩니다. LTR$^{Learning-to-Rank}$은 데이터를 사용해 랭킹 모델을 학습시키는 프로세스입니다.

추천 시스템에 사용하는 랭킹 모델에는 포인트별^{pointwise}, 쌍별^{pairwise}, 목록별^{listwise}이라는 세 가지 주요 유형이 있습니다.

포인트별

각 추천 후보에 대해 단일 관련성 점수를 예측하고 이 점수를 추천 후보에 순위를 매기는 데 사용합니다. 손실 함수로는 시그모이드 교차 엔트로피를 널리 사용합니다. 포인트별 모델은 구현하기 쉽고 확장하기 좋지만, 후보 간의 관계와 사용자 관련성 측면에서의 후보 간 상호 비교를 담지 못한다는 단점이 있습니다. 그럼에도 많은 응용 분야에서 널리 사용됩니다.

쌍별

상대적으로 선호되는 후보와 그렇지 않은 후보를 구별합니다. 이 모델은 한 번에 두 후보를 비교해서 사용자가 어느 후보를 선호할지 예측하는 방법을 학습합니다. 지시 함수 $^{indicator function}$[42] 기반의 쌍별 로지스틱 손실 함수가 일반적으로 사용됩니다. 쌍별 접근 방식을 사용하면 랭킹 모델이 추천 후보에 대한 상대적 선호도를 학습할 수 있으며, 이는 인간의 순위 지정 특성과 더 일치합니다. 쌍별 랭킹 모델은 실제 적용 사례 일부(예 구글(참고자료 170), 텐센트^{Tencent}(참고자료 184))에서 포인트별 모델보다 성능이 뛰어났지만 학습 및 서빙[43]에 드는 비용이 더 높습니다.

목록별

쌍별 비교 또는 단일 아이템 예측 대신 전체 목록을 고려하는 함수를 최적화합니다. 널리

---

42 옮긴이_ '지표 함수'로 번역하기도 합니다.
43 옮긴이_ 기본적으로는 서빙 시에도 가능한 후보 쌍을 모두 비교해야 하기 때문입니다.

사용하는 목록별 손실 함수는 ListNet(참고자료 035)과 ListMLE(참고자료 262)입니다. ListNet은 예측 순위와 이상적인 순위 간의 쿨백–라이블러 발산(KLD)을 최적화하는 확률적 손실 함수입니다. 반면 ListMLE는 이상적인 순위의 확률을 최대화하는 최대 가능도 기반 손실 함수입니다. 목록별 랭킹 모델을 효과적으로 학습시키려면 상당히 많은 학습 데이터와 계산 리소스가 필요합니다.

TIP 텐서플로 라이브러리를 사용하면 기본 코드를 최소한으로 수정해 접근 방식(참고자료 126) 간에 용이하게 전환할 수 있습니다.

Q 4.28 헤비 랭킹 모델 알고리즘

헤비 랭킹 모델에 적합한 알고리즘은 무엇인가요?

포인트별 LTR 모델은 추천 시스템에서 개별 사용자에 대한 아이템의 관련성을 예측하는 데 널리 사용됩니다. 업계에서 포인트별 모델이 어떻게 발전했는지 요약하면 다음과 같습니다.

로지스틱 회귀

로지스틱 회귀는 단순성과 해석 가능성으로 인해 오랫동안 포인트별 랭킹 모델에 널리 사용됐습니다(참고자료 002). 구현이 쉽고 확장이 용이하며 지속적 학습을 통해 효율적으로 업데이트할 수 있습니다.

그래디언트 부스팅

트리 기반 모델은 비선형 피처 상호 작용을 포착하고 누락된 값을 처리하는 성능으로 오랫동안 인기를 얻었습니다(참고자료 263). 그중 XGBoost는 의사 결정 트리를 기본 모델로 사용하고 미분 가능한 손실 함수를 최적화해 예측 오류를 최소화하는 그래디언트 부스팅 알고리즘입니다. XGBoost는 많은 실제 애플리케이션에서 로지스틱 회귀나 랜덤 포레스트 같은 기존 ML 알고리즘보다 성능이 뛰어났습니다(참고자료 011).

하이브리드

한동안 추천 시스템에서 부스팅 트리와 로지스틱 회귀가 함께 사용됐습니다. 부스팅 트리는 피처 간의 복잡한 비선형 관계를 포착합니다. 루트에서 리프 노드까지의 경로가 이진화된 파생 피처인 셈입니다. 이렇게 파생된 피처를 선형 분류기에 입력하면 해당 경로에 해당하는 가중치를 학습하게 됩니다. 링크드인, 페이스북(참고자료 089) 등에서 이 접근 방식을 성공적으로 구현했습니다.

심층 신경망(DNN)

최근 업계에서는 포인트별 랭킹 모델 알고리즘으로 DNN을 가장 널리 사용합니다(참고자료 083). DNN은 입력 피처와 출력 레이블 간의 복잡한 비선형 관계를 학습할 수 있는 강력한 모델입니다. 성능 포화 없이 방대한 데이터를 처리할 수 있으며 특정 문제 도메인에 맞게 조정할 수 있으므로 광범위한 작업에서 다른 ML 알고리즘을 능가합니다.

Q **4.29** 랭킹 모델 아키텍처

모델 아키텍처가 어떤 모습일지 설명하세요.

로지스틱 회귀는 단순성, 확장성, 해석 가능성이 있어 실무 규모 추천 시스템에서 널리 사용돼 왔습니다. 희소 피처는 원-핫 기법으로 이진화 인코딩되어 로지스틱 회귀 모델에 사용됩니다. 기억memorization 효과를 내기 위해 희소 피처를 교차시켜 사용하는 경우가 많은데 이는 수동 피처 엔지니어링이 필요하다는 단점이 있습니다. 또한 로지스틱 회귀 모델은 데이터에서 복잡한 패턴을 포착하기에 용량capacity이 제한된 면이 있었습니다.

이어서 로지스틱 회귀 모델보다 일반화 능력이 높은 모델을 만들기 위해 **DNN**이 도입됐습니다. DNN은 각 피처에 대한 저차원 밀집 임베딩 벡터를 학습해 사용합니다. 이 방식에 따라 피처 엔지니어링을 사람(작업자)이 직접 해야 하는 부담이 크게 줄었습니다. 그러나 DNN은 (특히 틈새niche 아이템의 경우) 대상-아이템 피처 간의 희소한 상호 작용에 대한 효과적인 저차원 표현을 학습하는 데 어려움이 있습니다.

따라서 구글은 **와이드 앤 딥 아키텍처**(참고자료 046)를 도입했습니다. 이는 선형 모델과 DNN의 조합을 사용해 단일 모델로 기억 효과와 일반화 능력을 모두 얻는 방법으로, 포인트별 랭킹 모델에 다음과 같은 흐름을 촉발시켰습니다. 구글의 딥 앤 크로스 네트워크(참고자료 243), DCN v2(참고자료 244)와 같은 교차 모델과 인수 분해 기계Factorization Machine(FM)를 사용하는 DeepFM(참고자료 080), xDeepFM(참고자료 124)과 같은 기법입니다. 이러한 모델은 선형 및 신경망 접근 방식의 장점을 결합하기 위해 피처 간 상호 작용을 포착할 수 있도록 추가 기법을 도입합니다. 그 결과 데이터의 복잡한 패턴을 포착할 수 있는, 매우 유연하고 표현력이 뛰어난 모델이 탄생합니다.

[그림 4-6]은 DeepFM 네트워크를 단순하게 표현한 모습입니다. 내적 유닛은 피처들의 2차 상호 작용을 포착하는데 실제 DeepFM 네트워크에는 1차 피처를 포착하는 덧셈 유닛도 있습니다. [그림 4-7]은 DCN과 DCN v2를 나타냅니다. 각 교차 레이어는 이전 교차 레이어와 임베딩 레이어 간의 상호 작용 함수입니다. DCN v2에서 교차 레이어는 아다마르 곱을 사용해 상호 작용을 모델링합니다.

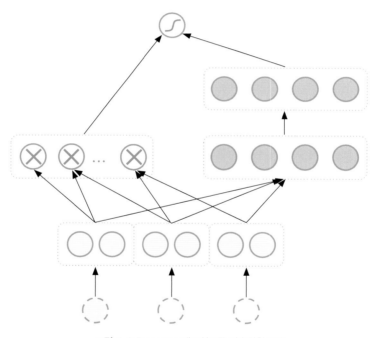

그림 4-6 DeepFM 네트워크를 단순화한 모습

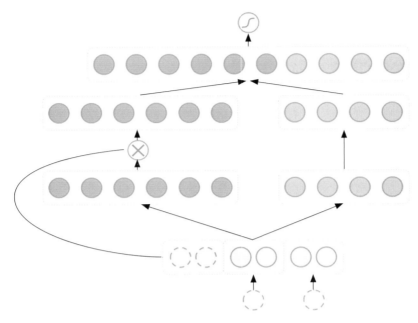

그림 4-7 DCN 및 DCN v2

최근에는 포인트별 랭킹 모델을 위한 **다중 작업 학습**^Multi-Task Learning (MTL) 접근 방식이 관심을 끌고 있습니다. 한 가지 예는 게이팅^gating 메커니즘을 사용해 다양한 작업이나 목표에 특화된 여러 하위 모델을 학습시키는 MMoE^Multi-gate Mixture-of-Experts (참고자료 133) 접근 방식입니다. 이 기법은 동시에 여러 작업을 학습하는 데 효과적입니다. 예를 들어 하나의 모델이 클릭 수와 좋아요 수를 모두 최적화하는 방법을 학습할 수 있습니다.

[그림 4-8]은 다중 작업 학습을 위한 MMoE 모듈을 나타냅니다. 각 작업은 전문가^expert 결과를 결합하기 위해 서로 다른 게이트를 사용합니다. 그림에는 전문가 타워 두 개가 있고 게이트는 소프트맥스 함수로 표시되지만 가중합과 같은 다른 구현도 있습니다. 하단 레이어는 입력 피처와 임베딩의 연결일 수도 있고 [그림 4-7]의 DCN의 출력층과 같은 피처 상호 작용의 결과일 수도 있습니다.

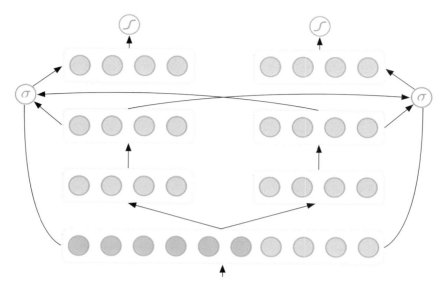

그림 4-8 다중 작업 학습을 위한 MMoE 모듈

최근 몇 년 사이 어텐션 기반 모델과 트랜스포머 기반 모델이 포인트별 랭킹 모델에 대한 강력한 기법으로 떠올랐습니다. 이러한 모델은 피처 간의 장거리 종속성을 포착할 수 있게 설계됐으며 사용자 행동(과거 상호 작용, 최근 상호 작용, 실시간 상호 작용)과 같은 시퀀스를 표현하는 데 사용할 수 있습니다. 관련 핵심 용어는 다음과 같습니다.

어텐션 메커니즘

신경망에서 사용하는 기술로, 입력 데이터에서 관련 정보가 있는 부분에 집중하기 위해 사용합니다. 어텐션 메커니즘은 쿼리, 키, 밸류라는 세 가지 요소로 구성되며 구체적으로는 다음과 같습니다.[44]

- 쿼리 벡터: 입력 요소를 나타냅니다(예 사용자의 현재 상호 작용).
- 키 벡터: 주의[attention]를 집중하려는 요소를 나타냅니다(예 사용자의 이전 상호 작용).
- 밸류 벡터: 키 요소에 대해 추출하려는 정보를 나타냅니다(예 키의 상호 작용의 의미[semantics] 요소).

---

44 옮긴이_ 저자가 여기서 트랜스포머 쿼리/키/밸류에 대해 설명하는 방식은, 추천 시스템의 특정한 맥락에서의 해석을 바탕으로 합니다. 따라서 트랜스포머에 관해 사전지식이 있거나 추천 시스템에 익숙하지 않은 독자에게는 혼동을 유발할 가능성이 있습니다.

유사도 점수

쿼리와 키는 유사도 점수similarity score를 계산하는 데 사용됩니다. 계산된 점수는 각 요소에 얼마나 집중해야 하는지를 나타냅니다. 이는 일반적으로 내적을 사용해 수행됩니다.

소프트맥스 함수

결과 유사도 점수에 소프트맥스 함수를 적용해 키에 관한 확률 분포를 만듭니다. 이는 각 키가 쿼리와 얼마나 상관이 있는지를 나타냅니다. 만들어진 소프트맥스 분포는 각 키에 관한 정보를 나타내는 밸류 벡터에 가중치를 부여하는 데 사용됩니다. 그런 다음 가중치가 곱해진 밸류 벡터들을 합산해 현재 입력에 대한 어텐션 레이어의 출력을 생성합니다. 이 출력값은 추가 처리를 위해 피드포워드 네트워크로 전달됩니다.

멀티헤드 어텐션

복수의 쿼리, 키, 밸류 벡터 집합을 만들어 사용합니다. 각 헤드별로 쿼리, 키, 밸류 벡터들을 만들기 위한 임베딩 행렬이 따로 사용됩니다. 이에 따라 어텐션 메커니즘이 입력 요소 간의 다양한 상호 작용 집합을 포착할 수 있게 됩니다.

[그림 4-9]는 셀프 어텐션self attention 레이어와 기계 번역Machine Translation (MT) 등에 사용하는 교차 어텐션 레이어를 나타냅니다.

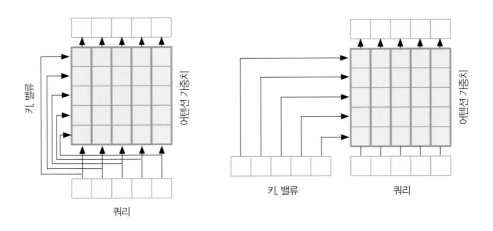

그림 4-9 셀프 어텐션 레이어(왼쪽), 교차 어텐션 레이어(오른쪽)(출처: 참고자료 159)

결과적으로 최신 포인트별 LTR 모델의 아키텍처 구성 요소는 일반적으로 다음과 같습니다. 모델 하단부부터 설명하겠습니다.

1 임베딩과 같은 피처 표현이 입력됩니다.

2 어텐션 네트워크는 사용자의 과거 행동과 같은 순차적 정보를 포착합니다.

3 피처 상호 작용은 딥 교차$^{deep\ crossing}$(DCN, DCN v2) 또는 임베딩 교차(DeepFM, xDeepFM, DLRM)의 형태로 만들어집니다.

4 임베딩들을 연결^{concatenation}합니다.

5 다중 작업 학습에서 네트워크는 여러 분기로 나눠지며, 종종 MMoE나 PLE$^{Progressive\ Layered\ Extraction}$ 계층을 활용해 목표 간에 매개변수를 공유합니다.

6 심층 신경망은 일반적으로 64~1024개의 은닉 뉴런이 있는 은닉층 2~3개로 구성된 MLP입니다.

7 손실은 일반적으로 시그모이드 교차 엔트로피 손실이지만 항상 그런 것은 아닙니다.

모든 랭킹 모델이 이 구성 요소를 다 포함하지는 않지만 1, 4, 6, 7은 있어야 합니다. 다중 작업 학습에 어텐션, 교차, 분기를 포함할지 여부는 ML 실무자의 재량이며 주어진 문제에 따라 다릅니다.

다음은 업계에서 선택한 랭킹 모델을 정리한 표입니다.

회사	제품	아키텍처	출처
유튜브	영상 추천	MMoE를 통한 다중 작업	「다음에 볼 영상 추천: 다중 작업 랭킹 시스템」(참고자료 283)
링크드인	홈페이지 피드	다중 작업 학습	「텐서플로를 이용한 홈페이지 피드 다중 작업 학습」(참고자료 002)
텐센트	칸디앤^{Kandian} 피드	대조 공유 네트워크$^{contrastive\ sharing\ network}$를 통한 다중 작업	「다중 작업 추천을 위한 대조 공유 모델」(참고자료 013)
스포티파이	음악 추천	다중 작업 학습	「음악 콘텐츠의 그래프 기반 귀납적 표현의 다중 작업 학습」(참고자료 191)
스냅챗	광고 랭킹	딥 교차-PLE를 통한 다중 작업	「스냅챗 광고 랭킹을 위한 머신러닝」(참고자료 136)

바이트댄스	바이트플러스 BytePlus 추천	임베딩 교차(인수 분해 기계)	「모놀리스: 비충돌 임베딩 테이블을 이용한 실시간 추천 시스템」(참고자료 131)
알리바바	타오바오 제품 추천	어텐션 네트워크–다중 작업 학습	「타오바오에서의 다중 목적 개인화 제품 검색」 (참고자료 285)
화웨이	뉴스 추천	어텐션 네트워크–다중 작업 학습	「뉴스 추천을 위한 BERT 활용 다중 작업 학습」(참고자료 019)
홈디포	제품 추천	트랜스포머–다중 작업 학습	「대규모 및 콜드 스타트 없는 세션 기반 추천을 위한 메타데이터 인식 다중 작업 트랜스포머」(참고자료 197)
콰이쇼우	영상 추천	어텐션 네트워크–MMoE를 통한 다중 작업	「모바일 기기에서의 숏폼 영상 실시간 추천」 (참고자료 072)
마이크로소프트	뉴스 추천	어텐션 네트워크	「사전 학습 언어 모델을 이용한 뉴스 추천 강화」(참고자료 256)

Q 4.30 랭킹 모델 예측값 보정

모델 예측값을 보정해야 한다면 어떻게 하나요?

소비자향 추천이나 검색 랭킹 문제에서는 일반적으로 모델의 예측 점수로 아이템의 상대적 순위를 결정합니다.

그러나 온라인 광고에서 광고 플랫폼은 광고 클릭이나 광고 노출impression, 즉 광고가 표시되는 횟수에 따라 광고주에게 비용을 청구할 수 있습니다. 한편 광고주는 특정한 전환conversion 이벤트를 유도하는 등의 다른 목표를 염두에 두고 있을 수도 있습니다(참고자료 231). 예를 들어 사용자가 모바일 앱을 설치하거나 웹사이트에서 구매하기를 원하는 경우가 있습니다.

따라서 광고 플랫폼이 사용하는 청구 기준과 광고주의 목표 간에 불일치가 발생하기도 합니다. 예를 들어 광고주는 전환 이벤트를 기준으로 입찰하지만 광고 비용은 노출 기준으로 청구되는 경우입니다. 이에 따라 광고주의 목표인 전환 이벤트로 이어지지는 않는 노출에 대해 비용을 지불하게 되어 광고 비용이 낭비되고 ROI가 낮아집니다.

보정된 예측은 광고주의 비용과 플랫폼의 수익에 직접적인 영향을 미치므로 매우 중요합니다. 모델이 예측한 총 참여 수가 모든 광고 제품의 총 실제 참여 수와 거의 일치하도록 예측을 보정해야 합니다.

랭킹 모델이 학습 데이터에 대해 이론적으로 잘 보정되더라도 프로덕션 환경에서 반드시 잘 보정되지는 않습니다. 여기에는 여러 가지 이유가 있습니다.

첫째, 교차 엔트로피 손실을 기준으로 하는 보정은 학습 중에 확인된seen 데이터 분포에만 해당됩니다. 모델이 실제로 배포되면 학습 중에 보지 못한 새롭고 다른 유형의 데이터를 만날 수 있습니다. 이에 따라 본 적 없는unseen 데이터에서 보정 문제와 성능 저하가 발생하기도 합니다.

둘째, 모델은 교차 엔트로피 손실이 아닌 손실 함수로 학습됐을 수도 있습니다. 그런 경우에는 이론적 보정 효과가 동일하지 않을 수 있으므로 프로덕션 환경에서 보정하기가 더욱 어려울 것입니다.

셋째, 광고 마켓플레이스에서 여러 광고주가 동일한 게재 위치에 입찰하는 경우 일반적으로 입찰가와 관련성 점수의 조합이 가장 좋은 광고가 선택됩니다. 그런데 랭킹 모델의 관점에서 봤을 때 경매 승자의 점수가 다른 후보보다 상당히 높을 때가 많습니다. 선택된 후보의 점수에 이러한 이상치가 있다면 결과적으로 모델이 과보정over-calibrated됩니다.[45]

광고 플랫폼의 랭킹 모델이 프로덕션 환경에서 잘 보정되도록 보정 레이어를 적용할 수 있습니다. 보정 레이어를 적용해 모델의 예측 점수를 광고 시스템의 궁극적인 목표인 참여의 예상 횟수와 더 일치하도록 조정합니다.

보정 레이어는 일반적으로 플랫Platt 스케일링이나 등장성 회귀isotonic regression 같은 간단한 기법을 사용합니다. 랭킹 모델에서 예측 점수를 받아서 광고 게재에 사용될 보정값을 생성합니다.

플랫 스케일링

랭킹 모델에서 생성된 예측 점수에 로지스틱 회귀 모델을 적용한다는 아이디어를 기반으로 합니다.

---

45 옮긴이_ 지나치게 높은 승자의 이상치 스코어를 학습해버린다는 의미입니다. 저자는 왜 그런 이상치가 발생하는지까지는 설명하지 않았습니다.

등장성 회귀

로지스틱 분포를 가정하는 플랫 스케일링과 달리 비모수적^{non-parametric} 계단 함수^{piecewise-constant function}를 예측 점수에 적용합니다. 각 구간의 높이는 보정 데이터셋의 실제 점수와 예측 점수 간의 차이 제곱의 합을 최소화하도록 선택됩니다.

프로덕션 환경에서 보정 손실 지표를 사용해 모델 성능을 추적할 수 있습니다. 이 지표는 보정 레이어를 적용한 후 예상 참여와 실제 참여 간의 차이를 나타냅니다. 목표는 배포된 모델에서든 A/B 테스트에서든 이 지표를 임곗값 아래로 유지하는 것입니다.

Q 4.31 랭킹 모델 평가 지표

랭킹 모델을 어떤 지표로 평가하나요?

평가 지표는 추천 시스템에서 랭킹 모델의 성능을 평가하는 데 중요합니다. 네 가지 주요 유형은 포인트별 지표, 랭킹 지표, 인프라 지표, A/B 테스트로 수집한 제품 지표입니다.

포인트별 지표를 설명하세요.

포인트별 지표는 모델이 수행한 개별 예측의 정확성을 평가합니다. 쿼리나 요청별로 그룹화할 필요가 없어 계산이 간단합니다. 추천 시스템에 일반적으로 사용하는 포인트별 지표는 다음과 같습니다.

PR AUC

랭킹 모델에 가장 널리 사용하는 오프라인 평가 지표입니다. 정밀도 대 재현율을 나타내는 PR 곡선 아래 영역의 넓이를 의미하며 양성 데이터 비율이 매우 낮은 경우에 유용합니다.[46]

---

[46] 옮긴이_ 또 다른 AUC인 AUC-ROC는 양성 데이터가 매우 적은 경우에 정보의 정확성이 떨어질 수 있습니다. Q2.26에서 자세히 알아보세요.

평균 및 제곱 오류

각 아이템에 대한 예측값과 실젯값 간의 차이를 구합니다. 차이의 평균 또는 제곱을 계산해 모델 성능을 평가합니다.

상대 교차 엔트로피Relative Cross Entropy(RCE)

트위터에서 랭킹에 사용하는 지표입니다(참고자료 017). 교차 엔트로피 값의 차이를 계산함으로써 베이스라인 또는 단순naïve 예측보다 얼마나 개선이 됐는지 나타냅니다. 베이스라인 엔트로피로 정규화한 쿨백–라이블러 발산(KLD)과 유사하다고 볼 수 있습니다.[47]

랭킹 지표를 설명하세요.

랭킹 지표는 특정 쿼리 또는 요청에 대한 후보들의 순위를 기반으로 모델 성능을 평가합니다. 추천 시스템에 일반적으로 사용하는 랭킹 지표는 다음과 같습니다.

정규화 할인 누적 이득(nDCG)

추천 아이템의 순위별 관련성을 구합니다. 각 추천 후보의 순위가 반영된 관련성 점수의 합을 계산한 다음 참조reference 순위[48]의 점수로 정규화합니다.

재현율@k

상위 k개 후보 중 관련 아이템의 비율을 구해 여러 k 값의 경우에 대한 추천 결과의 충실성을 평가합니다.

평균 정밀도의 평균Mean Average Precision(MAP)

추천 아이템의 평균 정밀도를 계산한 후 모든 쿼리 또는 요청에 대해 평균 정밀도의 평균을 구합니다.

---

47 옮긴이_ 수학적으로 동치는 아니지만 대략 같은 정보를 나타낸다고 볼 수 있습니다.
48 옮긴이_ 정답(ground truth) 순위라고 부를 수도 있겠지만 그것이 절대적인 정답일 수는 없기 때문에 보통은 참조 순위라고 합니다.

순위 역수 평균Mean Reciprocal Rank(MRR)[49]

각 쿼리 또는 요청에 대한 첫 번째 관련 아이템 순위의 역수를 구합니다. 관련 있는 아이템의 순위를 관련 없는 아이템보다 높게 매기는 능력을 평가합니다.

순서쌍 정확도

올바르게 정렬된 후보 쌍의 비율을 구해 모델의 쌍별 순위 정확도를 평가합니다. 주어진 쿼리나 요청에서 후보를 샘플링해 구하므로 계산 비용이 상대적으로 낮습니다.

인프라 지표를 설명하세요.

인프라 지표는 랭킹 모델 성능을 운영 관점에서 평가합니다. 추천 시스템에 일반적으로 사용하는 인프라 지표는 다음과 같습니다.

지연 시간

모델의 응답 시간을 구해 예측 생성 시 모델의 효율성을 평가합니다.

성공률

추천 결과가 사용자에게 성공적으로 전달된 비율을 구해 시스템 인프라와 모델이 잘 맞는지를 나타냅니다.

계산 비용

모델 학습 및 서빙 비용을 구해 계산 리소스 측면에서 모델의 효율성을 평가합니다.

제품 지표(A/B 테스트를 통해 수집)를 설명하세요.

제품 지표는 추천 알고리즘 성능을 사용자 참여 및 비즈니스 영향 측면에서 평가합니다. 추천 시스템에 일반적으로 사용하는 제품 지표는 다음과 같이 소비자 관점과 수익 관점으로 나눌 수 있습니다.

---

49 옮긴이_ '평균 상호 순위'로 번역하기도 합니다.

먼저, 소비자 관점 지표는 다음과 같습니다.

긍정적인 참여

추천 아이템에 대해 긍정적인 반응을 보이는 사용자의 비율 또는 긍정적인 반응의 총 횟수를 구합니다. 이 지표는 사용자 만족도와 참여도를 평가합니다.

부정적인 참여

추천 아이템에 대해 부정적인 반응을 보이는 사용자의 비율 또는 부정적인 반응의 총 횟수를 구합니다. 이 지표는 사용자의 불만과 비참여disengagement를 평가합니다.

유지율

시간에 따라 추천 시스템을 계속 사용하는 사용자의 비율을 구합니다. 유지율retention rate은 장기적인 사용자 참여와 충성도를 평가합니다.

수익 관점 지표는 다음과 같습니다.

수익

추천 광고를 통해 발생한 총 수익을 구합니다. 이 지표는 추천 알고리즘의 비즈니스 영향을 평가합니다.

전환율

클릭, 구매, 기타 액션 등 전환을 보인 사용자의 비율이나 노출당 전환율conversion ratio을 집계합니다. 이 지표는 추천 알고리즘이 수익 창출에 얼마나 효과적인지 평가합니다.

광고주 비용

추천 시스템에 광고를 게재하기 위해 광고주가 부담하는 비용을 구합니다. 이 값의 변화는 전환율에 비례해야 합니다.

4.32 다중 작업 모델과 개별 모델

목표가 여러 가지(예: 좋아요와 구독)이면 모델을 어떻게 구축해야 하나요?

다양한 목표를 고려하는 랭킹 모델을 구축하는 방법에는 여러 가지가 있습니다. 개략적으로 다음과 같습니다.

다중 작업 모델 학습

단일 다중 작업 모델을 사용합니다. 다중 작업 학습(MTL)[50]은 서로 관련된 작업 여러 개를 동시에 수행하기 위해 단일 모델을 학습시키는 작업입니다. 한 가지 접근 방식은 MMoE 아키텍처입니다. MMoE 아키텍처에서는 모든 전문가 모델expert과 목표별 심층 타워 간에 제일 아랫단 레이어가 공유됩니다. 각 타워 상단에는 아랫단의 공유 레이어와 다른 타워 모두로부터 입력을 받아들이는 게이트가 있습니다. 결과적으로 전문가 모델들은 모든 작업 사이에 공유되지만 각각의 작업에 최적화되도록 학습됩니다. 이를 통해 MMoE 아키텍처는 작업 간의 관계를 모델링하는 방법을 학습해 모델 성능을 향상합니다.

개별 모델 학습

목표마다 별도의 모델을 학습시킨 다음 가중치를 부여해 예측을 결합합니다. 가중치는 다음과 같이 다양한 기법으로 학습합니다.

- 모델 가중치를 교란해서 다양한 실험군treatment을 만들어 온라인 실험을 수행합니다.
- 가중치를 일괄 조정해 무작위 탐색을 수행합니다.
- 온라인 시행착오를 통한 베이지안 최적화 기술을 적용합니다.
- 과거 데이터로 쌍별 예측[51]을 하고 그 결과를 온라인 지표로 연결합니다. 대리surrogate 모델링의 한 형태입니다.

가중치 레이블로 학습

여러 목표를 결합한 복합 레이블(개별 레이블들의 가중 합계)로 모델을 학습시킵니다. 복

---

50 옮긴이_ 영어 그대로 '멀티 태스크 러닝'으로 쓰기도 합니다.
51 옮긴이_ 여기서 '쌍별'은 서로 다른 목표(object)의 쌍을 의미합니다. 랭킹 모델 학습에서 이야기하는 쌍별 예측은 하나의 목록 안에서 순위가 다른 후보들의 쌍에 대한 예측을 의미하므로 이것과는 다릅니다.

합 레이블의 가중치를 결정하는 방법은 여러 가지입니다. 예를 들어, 일일 활성 사용자(DAU)와 같은 '북극성north star' 지표에 대한 선형 회귀를 통해 학습하거나, 과거의 A/B 테스트 결과로 상관 분석correlation analysis을 수행합니다. 온라인 시행착오를 사용해 가중치를 조정할 수도 있습니다.

하나의 다중 작업 모델을 구축해야 좋을까요, 아니면 개별 모델 여러 개를 결합해야 좋을까요?

팀의 목표와 인프라 특성에 따라 다릅니다. 다중 작업 모델이 더 적합한지, 혹은 개별 모델 여러 개가 적합한지는 다음과 같이 여러 관점에서 고려합니다.

지식 공유

다중 작업 모델이 더 적합합니다. 다중 작업 모델은 다양한 목표에 걸쳐 지식을 공유할 수 있고, 따라서 개별 모델에 비해 모든 목표에 대한 성능을 향상할 수 있습니다.

목표별 성능

개별 모델 여러 개가 더 적합합니다. 목표가 여러 개인 경우 단일 모델은 다른 목표를 희생해 하나의 목표에 과적합되어 바람직하지 않은 성능 특성을 보일 수 있습니다. 모델을 분리하면 개별 목표에 맞게 최적화하기 용이합니다.

목표 간 관계

다중 작업 모델이 더 적합합니다. 목표들이 상호 의존적인 경우, 다중 작업 모델은 개별 모델보다 이러한 종속성을 더 잘 포착합니다.

유연성

개별 모델 여러 개가 더 적합합니다. 다중 작업 모델은 수정 및 조정 측면에서 개별 모델보다 유연성이 떨어질 수 있습니다. 개별 모델을 사용하면 모델 아키텍처와 학습 절차를 제어하기가 더 용이합니다.

복잡성

상황에 따라 다릅니다. 다중 작업 모델은 개별 모델에 비해 설계 및 학습이 더 복잡하고 어려울 수 있습니다. 복잡성이 증가하면 모델을 해석하고 디버깅하기가 더 어렵기 때문입니다. 반면에 개별 모델 여러 개를 디버깅하려면 더 큰 도메인 전문 지식이 필요하므로 더 많은 노력이 들기도 합니다.

중복성

다중 작업 모델이 더 적합합니다. 다중 작업 모델은 모델 아키텍처와 매개변수의 중복성을 줄여 리소스를 보다 효율적으로 사용하고 신규 데이터에 대한 일반화 능력을 향상하며 유지 관리할 코드를 줄일 수 있습니다.

배포

다중 작업 모델이 더 적합합니다. 단일 모델은 개별 모델 여러 개에 비해 배포, 서빙, 유지 관리가 더 쉽습니다.

리소스 제약

상황에 따라 다릅니다. 컴퓨팅 성능, 메모리 등 리소스에 심각한 제약이 있다면 다중 작업 모델을 구축하지 못할 수도 있지만 개별 모델의 경우에는 사용 가능한 리소스에 맞게 별도의 모델을 설계해서 대처할 수도 있습니다. 다만 여러 모델을 집합적으로 학습시키려면 더 많은 리소스가 필요할 수 있습니다.

Q 4.33 모델 서빙 시스템

실시간 요청을 처리하려면 모델을 어떻게 만들어야 하나요?

모델은 일반적으로 실시간 요청을 처리하기 위해 모델 서빙 시스템에서 호스팅되는데, 이 시스템의 구성 요소는 다음과 같습니다.

- 모델 저장소에서 모델을 로드
- 모델 요청 서빙 및 예측 결과 반환(입력 전처리, 출력 후처리 등의 작업 포함)
- 핫스왑hotswapping 등을 통한 다양한 버전의 모델 간 전환
- 배포, 롤백, 디버깅을 위한 관리 인터페이스

이것들은 모니터링, 로깅, 로드 밸런싱 및 기타 관련 기능과 같은 핵심 기능들의 상위 계층에 구현됩니다.

또한 다단계 예측 요청에 대한 상태 관리, 피처값과 예측 결과의 수화 및 캐싱, 적절한 형식으로의 피처 변환, 요청 일괄 처리 및 실패 관리, 분석을 위한 요청과 예측값들의 준비 등이 필요합니다. 이는 모델 서버[52] 또는 그 앞 단에 둘 별도의 서비스를 통해 처리할 수 있습니다.

Q 4.34 캐싱

서빙 시스템에서 무엇을 어디에 캐시할 수 있나요?

추천 시스템 성능과 효율성을 향상하기 위해 캐싱을 다양한 방식으로 사용할 수 있습니다. 예를 들면 다음과 같습니다.

각 사용자의 상위 k개 아이템 캐싱

전체 후보를 가져와서 랭킹하는 흐름을 시작할 필요가 없도록, 각 사용자의 상위 k개 아이템을 캐시에 넣어둡니다. 메타는 FeedState(참고자료 105)를 사용해 서빙 전에 랭킹 점수를 조정함으로써 캐시된 추천을 최신 상태로 유지합니다.

임베딩 캐싱

임베딩은 추천 시스템에서 사용자와 아이템(및 토픽과 같은 다른 엔터티)을 나타내는 낮은 차원을 가지는 벡터입니다. 임베딩을 캐시해 후보 생성에 널리 사용하는 근사 근접 이웃Approximous Nearest Neighbor(ANN) 접근 방식에 활용할 수 있습니다. 마이크로소프트의 SPANN(참고자료 042) 기법은 대규모 후보 공간에 대한 캐싱을 효율적으로 구현합니다.

피처 캐싱

랭킹 함수 호출call/request 간에 재사용될 가능성이 큰 후보 피처를 여러 수준(예 로컬 메모리 내in-memory 및 데이터 센터 수준)에서 캐시합니다. 추천 후보 랭킹 함수가 요청될 때마다 시스템이 네트워크 호출을 통해 피처를 가져올 필요가 없어 시스템 성능이 향상됩니다.

---

[52] 6장에서 모델 서버의 구성 요소와 다양한 최적화 전략을 알아보세요.

예측 점수 캐싱

쌍별 예측 점수는 사용자에 대한 추천 후보의 관련성을 계산하는 데 사용됩니다. 사용자가 요청할 때마다 다시 계산할 필요가 없도록 이 점수를 짧은 TTL을 가지는 캐시에 저장할 수 있습니다. 이 기술은 시스템 성능을 향상하고 모델 서버의 부하를 줄입니다.

[그림 4-10]은 온라인 랭킹 요청 흐름을 나타냅니다. 단순화를 위해 사전 랭킹 단계는 생략했습니다. 점선 화살표는 조건부 연결입니다. 예를 들어 캐시에서 후보 피처를 검색할 수 없으면 피처 스토어에서 비동기식으로 가져올 수 있습니다. 투 타워 모델 아키텍처를 사용하는 경우 게이트웨이 서비스가 유사도 지표를 독립적으로 계산할 수 있으므로 모델 서버를 주요 경로 critical path에서 호출할 필요가 없습니다.[53]

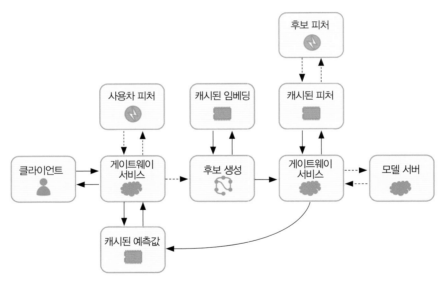

그림 4-10 온라인 랭킹 요청 흐름

---

53 옮긴이_ 대상과 후보 임베딩을 캐시에서 바로 꺼낼 수 있는 경우에는 모델 서버에 요청을 보낼 필요가 없다는 의미입니다.

모델을 얼마나 자주 업데이트하나요?

추천 시스템에서 랭킹 모델을 업데이트하는 빈도는 개념 드리프트[concept drift], 공변량 드리프트[covariate drift], 레이블 드리프트, 시스템 드리프트 등 다양한 요인에 따라 달라집니다.

개념 드리프트

피처와 예측값 간의 관계를 나타냅니다. 모델이 ID 또는 키워드 기반 피처에 크게 의존하는 경우, 모델이 기억해야 할 것이 많아 잦은 업데이트가 필요합니다. 많은 광고 예측 모델이 이 경우에 해당합니다(참고자료 136). 반면에 모델이 보다 일반화될 수 있는 상호 작용 횟수에 기반하는 피처를 사용하는 경우, 피처값이 빠르게 업데이트되기만 한다면 업데이트 빈도는 낮아도 괜찮을 수 있습니다.

공변량 드리프트

입력 데이터의 변화를 나타냅니다. 여기에는 데이터 드리프트나, 데이터 수집 프로세스 또는 피처의 변화가 포함됩니다. 입력 데이터 분포가 크게 바뀔 가능성이 있다면 랭킹 모델을 더 자주 업데이트해야 할 수도 있습니다.

레이블 드리프트

목표[target][54] 변수의 변화를 나타냅니다. 여기에는 시간에 따라 바뀌는 경우가 포함됩니다 (참고자료 291). 예를 들어 코로나19와 같이 갑작스러운 사건, 슈퍼볼과 같이 반복되는 사건, 경기 침체에 따른 점진적인 변화 등으로 발생할 수 있습니다. 이 변화를 반영하기 위해 랭킹 모델을 업데이트해야 할 수 있습니다.

시스템 드리프트

업스트림 또는 다운스트림 시스템에 변화가 생기는 경우가 있습니다. 추천 후보 생성이나, 전체 랭킹 또는 리랭킹 시스템에 변화가 생기면 정확성을 유지하기 위해 랭킹 모델을 업데이트해야 할 수 있습니다.

---

54 옮긴이_ 예측 대상값을 의미합니다.

온라인 실험(A/B 테스트)은 어떻게 진행되나요?

A/B 테스트는 둘 이상의 시스템 또는 설계 버전을 비교해 어느 것이 더 나은 성능을 발휘하는지 결정하는 데 사용합니다. 추천 시스템 맥락에서는 사용자를 위한 추천을 생성할 때 어떤 알고리즘 혹은 모델이 효과적인지 평가하는 데 A/B 테스트를 사용합니다.

개략적으로 A/B 테스트에는 다음 두 가지 유형이 있습니다.

사용자 구간화

사용자를 두 개(또는 그 이상) 그룹 중 하나에 할당하고 두 그룹을 행동이나 결과를 기준으로 비교합니다. 사용자 구간화를 사용하는 실험은 사용자별 참여도, 유지율 지표 등 시간에 따른 사용자 행동의 변화를 관찰하는 데 더 적합합니다.

클러스터 구간화

요청을 두 개(또는 그 이상)의 서버 클러스터 중 하나에 무작위로 할당하고 두 클러스터를 집계된 행동 또는 결과를 기반으로 비교합니다. 클러스터 구간화를 사용하면 시스템 영향(예 지연 시간)에 대한 모니터링 역량이 향상됩니다.

추천 시스템에 대한 A/B 테스트를 셋업하기 위한 첫 번째 단계는 실험 ID와 버킷 ID를 정의하는 일입니다. 실험 ID는 수행 중인 실험을 식별하는 데 사용되며 버킷 ID는 요청이 속한 그룹을 나타냅니다. 버킷 ID는 사용자에게 무작위로 할당될 수도 있고 지리적 위치나 클러스터 ID와 같이 사전 결정된 기준을 기반으로 할 수도 있습니다.

충분한 시간 동안 실험한 후 데이터를 분석해 어느 버전의 시스템이 더 나은 성능을 발휘하는지 확인합니다.

여러 A/B 테스트가 동시에 실행되면 한 실험의 결과가 다른 실험에 영향을 받는 실험 간섭이 발생할 수 있습니다. 이를 상충^{conflict} 또는 충돌^{collision}이라고도 합니다. 간단한 예는 여러 실험에서 동일한 모델 또는 매개변수 집합에 실험군 처리를 적용하려고 시도하는 경우입니다. 소셜 네트워크에는 더 미묘한 형태의 간섭이 있습니다(참고자료 193).

이러한 위험성을 완화하는 몇 가지 기법은 다음과 같습니다.

순차적 실험

여러 실험을 동시에 실행하지 않고 하나씩 실행합니다.

실험 병합

각 버킷이 통계적 유의성statistical significance을 보장할 만큼 충분한 수의 사용자 또는 요청을 수신하는 경우, 여러 실험의 실험군을 단일 실험으로 합칩니다.

상호 배제

사용자 그룹들을 실험 간에 중복되지 않도록 서로 다른 실험에 무작위로 할당합니다.

다변량 테스트

일반적인 상황이라면 별도 실험으로 수행할 실험군들을 결합합니다(참고자료 001). 기존 A/B 테스트보다 난도는 높지만 다변량 테스트를 통해 지표에 가장 큰 영향을 미치는 요소를 찾을 수 있습니다.

Q 4.37 모델 로드

모델을 서버에 로드하는 방법은 무엇인가요?

모델 서버는 모델의 다양한 버전이 저장된 저장소에서 모델을 로드할 수 있어야 합니다. 이를 통해 ML 실무자는 다양한 모델 또는 한 모델의 여러 버전을 테스트하고 배포합니다.

실험용 모델을 모델 서버에 로드하는 방법은 일반적으로 다음과 같이 두 가지입니다.

롤링 배포

테스트할 모델로 서버를 다시 시작합니다. 모호한 부분이 없고 모델 서버는 항상 각 모델의 올바른 버전을 실행하게 됩니다. 다만 서버가 다시 시작되는 동안 지연 시간이 늘어나거나 시스템의 가용성^{availability}이 감소할 수 있습니다. 또한 ML 실무자가 배포 과정을 감독해야 하므로 업무나 해결해야 할 문제가 늘어나기도 합니다.

핫스왑

모델 구성^{configuration}을 변경함으로써 서버를 완전히 다시 시작할 필요 없이 모델 스냅숏을 프로덕션 시스템에 넣고 뺄 수 있습니다. 서비스를 중단하지 않고 모델을 빠르게 교체할 수 있어 실험이 더 유연해집니다. 다만 핫스왑에는 보다 정교한 설정과 셋업이 필요하며 호환성이나 안정성 문제가 발생하기도 합니다.

실험 ID와 버킷 ID가 정해지면 추천 시스템은 실행할 코드의 여러 부분을 트리거하는 스위치를 설정할 수 있습니다. 예를 들어 한 알고리즘을 사용해 한 버킷(예 특정 모델이나 버전)에서 추천 후보를 생성하고, 다른 알고리즘을 사용해 다른 버킷에서 추천 후보를 생성합니다. 실험 프레임워크는 추천된 후보들이 받은 상호 작용을 기록함으로써 사용자가 시스템의 각 버전에 어떻게 반응하는지에 관한 데이터를 수집합니다.

Q 4.38 모델 실험 고려 사항

모델 실험에 관한 아이디어 몇 가지를 설명하세요.

추천 시스템에서 모델링 실험을 수행하는 데는 수많은 아이디어가 있습니다. 고려할 만한 실험은 다음과 같습니다.

목적

다양한 목적[55]을 최적화하기 위해 랭킹 모델을 학습시킵니다. 예를 들어 지식 증류에서 교사 모델의 예측을 학습시키는 대신 다양한 레이블 집합(예 추천 후보가 1위인지, 상위 k개에 속하는지)에 대해 학습시킵니다.

---

55 옮긴이_ 여기서 목적(objective)은 '목적 함수'라고 할 때의 목적의 의미입니다.

- 다중 작업: 여러 목적(예 사용자 참여, 광고 수익 최적화)을 모델 학습 절차에 통합해 실험합니다.
- 복합: 가중 합계 또는 더 복잡한 함수를 사용해 여러 목적을 결합하는 복합 레이블을 사용합니다. 예를 들어 광고 수익의 경우 입찰 최적화 요소와 같은 마켓플레이스 관련 구성 요소를 목적에 통합합니다.
- 변환: 레이블 자체를 변환합니다. 이는 원래 레이블 분포에 모델 성능에 영향을 줄 수 있는 속성이 있을 때 유용합니다. 변환에는 레이블 값을 제한clipping해서 이상치를 제거하거나 로그 변환을 적용하는 작업이 포함될 수 있으며, 이는 일부 상황에서 손실 함수의 균형을 맞추는 데 도움이 됩니다. 레이블이 변환됐으면 변환된 레이블 분포에 적합한 다른 손실 함수를 사용할 수 있습니다.

피처

다양한 피처 집합을 실험하거나 다양한 출처의 피처를 통합합니다.

전처리

정규화, 이산화, 임베딩과 같은 다양한 입력 전처리 기술을 사용합니다.

알고리즘

DNN 외에 로지스틱 회귀, 그래디언트 부스팅 등의 알고리즘으로 모델을 학습시킵니다.

모델 아키텍처

와이드 앤 딥, 인수 분해 기계, 어텐션 메커니즘 같은 모델 토폴로지의 다양한 변형을 시도합니다.

학습 데이터셋

데이터셋의 크기나 구성을 변경하는 등 다양한 학습 데이터셋으로 실험해 모델 성능에 어떤 영향이 있는지 확인합니다.

재학습

일괄 학습과 온라인 학습 등 다양한 모델 업데이트 빈도나 절차를 실험해 모델 성능에 어떤 영향이 있는지 확인합니다.

이 외에 손실 함수, 활성화 함수, 정규화 기법, 하이퍼파라미터 등을 변경해가며 실험합니다.

Q 4.39 오프라인 평가 지표

어떤 오프라인 평가 지표가 온라인 지표(예: 참여도)를 향상할지 어떻게 예측하나요?

추천 시스템에서 온라인 지표의 개선으로 이어질 수 있는 오프라인 평가 지표를 찾아내는 한 가지 방법은, A/B 테스트로 실험을 실행하고 오프라인 지표와 온라인 지표의 차이에 관한 상관관계를 측정하는 것입니다.

먼저, PR AUC, nDCG, 순서쌍 정확도ordered pair accuracy와 같은 몇 가지 오프라인 평가 지표를 선택합니다. 그리고 모델의 다음과 같은 요소들을 변경해 추천 시스템을 수정합니다.

* 모델 아키텍처
* 학습 데이터셋
* 피처
* 하이퍼파라미터

이러한 요소를 수정하면 수십 가지 모델 변형이 만들어지는데 앞서 선택한 오프라인 지표로 이 변형들을 평가합니다.

모델 변형들을 A/B 테스트 환경에 배포하며, 여기서 사용자는 대조군 모델이나 여러 실험군 모델 중 하나에 무작위로 할당됩니다. 실험군이 너무 많으면 실험을 순차적으로 실행해야 할 수도 있습니다. 이와 같이 온라인 지표(예: 참여도)를 모든 그룹에 대해 측정합니다.

마지막으로 오프라인 지표와 온라인 지표의 차이 간의 상관관계를 계산함으로써 관심 있는 온라인 지표와 가장 높은 상관관계를 보이는 오프라인 지표를 식별합니다.

시간에 따라 온라인 실험 결과가 나빠진다면 어떻게 디버깅하나요?

온라인 실험에서 시간에 따른 성능 저하를 디버깅하기는 어려울 수 있지만 잠재적인 문제를 식별하고 해결책을 찾기 위한 다섯 가지 단계는 다음과 같습니다.

지표가 통계적으로 유의한지 확인하기

통계적으로 유의하지 않은 지표에서 감소가 관찰되는 경우 성급하게 결론을 내리지 않는 편이 좋습니다. 불완전한 데이터를 기반으로 잘못된 결론을 도출하지 않으려면 지표가 통계적으로 유의해지도록 더 많은 데이터가 축적될 때까지 기다려야 합니다.

실험 상태 확인하기

사용자가 올바르게 할당되고 실험이 원활하게 실행되고 있는지 확인합니다. 서버 로그, 실험 구성, 기타 관련 데이터를 확인해 사용자 할당 오류, 데이터 손실 등 기술적인 문제가 없는지 확인합니다.

데이터 확인하기

수집되는 실험 데이터가 정확하고 완전한지, 수집 방식에 변경 사항이 없는지 확인합니다.

최근 배포의 변경 사항 찾기

실험 성능에 영향을 미쳤을 수 있는 최근 코드 배포, 기능 릴리스, 버그 수정 등을 검토합니다. 코드베이스의 변경이 의도치 않게 실험에 영향을 미쳤을 수 있습니다. 인프라 지표에 영향이 나타났는지도 모니터링합니다.

다른 실험의 간섭 확인하기

현재 실험을 방해할 수 있는 다른 동시 실험이 있거나 제품에 추가된 기능launch이 있는지 확인합니다. 실험 전반에서 대조군과 실험군의 크기가 일관되게 유지되는지도 확인합니다.

보조 지표 확인하기

보조 지표(예 다른 형태의 참여)를 확인해 실험 결과에서 관찰된 감소가 확실한 것인지 확인합니다. 이러한 보조 지표는 사용자가 시스템과 상호 작용하는 방식에 관한 통찰을 추가로 제공하고 성능 감소에 기여할 수 있는 기본 추세 또는 패턴을 식별하는 데 도움이 됩니다.

사용자 행동 변화 확인하기

시간에 따라 사용자 행동이 변하는 경우가 있는데, 특히 부정적인 참여가 증가하는 경우에 그렇습니다. 사용자가 실험군에 적응해 새로운 행동 패턴이 만들어짐으로써 실험 성능에 변화가 일어날 수 있습니다. 어떤 실험은 계절성이나 예상치 못한 이벤트에 더 취약하기도 합니다.

실험 결과가 나빠진 이유가 불분명하거나 이해하기 어렵다면 실험을 다시 수행하는 것도 고려해보길 바랍니다.

ML 시스템 설계 2 - 응용

CHAPTER 5

앞 장에서는 ML 시스템 설계 질문을 해결하기 위한 프레임워크를 소개하고 추천 시스템 설계 면접에서 다루는 질문을 살펴봤습니다. 이러한 추천 시스템 설계 방식을 조정해 거의 모든 검색 및 랭킹 관련 설계 문제에 적용할 수 있습니다. 이 장에서는 그 방법을 보이고, 이어서 면접에 자주 나오는 다른 유형의 ML 시스템 설계 문제를 살펴봅니다.

앞선 면접 문제들과 달리 여기서는 모든 질문을 하나씩 순서대로 볼 필요는 없습니다. Q5.1~Q5.5에서 각 시스템의 개략적인 설계를 살펴보고 이 책의 나머지 부분에서 관련 있는 질문을 찾아 학습하길 바랍니다.

예를 들어 자연어 이해(NLU)에 관한 개략적인 설계가 문제로 주어졌다면 다음과 같은 일련의 관련 질문이 따라오게 됩니다.

1 자연어 명령을 이해하는 ML 시스템을 개발합니다. (Q5.5)
2 학습 데이터셋을 어떻게 준비하나요? (Q2.1)
3 로깅된 레이블이 무엇이며 사용 시 어떤 문제가 있나요? (Q5.6)
4 분류 또는 회귀 지도 학습을 위한 피처 엔지니어링은 어떻게 하나요? (Q5.8)
5 분류를 수행하는 모델을 구축해보세요. (Q5.12)
6 분류 모델 성능을 어떤 지표로 평가하나요? (Q2.26)
7 정보 추출을 수행하는 모델을 구축해보세요. (Q5.10)
8 정보 추출을 어떤 지표로 평가하나요? (Q5.11)
9 예측을 서빙하기 위해 모델을 준비하는 단계를 설명하세요. (Q5.20)
10 실시간 요청을 처리하려면 모델을 어떻게 만들어야 하나요? (Q4.33)

검색 및 랭킹

추천 시스템에서 사용하는 기본 기술(예 추천 후보 생성, 사전 랭킹, 헤비 랭킹)은 추천 시스템을 넘어서서 많은 분야에서 응용되고 있습니다.

이러한 기술들은 정보 검색Information Retrieval(IR)의 2단계 접근 방식인 후보 생성과 랭킹이 적용되는 문제에 활용할 수 있습니다.

이러한 문제들의 주요 차이점은 후보 생성 절차와 모델에 사용되는 피처에 있습니다. 몇 가지 예는 다음과 같습니다.

검색 문제

주어진 쿼리에 대한 관련 결과를 찾는 작업입니다. 추천 시스템과 달리 검색을 위한 후보 생성 프로세스에는 쿼리 어휘를 검색 중인 문서 또는 아이템의 내용과 일치시키는 작업이 포함됩니다. 다만 사용자와 아이템을 저차원 공간에 매핑하는 임베딩 접근 방식은 검색 문제에서 문서나 엔터티의 표현을 생성하는 데도 적용할 수 있습니다.

유사 엔터티 식별

유사한 특성이나 행동을 보이는 사용자나 아이템을 식별하는 작업입니다. 이 문제는 유사한 선호도를 가진 사용자를 식별해 아이템을 추천하는 협업 필터링 접근 방식과 비슷합니다. 동일한 기술을 적용해 속성과 행동을 기반으로 유사한 아이템이나 엔터티를 식별합니다.

유사 중복 식별

서로 매우 유사하지만 동일하지는 않은 아이템이나 엔터티를 감지하는 작업입니다. 이 문제는 추천 시스템에서 사용하는 콘텐츠 기반 필터링 접근 방식과 비슷한데, 이는 선택한 이력이 있는 아이템과의 유사도를 기반으로 추천 후보를 고르는 방법입니다. 유사 중복near duplicates 아이템을 식별하기 위해 아이템의 속성이나 피처를 비교하는 데도 이와 동일한 기법을 적용합니다.

엔터티 해결(ER)[1]

다양하게 표현된 하나의 엔터티를 공통 분류 체계taxonomy에 매핑하는 작업입니다. 예를 들어 회사 이름을 금융 시장에서 사용하는 고유 식별자인 티커 기호에 매핑합니다. 한 가지 접근 방식은 문제를 검색 문제로 정의해, 쿼리 어휘와 엔터티의 정식canonical 표현의 정확하거나 대략적인 일치를 기반으로 수행하는 것입니다. 또 다른 접근 방식은 임베딩 형태로 잠재 표현을 학습하는 것입니다. 회사 이름과 티커 기호 예시에서 임베딩은 과거 데이터나 뉴스 기사, 소셜 미디어, 재무 보고서와 같은 외부 소스로부터 학습될 수 있습니다.

질의 응답(QA)

자연어로 질문을 받아 대규모 말뭉치corpus of documents에서 관련 정보를 검색해 답변을 제공하는 작업입니다. 전통적으로 다섯 가지 주요 단계가 있습니다.

1 쿼리 분해: 쿼리를 구문이나 키워드같이 더 작은 단위로 재구성합니다. 이 구문과 키워드는 큰 말뭉치에서 관련 문서나 구절을 검색하는 데 사용됩니다.

2 가설 생성: 쿼리 및 검색된 문서를 기반으로 후보 답변 또는 가설 집합을 생성합니다. 이 단계는 추천 시스템의 후보 생성 프로세스와 유사합니다.

3 증거 검색: 질문에 답하기 위해, 관련 정보를 제공하는 증거 또는 지원 구절을 검색하고 순위를 매깁니다. 이는 추천 시스템의 후보 가져오기 및 랭킹 기법과 같습니다.

4 종합: 질문에 대해 일관되고 자연스러운 자연어 답변을 생성합니다. 이를 위해 추천 시스템에는 없는 자연어 생성이나 요약 같은 추가 처리 단계가 필요합니다.

5 답변 랭킹: 증거와의 관련성과 일관성을 기준으로 후보 답변에 순위를 매겨서 사용자에게 가장 가능성이 큰 답변을 제시합니다. 추천 시스템의 헤비 랭킹 단계와 유사합니다.

기타 설계 질문

앞서 살펴본 검색 및 랭킹 문제는 가장 일반적인 ML 적용 사례입니다. 이 외에도 다음과 같이 다양한 문제가 있습니다.

---

1 옮긴이_ 엔터티 링킹(entity linking)과 유사하지만 약간의 차이가 있는 개념입니다. 다만 이 책에서 저자는 해결을 링킹과 거의 유사한 의미로 사용했습니다. 엔터티 링킹은 외부 지식 기반(knowledge base)과 연결하는 데 초점을 두며, 엔터티 해결은 같은 것을 의미하는 여러 엔터티 표현을 하나로 묶는 작업을 가리킵니다. 용어의 유사성에서 짐작할 수 있듯이 상호 참조 해결(coreference resolution)과 비슷한 성질의 작업입니다.

분류

지도 학습의 한 유형으로, 주어진 입력에 대한 범주형 레이블을 예측하는 것이 목표입니다. 예를 들어 스팸 필터는 이메일 내용에 따라 이메일을 '스팸' 또는 '스팸 아님'으로 분류하도록 학습합니다. 또 다른 예는 이미지 인식으로, 알고리즘이 동물 이미지를 특징에 따라 '고양이', '개', '새' 등으로 분류합니다.

회귀

지도 학습의 한 유형으로, 주어진 입력에 대한 연속적인 수치 값을 예측하는 것이 목표입니다. 예를 들어 주택 관련 피처(위치, 평수, 방 개수 등)를 기반으로 주택 가격을 예측하거나 개인의 인구 통계학적, 사회 경제적 피처를 기반으로 나이를 예측합니다. 회귀 모델은 예측, 위험 관리, 성능 최적화 등에 광범위하게 활용됩니다.

정보 추출(IE)

자연어 처리의 하위 분야로, 구조화되지 않은 텍스트 데이터에서 구조화된 정보를 자동으로 추출하는 작업입니다. 예를 들어 IE 알고리즘은 뉴스 기사에 언급된 사람, 장소, 조직의 이름을 추출하거나 텍스트에 설명된 주요 이벤트를 식별할 수 있습니다. IE는 자연어 이해, 이력서 심사, 뉴스 파싱 등 다양한 영역에 활용됩니다.

클러스터링

비지도 학습 기술로, 데이터셋에서 유사한 아이템끼리 그룹화하는 것이 목표입니다. 분류와 달리 클러스터링에서는 각 아이템에 대해 레이블을 예측하지 않습니다. 대신에 피처 유사도를 기반으로 데이터에서 자연스러운 그룹을 찾으려고 시도합니다. 예를 들어 클러스터링은 고객을 구매 행동에 따라 그룹으로 나누거나 뉴스 기사를 콘텐츠에 따라 그룹으로 나누는 데 사용될 수 있습니다.

생성 모델링

학습 데이터와 유사한 신규 데이터를 생성하는 데 사용합니다. 역사적으로 생성 모델은 주로 음성 인식(ASR), 텍스트 음성 변환(TTS), 광학 문자 인식(OCR), 기계 번역(MT)에 사용됐습니다. 그러나 최근에는 챗GPT와 같은 대규모 언어 모델^{Large Language Model}(LLM)의 발전에 따라 자연어 생성(NLG)이 점점 인기를 얻고 있습니다.

대규모 언어 모델(LLM) 관련 참고 사항

최신 ML 시스템에는 DNN과 같은 신경망 기법이 널리 사용됩니다. 신경망 기법은 해를 거듭해 심층 인수 분해 기계, 컨볼루션, 어텐션 기반 메커니즘과 같은 접근 방식으로 피처 간 상호 작용에 대한 모델링 성능을 향상했습니다.

최근에는 사전 학습된 LLM을 미세 조정[fine-tuning][2]해 전통적인 NLP 판별[discriminative] 작업[3]에 적용하는 기법이 사용되고 있습니다. 예를 들어 블룸버그GPT[BloombergGPT] (참고자료 258)는 감성 분석, 텍스트 분류, 개체명 인식 작업에 LLM을 적용해 인상적인 결과를 얻었습니다. 물론 개체명 인식[Named Entity Recognition] (NER)에서 현시점 최고 성능을 내는 BiLSTM-CNN-CRF NER (참고자료 233) 시스템과 직접 비교한 것은 아닙니다.

LLM은 검색 및 랭킹에도 적용됐습니다. 예를 들어 바이두[Baidu]에서는 관련성 랭킹에 챗GPT를 사용하는 실험을 진행했습니다(참고자료 209).

이러한 발전 내용은 급속히 실무에 적용되고 있습니다. 또한 업계의 주요 변화에 영향을 미칠 수 있는 주제이므로 ML 면접을 위해 어느 정도는 파악해두는 것이 필요합니다. 해당 분야의 중요한 발전에 관한 최신 정보는 항상 숙지하는 편이 좋습니다.

개략적 설계

ML 시스템을 설계할 때는 시스템이 단 하나의 요소로 구성되는 경우는 거의 없다는 점을 기억해야 합니다. 시스템은 일련의 상호 연결된 부분들로 구성되며 효과적이고 응집력 있는 제품을 만들려면 시스템 전체를 고려해야 합니다.

이러한 복잡한 문제를 해결하는 한 가지 접근 방식은 원하는 출력에서 거슬러 올라가면서 필요한 것을 채워 넣는 방법입니다.

날씨 관련 질문에 답하는 음성 비서를 예로 들어봅시다. 사용자가 "내일 서울 날씨는 어때?"라고 물으면 음성 비서는 질문에 답할 수 있어야 합니다.

----

2 LLM과 미세 조정은 이 책의 부록에서 자세히 알아보세요.
3 옮긴이_ 전통적인 NLP 작업은 대부분 판별 작업입니다. 텍스트 분류, 감성 분석, 품사 태깅 등이 모두 그렇습니다. LLM 자체는 생성 작업을 위한 모델로 학습됐기 때문에 저자가 이런 설명 방식을 사용한 것으로 보입니다.

이때 일종의 텍스트 음성 변환$^{Text-To-Speech}$(TTS) 기술이 필요합니다. 또한 올바른 응답을 생성하기 위해 음성 비서는 사용자의 의도(예 날씨 파악)를 이해해야 하므로 의도 분류(IC)를 수행해야 합니다. 사용자 쿼리에서 관련 정보를 추출하려면 정보 추출(IE) 또는 개체명 인식(NER)을 수행해 위치(예 서울)와 시간을 식별해야 합니다.

개체들을 식별했으면 엔터티 해결(ER)을 수행해 위치를 우편 번호와 연결해야 하며, 이는 본질적으로 검색 및 랭킹 문제입니다. 마지막으로, 맨 처음 단계로 거슬러 올라가면 음성 비서는 자동 음성 인식$^{Automatic Speech Recognition}$(ASR) 기술을 사용해 사용자의 음성을 텍스트로 변환해야 합니다. 이렇게 하면 전체 구성 요소의 시퀀스가 갖춰집니다.

ASR → IC → NER → ER → (답을 찾아서 구성하는 로직) → TTS

ML 시스템에는 왜 이렇게 많은 구성 요소가 필요할까요? 이는 타당한 질문입니다. 각 구성 요소가 잠재적으로 시스템에 오류를 더해 오류가 계단식으로 누적될 수 있다는 점을 고려하면 특히 그렇습니다. 이러한 질문과 사고는 ML 시스템 문제를 해결하는 데 도움이 됩니다. 보다 직접적이고 더 나은 솔루션을 고려함으로써 시스템 구성 요소를 줄일 수도 있기 때문입니다.

예를 들어봅시다. 텍스트 표현 단계를 건너뛰고 음성을 바로 입력으로 받아서 잠재 인코딩 표현을 만드는 인코더-디코더 네트워크를 사용하면 어떨까요? 이 접근 방식은 입력에서 출력으로 바로 진행할 수 있어 더 간결해 보입니다. 다만 여기에도 문제점이 있습니다. 사용자 질문에서 추출한 텍스트 표현이 없으면 날씨 데이터를 검색하기 위해 날씨 API에 입력할 정보도 없기 때문입니다.

ML 시스템 설계는 정확성, 효율성, 복잡성 간의 균형을 맞추는 작업입니다. 종속성을 고려하고 장단점을 고려해야 요구 사항에 맞고 적절히 균형을 이루는 시스템에 도달할 수 있습니다.

이 장에서 다루는 ML 시스템 설계 질문에서는 각 시스템을 구성하는 다양한 구성 요소를 자세히 살펴봅니다. 여기서 언급한 역방향 사고 방식을 활용해 각 시스템의 솔루션에 도달하는 방법을 생각해보길 바랍니다.

Q 5.1 문서 파싱

재무 보고서(예: 총 현금 및 현금 등가물^{Total Cash and Cash Equivalents} 및 해당 금액)에서 정보를 추출하는 ML 시스템을 개발합니다.

참고: 세계 어떤 지역에서는 손으로 직접 쓴 외국어(예 아랍어) 재무 보고서를 스캔해 회사 웹 사이트에 올리는 것이 일반적입니다.

아랍어 수기 재무 보고서에서 특정 항목을 정확하게 추출하려면 다단계 프로세스를 거쳐야 합니다.

먼저, 원하는 출력을 정합니다. 예시에서는 문서에서 "Total Cash and Cash Equivalents" 항목과 해당 값을 추출하는 것입니다. 이를 위해 표 형식 정보 추출(IE) 기법으로 관련 정보를 추출합니다. 다만 문서에서 이 항목은 다양하게 변형 표현되어 있을 수 있으므로 분류 체계의 표준 용어와 일치시키는 엔터티 해결(ER) 작업을 적용해야 합니다.

문서가 외국어로 작성되어 있으므로 공통 언어(예 영어)로 변환합니다. 이때 아랍어를 영어로 변환하는 신경망 기계 번역^{Neural Machine Transtion}(NMT)이 필요하며 이는 생성 모델입니다. 또한 손으로 작성한 문서에서 텍스트를 추출하려면 광학 문자 인식^{Optical Character Recognition}(OCR)을 적용해야 합니다.

한 가지 고려해야 할 점은 미국에서는 재무 보고서가 SEC^{Securities and Exchange Commission}를 통해 제공되지만 다른 국가에서는 회사의 투자자 관계^{Investor Relations} 웹사이트에 게시될 수도 있다는 점입니다. 따라서 웹사이트의 변경 사항을 확인해 게시된 콘텐츠가 대차 대조표와 같은 재무 보고서인지 분류하는 웹 크롤러를 구축해봅니다. 자료 전체에 ML 파이프라인을 적용하지 않고 먼저 헤드라인을 검사해 해당 콘텐츠가 관련성이 있는지 판단할 수 있습니다.

요약하면 ML 시스템에는 다음이 필요합니다.

웹 크롤러 → 분류기 → OCR → NMT → 표 형식 IE → ER

이렇게 하면 손으로 쓴 외국어 재무 보고서에서 원하는 구성 요소를 성공적으로 추출할 수 있습니다. 이 흐름에서는 OCR 및 NMT 요소에 생성 모델이 사용됩니다.

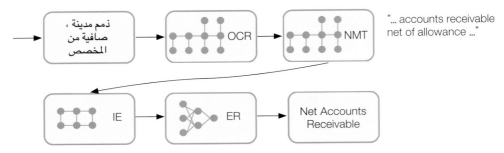

그림 5-1 외국어 대차 대조표가 시스템에 수신된 후의 문서 파싱 흐름

TIP 투자 전문가가 중요한 결정을 내리는 데 이 정보를 활용하므로 ML 시스템이 재무 보고서에서 관련 구성 요소를 정확하게 추출하는 것이 중요합니다. 또한 투자자가 시장의 다른 참여자보다 우위를 점할 수 있도록 프로세스를 빠르게 만들어야 합니다.

정확성과 효율성을 높이기 위해 프로세스에 사람의 검토를 통합하는 것이 중요합니다. 한 가지 방법은 ML을 사용해 문서를 빠르게 파싱하고 사용자에게 콘텐츠가 자동으로 추출됐음을 알리는 것입니다. 그런 다음 사람이 추출 결과를 재검토하고 필요시 수정합니다. 또 다른 접근 방식은 데이터가 정확하고 신뢰할 만한지 확인하기 위해, 파싱된 출력을 재무 데이터베이스에 게시하기 전에 사람이 검토하도록 하는 것입니다. 이처럼 프로세스에 사람의 검토를 통합하면 속도와 정확성 사이에 균형을 이루고 재무 데이터의 무결성을 유지할 수 있습니다.

Q 5.2 감성 분석

주어진 텍스트가 긍정적인지 혹은 부정적인지 판단하는 ML 시스템을 설계합니다.

감성 분석은 텍스트를 분석해 작성자의 감정적 어조나 태도를 판단하는 분야로 자연어 처리 (NLP)에서 널리 사용됩니다. 감성 분석에는 다음을 포함한 여러 가지 과제가 있습니다.

부정

"나 이 요리 전혀 안 좋아했는데."

풍자

"날씨가 좋고 따뜻해요. 북극곰이 살기 좋은 곳이죠."

"영화가 책보다는 낮지만 둘 다 그럭저럭합니다."

"이 전화기는 UI는 예쁘지만 그게 전부입니다."

"르브론 제임스는 악당one bad man이야!"

감성 분석에는 여러 가지 접근 방식이 있습니다. 예를 들면 다음과 같습니다.

규칙 기반

텍스트에 감성을 할당하기 위해 일련의 규칙을 정의합니다. 예를 들어 텍스트에 '행복happy' 이나 '흥분excited'이라는 단어가 포함되어 있으면 긍정적인 감성을 할당하고 '슬픔sad'이나 '실망disappointed'이 포함되어 있으면 부정적인 감성을 할당합니다. 부정에 대한 규칙을 추가할 수도 있습니다(참고자료 056). 예를 들어 부정을 나타내는 단어[4]와 다음 구두점 사이에 있는 모든 단어에 'NOT_'이라는 접두사를 붙입니다. 다른 어려운 케이스에 대해서도 유사한 규칙을 고안할 수 있습니다.

규칙 기반 방식의 장점은 구현이 간단하고 변경이 쉬우며 풍자나 아이러니와 같은 미묘한 차이를 식별하는 데 효과적이라는 점입니다. 한편 단점은 시간이 많이 걸리고, 도메인 전문 지식이 필요하며, 모델이 불안정brittle[5]하고 잘 일반화되지 않을 수 있다는 점입니다.

어휘 기반

긍정적이거나 부정적인 감성과 관련해 사전 정의한 어휘집을 사용합니다. 텍스트의 감성 점수는 어휘집에 있는 텍스트의 단어 점수를 합산해 계산됩니다. 극성 측면에서 모호성이 높은 단어에는 더 낮은 가중치가 할당될 수 있습니다. 관련 기법으로는 관찰된 단어와 '훌륭excellent' 또는 '불량poor'과 같이 명확한 감정 단어 간의 점별 상호 정보량(PMI)을 계산하

---

4 옮긴이_ not, isn't, doesn't 등입니다.
5 옮긴이_ ML 맥락에서 brittle은 모델의 불안정성을 의미하는데, 예를 들어 약간의 입력 변화에도 출력이 크게 바뀌는 경우입니다.

는 방식도 있습니다(참고자료 228).

어휘 기반 방식의 장점은 빠르기 때문에 텍스트 입력량이 많을 때(예 뉴스 기사) 효과적
이라는 점입니다. 한편 단점은 부정이나 아이러니와 같은 까다로운 사례를 처리하기가 어
려울 수 있다는 점입니다. 어휘 목록의 범위와 품질에 영향을 받기 때문입니다.

비신경망 모델

감성 레이블이 지정된 텍스트 데이터셋으로 ML 모델을 학습합니다. 모델은 데이터의 패
턴을 인식하는 방법을 학습한 다음 새로운 텍스트의 감성을 예측하는 데 사용됩니다. 감
성 분석을 위한 비신경망 ML 기법에는 서포트 벡터 머신(SVM), 로지스틱 회귀, 심지어
토픽 모델(참고자료 022) 등 여러 가지가 있습니다. 대부분의 비신경망 접근 방식은 입력
텍스트를 단어 가방^{Bag-of-Words}(BOW)으로 표현합니다.

비신경망 방식의 장점은 규칙이나 어휘 목록을 만들 필요 없이 감성을 식별할 수 있고 일
반화가 잘 된다는 점입니다. 한편 단점은 풍자와 같은 미묘한 차이를 다루기는 어려우며
레이블이 지정된 학습 데이터가 많이 필요하다는 점입니다.

신경망

감성 분석에 가장 효과적인 ML 모델은 단어 간의 맥락과 관계를 포착할 수 있는 모델이며
장단기 기억 메모리^{Long Short-Term Memory}(LSTM), **트랜스포머 인코더**가 포함됩니다. 이러한
모델은 단어의 순서와 종속성을 고려할 수 있는데 이는 감성 분석에 특히 유용합니다. 단
어의 감성은 사용되는 맥락에 따라 달라질 수 있기 때문입니다.

RoBERTa

현시점 최고 성능을 내는 감성 분석 모델의 예로 **RoBERTa**^{Robustly Optimized BERT pre-training}
^{Approach}(참고자료 130)를 기반으로 하는 것이 있습니다. RoBERTa는 BERT^{BiDirectional}
^{Encoder Representations from Transformers}(참고자료 060)의 변형으로, BERT에 비해 더 많은 데이터
로 더 오래 학습했습니다. 또한 개별 단어 간의 관계 모델링에 초점을 맞추기 위해 학습 목
표에서 다음 문장 예측 작업^{Next Sentence Prediction}(NSP)을 없앴습니다. 그리고 일반화 능력을
향상하기 위해 학습 중에 배치^{batch}마다 서로 다른 토큰을 무작위로 마스킹하는 동적 마스
킹^{dynamic masking}을 적용했습니다. 레이블이 없는 대량의 텍스트로 사전 학습하고 상대적으
로 작은 크기의 감성 분석 데이터셋으로 미세 조정했습니다. 이 접근 방식은 감성 분석을

위한 벤치마크 데이터셋에서 현시점 최고 성능을 달성했습니다(참고자료 086).

RoBERTa의 장점은 풍자, 아이러니 등 복잡하고 미묘한 표현을 처리할 수 있고, 미세 조정에 많은 양의 학습 데이터가 필요하지 않다는 점입니다. 한편 계산 비용이 높고 해석 가능성이 제한된다는 단점이 있습니다.

TIP 감성 분석을 위해 RoBERTa를 미세 조정하는 방법은 구글 코랩 노트북 [참고자료 196]에서 알아보세요.

Q 5.3 토픽 모델링 기법

뉴스 기사에 어떤 토픽이 들어 있는지 식별하는 ML 시스템을 구축합니다. 토픽 모델링 기법에는 어떤 것이 있나요?

토픽 모델링 기법에는 단어 기반 기술, 행렬 분해, 확률적 토픽 모델링, 신경망 토픽 모델 등이 있습니다.

단어 기반 기술을 설명하세요.

단어 임베딩 또는 단어 빈도 기반 방법을 사용해 문서에 특정 토픽에 관한 단어가 있는지 확인합니다. 구현이 간단하고 빠르지만 토픽 간의 복잡한 관계를 포착하지는 못합니다(참고자료 145). 이를 구현하는 방법은 다음과 같습니다.

1 키워드 추출

첫 번째 단계는 각 문서에서 가장 두드러진 키워드를 추출하는 작업입니다. 단어 빈도-역문서 빈도 term frequency–inverse document frequency (tf-idf), 청킹chunking, 토픽 단어와 같은 다양한 기법으로 수행할 수 있습니다.

2 단어 임베딩

다음 단계는 추출한 각 키워드 또는 문구(참고자료 259)를 GloVe(참고자료 172)와 같은 단어 임베딩을 사용해 낮은 차원 벡터로 표현하는 작업입니다.

3 임베딩 유사도

키워드를 임베딩으로 표현했으면 키워드들과 토픽 시드 단어들을 임베딩 거리 기반으로 매칭합니다. 또는 행렬 분해와 같은 기술을 사용해 공유 임베딩 공간을 학습시키면 키워드 임베딩과 토픽 임베딩의 유사도를 직접 비교[6]할 수 있습니다.

행렬 분해를 설명하세요.

단어 동시 발생word co-occurrences 또는 단어-문서 빈도term-document counts 행렬을 잠재 토픽 및 해당 가중치의 저차원 행렬로 인수 분해합니다. 잠재 의미 분석Latent Semantic Analysis (LSA) (참고자료 116)은 토픽 모델링에 널리 사용하는 행렬 분해 기법입니다. 또 다른 기법인 비음수 행렬 분해 Non-negative Matrix Factorization (NMF) (참고자료 008)는 행렬 원소가 음수가 아니어야 한다는 제약을 부과해 해석 가능성이 큰 결과를 얻습니다. 결과로 얻는 비음수 벡터 차원들을 덧셈이 가능한additive 문서 토픽 요소로 해석[7]할 수 있기 때문입니다.

확률적 토픽 모델링을 설명하세요.

각 문서를 토픽들의 혼합으로 모델링하고 각 토픽을 단어에 대한 분포로 모델링합니다. 널리 사용하는 확률적 토픽 모델링 기법으로 잠재 디리클레 할당(LDA) (참고자료 024)이 있습니다. LDA는 토픽 분포를 추정하기 위해 베이지안 추론을 사용합니다. 각 문서가 2단계 프로세스로 생성된다고 가정하는데, 먼저 디리클레 분포에서 토픽 확률 집합을 추출한 다음 해당 토픽에서 단어 집합을 추출합니다. 그런 다음 관찰된 데이터의 가능도를 최대화하는 반복 작업을 수행해 각 문서에 대해 가장 가능성이 큰 토픽 분포를 추론합니다.

LDA의 확장판인 계층적 디리클레 과정Hierarchical Dirichlet Process (HDP) (참고자료 218)은 데이터에서 무한한 개수의 토픽을 추론할 수 있습니다. CTMCorrelated Topic Models (참고자료 023)은 토픽의 상관관계를 허용하는 방식으로 LDA를 확장합니다. CTM은 토픽이 공유 공분산 행렬을 사용하는 다변량 가우스 분포에서 생성된다고 가정합니다.

---

6 옮긴이_ 여기서는 각각의 토픽이 임베딩을 가지게 되므로 토픽의 시드 단어들을 사용할 필요가 없습니다.

7 옮긴이_ 각 차원을 토픽으로 해석하면, 벡터 그 자체 또는 벡터들의 내적은 토픽당 값들의 모음으로 해석할 수 있습니다. SVD로 인수 분해를 하면 음숫값이 나올 수도 있으므로 이렇게 해석할 수 없게 됩니다.

신경망 토픽 모델을 설명하세요.

신경망 토픽 모델(NTM)은 신경망을 사용해 잠재 토픽을 발견해 문서를 토픽 분포로 표현합니다. 확률적 토픽 모델링 방법에 비해 몇 가지 개선점이 있습니다. 토픽 및 단어 분포를 확률 벡터 또는 임베딩으로 표현할 수 있습니다.[8] 또한 대규모 말뭉치로 확장하고 GPU를 활용하기에 효율적이며, 텍스트 생성(참고자료 246)과 문서 요약(참고자료 054) 등 공동 학습 목적을 위해 다른 신경망 구조와 결합하기 용이합니다.

가장 널리 사용하는 NTM 형태는 변분 오토인코더(VAE)를 기반으로 합니다. VAE에서 인코더는 입력 데이터를 잠재 공간에 매핑하고 디코더는 잠재 표현을 다시 입력 공간에 매핑합니다. NTM의 맥락에서 VAE는 토픽을 직접 모델링하지 않고 문서의 암시적implicit 표현을 학습하는 데 사용되거나 토픽 할당 및 해당 토픽 내의 단어 분포를 명시적으로 모델링할 수 있습니다. NTM에 VAE를 사용할 때 디리클레 분포는 최적화 프로세스를 더 쉽게 만들기 위해 가우시안(참고자료 146) 등 다른 분포로 대체됩니다. NTM은 다양한 설정에서 LDA와 같은 확률적 토픽 모델보다 뛰어난 성능을 보였습니다(참고자료 147).

[그림 5-2]는 VAE를 사용한 NTM을 나타냅니다. 입력 단어는 임베딩으로 변환되고 피드포워드 신경망을 통해 평균 μ 및 로그-분산 σ^2 벡터로 만들어집니다. 경사하강 최적화를 가능하게 하는 재매개변수화reparameterization 트릭을 사용해 잠재 표현 χ를 샘플링합니다. 여기에 소프트맥스 함수가 적용되어 토픽 비율 θ를 생성하며, 이로부터 재구성된 입력을 생성할 수 있습니다.

---

8   옮긴이_ 이 장점은 확률적 토픽 모델링 방법인 LDA도 마찬가지로 가지고 있습니다.

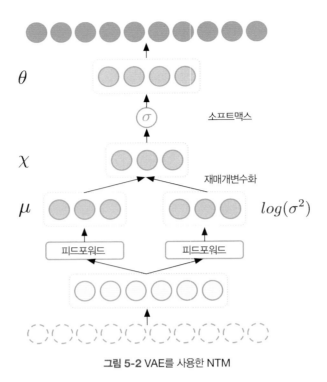

θ

σ

소프트맥스

χ

재매개변수화

μ $log(\sigma^2)$

피드포워드   피드포워드

그림 5-2 VAE를 사용한 NTM

TIP 다양한 유형의 NTM은 [참고자료 280]에서 자세히 알아보세요.

Q **5.4 문서 요약**

텍스트를 단일 단락으로 압축하는 ML 시스템을 설계합니다. 문서 요약 기법에는 어떤 것이 있나요?

문서 요약document summarization에는 기본적으로 추출적extractive 요약과 추상적abstractive 요약이라는 두 가지 접근 방식이 있습니다.

추출적 요약을 설명하세요.

원문에서 중요한 문장이나 문구를 선택해 일관성 있는 요약이 되도록 배열합니다. 일반적으로 용어, 위치, 토픽 표현 등 다양한 피처를 사용해 중요한 문장을 식별하고 순위를 매깁니다.

추출적 요약은 일반적으로 구현하기가 더 쉬우며 생성된 요약은 원본 텍스트에서 직접 가져온 문장으로 구성되므로 신뢰성이 더 높습니다. 한편 때때로 요약 내용이 뚝뚝 끊기거나 가독성이 떨어질 수 있다는 단점이 있습니다.

추출적 요약은 일반적으로 여러 단계로 이뤄집니다. 가장 보편적인 단계에 대한 개요는 다음과 같습니다.

1 피처 추출

요약에 사용할 입력 텍스트에서 피처를 추출하기 위한 첫 번째 단계는 문장 분할, 토큰화, 형태소 분석, 불용어stopword 제거를 통해 텍스트를 정리하는 작업입니다. 텍스트가 단순화되면 용어 피처, 임베딩, 토픽, 위치 및 길이와 같은 문장 피처 등 다양한 피처를 추출할 수 있습니다.

2 문장 선택

텍스트에서 가장 중요한 문장들을 찾아냅니다. 이는 다양한 기법으로 수행할 수 있는데, 예를 들어 문서 전체 토픽과의 관련성과 중요성을 기준으로 개별 문장에 점수를 매기거나, 문서를 토픽 그래프로 나타내 가장 관련성이 높은 하위 그래프를 선택하는 등의 기법이 있습니다.

3 중복 제거

다른 문장과 동일하거나 유사한 정보를 전달하는 중복 문장을 제거하는 작업입니다. 문장 간의 유사도를 비교해 지나치게 비슷한 문장을 제거합니다.

4 문장 배열

가장 중요한 문장들을 선택했으면 일관성 있고 읽기 쉬운 순서로 배열합니다. 문서 내 위치, 내용에 대한 중요성 등을 기준으로 순서를 지정하거나 문장 간 관계 및 종속성을 판별하는 등 다양한 기법을 사용합니다.

5 상호 참조 해결

요약 내의 모든 대용적anaphoric 참조(예 "he", "she")를 확인해 문장들에 걸친 엔터티의 일관성을 보장합니다. 대명사와 그 선행사antecedent를 식별하기 위해 상호 참조 해결coreference resolution 모델을 사용하는 등 다양한 기법을 사용합니다.

6 요약

마지막으로, 선택되어 순서에 맞게 배열된 문장들을 하나의 일관된 요약으로 결합합니다. 경우에 따라 길이나 단어 수를 제한하기도 합니다.

추상적 요약을 설명하세요.

단순히 텍스트를 추출하는 것이 아니라 원본 문서에서 가장 중요한 정보를 보다 간결한 형식으로 전달하는 새로운 텍스트를 생성해 요약을 만듭니다. 추상적 요약은 일반적으로 대규모 텍스트 데이터셋으로 학습된 **인코더-디코더 네트워크**를 사용해 수행됩니다(참고자료 127). 이러한 모델은 입력 텍스트가 주어지면 요약에 나타날 가능성이 가장 큰 단어와 문구를 예측해 요약을 생성할 수 있습니다.

트랜스포머(참고자료 235)와 같은 최신 인코더-디코더 네트워크는 추상적 요약 작업에 적합합니다. 어텐션 메커니즘은 네트워크가 입력 텍스트의 서로 다른 부분에 선택적으로 주의를 기울여 전체 문서에서 단어와 구 간의 관계를 포착하도록 합니다. 트랜스포머는 모델 용량capacity이 크므로 잠재적인 개념의 혼합을 매우 정밀하게 포착할 수 있습니다. 빔 서치를 사용해 디코더는 셀프 어텐션, 교차 어텐션, 위치 인코딩의 조합을 활용해 유창하고 일관된 요약을 생성합니다.

추상적 요약의 장점은 원본 텍스트에서 가장 중요한 정보를 포착하는 새로운 문장과 구를 만들어 일관되고 간결한 요약을 생성할 수 있다는 점입니다. 다만 생성된 텍스트에 원본 텍스트에 없는 오류나 부정확성이 포함될 위험이 있습니다. 단순히 기존 문장을 선택하고 재배열하는 것이 아니라 입력 텍스트의 본질을 포착하는 새로운 문장의 생성에 의존하기 때문입니다.

자연어 명령(예: "비틀즈의 인기 곡을 틀어줘")을 이해하는 ML 시스템을 개발합니다. 자연어 이해(NLU)의 주요 구성 요소를 설명하세요.

자연어 명령을 이해하는 ML 시스템을 설계하기 위해 NLU의 세 가지 주요 구성 요소인 의도 분류(IC), 정보 추출(IE), 엔터티 해결(ER)을 사용할 수 있습니다(참고자료 229).

의도 분류

사용자가 명령이나 발언을 통해 수행하려는 기본 의도나 작업을 식별하는 프로세스입니다. 예시에서는 '음악 재생'이 목적입니다. 이를 달성하기 위해 사용자 입력을 미리 정의된 다양한 카테고리로 분류하는 모델을 사용할 수 있습니다. 많은 사용 사례에 효과적인 규칙 기반 시스템부터 다항 로지스틱 회귀 및 신경망을 포함하는 지도 모델에 이르기까지 다양한 접근 방식이 있습니다.

정보 추출

의도를 식별했으면 입력 명령에서 관련 정보를 추출합니다. 예시에서는 음악 유형과 아티스트를 추출합니다. 음악 유형은 슬롯을 채우는[9] 값으로 간주될 수 있는 '인기 곡'으로 정해집니다. 아티스트는 '비틀즈'입니다. 이를 추출하기 위해 개체명 인식 기술을 적용합니다.

엔터티 해결

추출한 개체명을 시스템의 특정 표현에 매핑하는 프로세스입니다. 예시에서 '인기 곡'은 많이 재생된 곡을 의미하며 '비틀즈'는 시스템 데이터베이스의 아티스트로 연결됩니다. 각 개체명을 시스템의 고유 식별자에 매핑하는 지식 그래프knowledge graph나 조회 테이블lookup table을 사용합니다. 그런 다음 음악 라이브러리 API를 사용해 비틀즈의 인기 곡 목록을 검색해 재생합니다.

---

9 옮긴이_ 슬롯 채우기(slot filling)는 정보 추출에서 사용하는 접근 방식입니다.

[그림 5-3]은 음악 재생을 위한 ML 시스템 파이프라인입니다. 높은 재현율을 달성하기 위해 프로덕션 NLU 시스템은 여러 모델을 사용하는 경우가 많습니다. 일부 모델은 의도 분류와 정보 추출을 동시에 할 수 있습니다. NLU 시스템은 우선순위가 지정된 모델 목록 또는 모델 앙상블과 같은 폴백 메커니즘[fallback mechanism]으로 구현되기도 합니다.

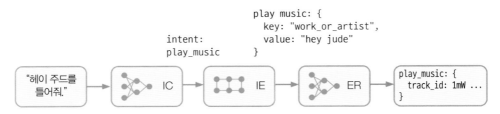

그림 5-3 음악 재생을 위한 ML 시스템 파이프라인

최근 대규모 언어 모델(LLM)은 의도 분류(IC), 정보 추출(IE)과 같은 NLU 작업에 점점 더 많이 적용되고 있습니다(참고자료 103). LLM의 장점 중 하나는 미세 조정을 통해 IC와 IE를 단일 단계로 수행할 수 있다는 점입니다(참고자료 043). 미세 조정은 사전 학습된 언어 모델을 소량의 작업별[task-specific] 데이터로 재학습시키는 프로세스입니다.

Q 5.6 지도 학습 레이블

모델 학습에 사용하는 레이블에는 무엇이 있나요?

일반적으로 지도 학습에서 모델 학습에 사용하는 레이블에는 로깅된[logged] 레이블과 휴먼 레이블이라는 두 가지 유형이 있습니다.

로깅된 레이블이 무엇이며 사용 시 어떤 문제가 있나요?

로깅된 레이블은 클릭, 트랜잭션, 사용자가 시스템에서 행한 기타 행동에 따라 생성되는 레이블입니다.

로깅된 레이블을 사용할 때 발생하는 주요 문제는 위치 편향이나 프레젠테이션 편향[presentation

^{bias} 같은 다양한 편향의 영향을 받을 수 있다는 점입니다. 예를 들어 추천 시스템이 페이지 위쪽에 어떤 아이템을 표시하면, 그 아이템이 사용자에게 가장 적합한 추천이 아니더라도 더 많은 클릭으로 이어질 수 있습니다. 따라서 레이블 자체가 사용자의 실제 선호도를 정확하게 반영하지 못하게 되어 정확한 모델을 학습시키기 어렵습니다.[10]

휴먼 레이블이 무엇이며 사용 시 어떤 문제가 있나요?

휴먼 레이블은 이미지나 텍스트 레이블링처럼 사람이 작업해 만드는 레이블입니다. 편향은 상대적으로 덜 발생하지만 잘못 지정된 레이블은 상당한 문제가 됩니다.

레이블 오류는 다양한 이유로 발생합니다. 작업자가 지침을 오해하거나 실수를 하거나 경우에 따라 의도적으로 레이블을 잘못 지정할 수도 있습니다. 예를 들어 아마존 메커니컬 터크^{Amazon Mechanical Turk, MTurk}와 같은 플랫폼에서 빠르고 저렴한[11] 작업에 인센티브를 주는 경우에 이러한 오류가 발생할 수 있습니다.

휴먼 레이블의 품질을 담보하기 위한 다양한 기법이 있습니다.

명확한 지침 제공

레이블 작업자에게 명확하고 간결한 지침을 제공하는 것이 중요합니다. 이러한 지침은 작업자뿐 아니라 다른 전문가에게도 검토받아야 합니다. 또한 작업자가 일단 소량의 레이블을 지정한 다음 실수나 오해가 있었는지 확인하고 수정하는 등의 과정을 반복적으로 거쳐 개선해야 합니다.

작업자 선별

레이블링 품질이 높은 작업자를 추구하지만 비용이 더 높습니다. 일부 플랫폼에는 레이블 작업자의 품질에 따라 계층이 있는데, 이를 측정하는 한 가지 방법으로 작업자에게 테스트를 시키기도 합니다. 테스트에 통과하면 작업자 그룹에 추가하고, 실패하면 지침을 오해했을 가능성이 있으므로 다른 테스트를 더 해보도록 합니다.

---

10 Q4.10에서 로깅된 레이블 관련 문제에 대처하는 방법을 자세히 알아보세요.
11 옮긴이_ 단가를 낮게 책정함을 의미합니다.

추적

실제 레이블링 대상 데이터와 함께 골든 데이터를 뿌려 작업자의 레이블링 품질이 시간에 따라 어떻게 바뀌는지 샘플링하고 추적합니다. 골든 데이터는 레이블링 품질의 벤치마크로 사용하기 위해 미리 정답 레이블을 지정해둔 데이터입니다. 작업자의 레이블을 골든 데이터와 비교함으로써 잠재적인 문제와 개선이 필요한 영역을 찾아냅니다.

투표

여러 작업자에게 얻은 복수의 레이블을 결합해 최종 레이블을 만듭니다. 작업자들이 가장 많이 선택한 레이블로 결정하는 다수결 방식을 적용하거나, 고품질 작업자의 답변에 더 큰 가중치를 부여하는 가중치 투표를 적용하기도 합니다.

검증

레이블을 사용하기 전에 전문가나 고품질 작업자가 제출된 레이블을 검증해 레이블링 오류나 부정확성을 빠르고 간단하게 찾아내도록 합니다. 이 기법은 레이블 작업 팀 규모가 크고 당면한 작업에 대한 작업자들의 전문 지식이나 이해 수준의 차이가 큰 경우에 특히 유용합니다.

캡차 추가

캡차CAPTCHA[12]를 사용해 간단한 수학 문제 등을 넣어 작업자가 집중하고 있는지 확인합니다. 답을 맞히지 않으면 보수를 지불하지 않는다는 점을 분명히 함으로써 작업자가 진지하게 레이블링하도록 장려합니다.

간단한 작업 추가

캡차를 추가하는 방식과 유사하지만 별도의 문제를 넣는 대신 레이블링 프로세스 자체에 간단한 작업을 추가합니다. 예를 들어 작업자가 레이블링을 하면서 데이터 구절의 마지막 단어를 입력하도록 합니다. 이는 작업자가 집중하지 않고 클릭만 하는 것이 아니라 콘텐츠를 읽도록 하는 데 도움이 됩니다.

---

12 옮긴이_ 사람이 접근하려고 하는 것인지 봇이 접근하는 것인지 판단하는 데 사용하는 튜링 테스트입니다.

패턴 검출

작업자 행동에 어떤 패턴이 있다면 저품질 레이블이 만들어질 위험 신호일 수 있습니다. 예를 들어 작업자가 각 작업에 들이는 시간이 아주 적다면 작업을 진지하게 수행하고 있지 않거나 자동화된 도구를 사용해 레이블링하고 있을 수 있습니다. 각 작업에 대한 최소 시간 제한을 설정해 이러한 결과를 필터링합니다.

TIP MTurk와 같은 플랫폼을 사용해 레이블링할 때 유용한 내용은 [참고자료 140]에서 알아보세요.

Q 5.7 비지도 학습 피처

클러스터링 알고리즘을 위한 데이터는 어떻게 준비하나요?

클러스터링은 유사한 샘플을 피처에 따라 그룹화하는 비지도 학습의 한 유형입니다. 지도 학습과 달리 클러스터링에는 레이블이 지정된 데이터가 필요하지 않지만 신뢰할 만한 클러스터링 결과를 얻으려면 데이터 전처리 단계를 수행하는 것이 중요합니다.

범주형 피처를 설명하세요.

기존 클러스터링 알고리즘 대부분은 기본적으로 범주형 피처를 허용하지 않습니다. 이러한 알고리즘에 사용되는 유사도 또는 거리 지표가 일반적으로 연속 수치형 데이터를 사용하도록 만들어져 있어, 범주형 피처를 사용하려면 수치형 표현으로 변환해야 합니다. 다만 k-prototypes(참고자료 094) 또는 딥 임베딩 클러스터링Deep Embedding Clustering (DEC) (참고자료 264)과 같은 신경망 기반 알고리즘처럼 범주형 피처를 원리적으로natively 처리할 수 있거나 처리 가능하게 조정된 클러스터링 알고리즘도 있습니다.

범주형 피처를 원리적으로 허용하지 않는 클러스터링 알고리즘을 사용한다면 피처를 연속형으로 변환해야 합니다. 방법은 다음과 같습니다.

원-핫 인코딩

범주형 피처의 각 고윳값에 대해 새로운 이진 피처를 생성합니다. 새로운 피처는 원래 피처에 있는 값의 존재 여부를 나타냅니다. 다만 원-핫 인코딩은 피처 공간을 고차원으로 만듦으로써 계산 비용을 증가시키기도 합니다.

레이블 인코딩

피처의 각 범주에 고유한 정수를 할당합니다. 이 접근 방식은 범주 간에 정수로 표시할 수 있는 관계가 있을 때 잘 작동합니다. 예를 들어 값 크기를 비교할 수 있는 경우입니다.

순서 인코딩

순서^{ordinal} 인코딩은 레이블 인코딩과 유사하되 범주의 순서를 나타냅니다. 피처의 각 고유 범주에 순서에 따라 고유한 정수를 할당합니다. 한 가지 단점은 범주 사이에 실제 순서 관계가 없는 경우에 잘못된 순서 정보를 도입할 수 있다는 점입니다.

연속값 피처를 설명하세요.

클러스터링 알고리즘에는 샘플 간 유사도를 평가하는 작업이 포함되지만 모든 연속 피처가 동일한 규모나 분포를 갖지는 않습니다. 예를 들어 일부 피처는 값이 매우 크거나 작을 수 있고, 왜곡되거나 비정규 분포를 가질 수 있습니다. 이러한 문제를 해결하기 위해 피처에 적용할 만한 변환은 다음과 같습니다.

로그 변환

거듭제곱 법칙 분포를 따르는 피처(예 조회 수)의 왜도^{skewness}와 산포도^{spread}를 줄입니다. 로그 변환은 자연 로그 또는 피처값에 1을 더한 로그(log1p)를 취해 이러한 피처값을 보다 균등하게 분산시킬 수 있습니다. 이 변환에는 추가 데이터가 필요하지 않지만 음숫값은 처리할 수 없습니다.

z-점수 스케일링(정규화^{normalization})

정규(가우시안) 분포를 따르는 피처(예 아이템 평점)를, 각 값에서 평균값을 빼고 표준 편차로 나눠 표준화합니다. 평균과 표준 편차를 계산해야 하므로 로그 변환보다 더 많은 데이터가 필요합니다.

버키팅(예 분위수)

피처 분포에 상관없이 적용할 수 있는 방법으로, 피처값을 기준으로 동일한 크기의 저장소들을 생성합니다. 예를 들어 사용자 연령을 범위로 구분할 수 있습니다. 분위수 이산화를 적용하면 두 샘플의 거리는 두 샘플 사이의 샘플 수에 비례합니다. 이 변환에는 가장 많은 데이터가 필요한데 대략 버킷 수의 10배(참고자료 175) 정도입니다. 일부 정보가 손실되지만 불규칙한 분포를 효과적으로 처리할 수 있다는 장점이 있습니다.

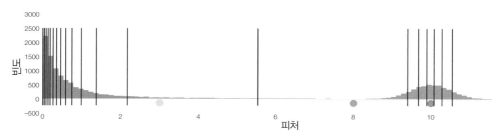

그림 5-4 분위수 이산화는 비모수적 분포에 유용합니다(출처: 참고자료 175)

누락된 피처를 설명하세요.

클러스터링은 유사도에 기반하므로 모든 열에 값이 존재하는 것이 중요합니다. 누락된 피처가 있다면 피처 자체를 완전히 제거하거나, 누락된 피처값을 대치[13]하거나, 누락된 데이터가 매우 적다면 샘플을 제거하는 등 몇 가지 옵션이 있습니다.

Q 5.8 판별적 문제 피처

분류 또는 회귀 지도 학습을 위한 피처 엔지니어링은 어떻게 하나요?

예시에서는 판별적discriminative 문제에 대한 피처 엔지니어링을 위한 개념 모델을 제안합니다. 어떤 피처를 사용할지는 문제 도메인에 따라 크게 다르지만 엔터티의 피처, 맥락적 피처, 순차 피처, 교차 피처, 파생 피처 등의 일반적인 범주를 고려하면 도움이 됩니다.

---

13 Q2.9에서 다양한 대치 기술을 알아보세요.

관련된 엔터티의 피처입니다. 여기서 엔터티는 단어, 이미지, 사용자, 아이템일 수도 있고 전혀 다른 무언가일 수도 있습니다. 이는 분석하거나 분류할 엔터티의 속성과 특성에 대한 정보를 제공합니다.

추천 시스템의 사용자 피처에는 인구 통계학적 요소, 관심사, 과거 행동 등이 포함될 수 있으며 아이템 피처에는 속성이나 인기도가 포함될 수 있습니다. 아이템 작성자의 피처도 유용할 수 있습니다.

봇 트래픽 탐지의 피처에는 트래픽의 IP 주소와 사용자 에이전트가 포함될 수 있습니다. 또한 요청의 내용과 구조를 분석해 봇 트래픽을 탐지할 수도 있습니다. 봇에 흔히 보이는 HTTP 헤더 또는 요청 URL의 패턴을 찾는 것이 포함될 수 있습니다.

자연어 처리 작업의 피처는 엔그램$^{n\text{-}gram}$, 어간^{stem}, 표제어^{lemma}, 소문자 표현, 단어 임베딩, 품사 태그$^{POS\ tag}$, 접두사, 접미사 등 다양한 형태의 입력 텍스트로 구성될 수 있습니다.

컴퓨터 비전$^{Computer\ Vision}$(CV)의 입력 피처는 RGB 또는 HSV와 같은 다양한 색상 공간으로 표현되는 원시 픽셀 값으로 구성될 수 있습니다. 또한 이미지에 변환을 적용하는 것도 일반적입니다. 균등화, 필터링, 블러링 등의 기법으로 동일한 이미지를 다르게 표현할 수 있습니다.

이러한 피처는 시간에 따른 변화 여부에 따라 **정적**^{static} 피처와 **동적**^{dynamic} 피처로 나뉩니다. 피처가 사용자 등록 시 수집되어 절대 바뀌지 않을 수도 있지만(예 인구 통계학적 요소) 정기적으로 수집되고 업데이트될 수도 있습니다(예 과거 행동).

호텔 객실 가격 책정을 예로 든다면 정적 피처는 객실 속성 등이며 동적 피처는 최근 조회 수, 예약 수, 후기 등입니다.

맥락적 피처 또한 중요한 입력 피처 유형으로, 문제가 발생하는 더 넓은 맥락에 관한 정보를 포착합니다.

개체명 인식과 같은 NLP 작업에서 맥락적 피처는 주변 텍스트나 문서 등입니다. 추천 시스템의 맥락적 피처에는 사용자 요청에 관한 시간, 디바이스 유형, 위치 등의 정보가 포함됩니다.

호텔 객실 가격 책정 모델의 피처에는 시장의 다양한 측면, 예를 들어 경쟁 대상인 주변 숙박 업소, 관련 후기와 조회 수 등이 포함됩니다. 위치와 주변 지역 정보 또한 피처 집합에 포함되어 예측에 기여할 수 있습니다.

순차 피처를 설명하세요.

많은 판별 문제에 유용한 입력 피처 유형으로, 이벤트가 발생하는 순서에 관한 정보를 담습니다. 예를 들어 시계열 예측 작업에서 순차 피처는 관심 변수에 관한 과거 데이터를 포함합니다. 추천 시스템의 순차 피처에는 사용자의 과거 행동이나 시스템과의 상호 작용 등이 있으며 NLP 작업에서 텍스트는 본질적으로 순차적입니다.

교차 피처를 설명하세요.

둘 이상의 입력 피처 간의 상호 작용을 포착하는 피처 유형입니다. 실제 상호 작용에 기반할 수도 있고 공학적engineered(계산적)으로 만들어낼 수도 있습니다. 상호 작용 기반은 기존 입력 피처 간의 상호 작용을 기반으로 만들어지며 공학적 교차 피처는 둘 이상의 입력 피처를 결합해 만들어집니다.

추천 시스템의 상호 작용 기반 교차 피처는 사용자와 아이템, 사용자와 작성자, 사용자와 광고주 등 피처 간의 상호 작용을 나타냅니다. 예를 들어 사용자와 아이템 간의 교차 피처는 특정 사용자가 특정 아이템과 상호 작용하는 빈도를 담을 수 있습니다. 이러한 피처는 사용자의 선호도를 식별하는 데 유용합니다.

공학적 교차 피처는 둘 이상의 입력 피처를 결합해 생성됩니다. 예를 들어 텍스트 처리에서 엔그램은 빈도 정보와 결합되어 단어의 관용적 용례를 포착합니다. 또한 단어가 문맥에 따라 다른 의미를 지닐 수 있으므로 단어를 품사와 결합하면 의미를 명확히 하는 데 도움이 됩니다.

또 다른 유형의 교차는 모델링 단계에서 피처 상호 작용을 포착함으로써 행해집니다. 예를 들어 입력 피처가 임베딩 공간으로 변환되면 임베딩끼리 서로 교차될 수 있습니다. 한 가지 예는 DeepFM(참고자료 080)입니다.

기존 피처를 사용해 만들어지는 입력 피처 유형입니다. 그 자체로 별도의 피처 그룹은 아니며 현재 피처에서 새로운 피처를 생성하는 기법을 의미합니다.

한 가지 예는 피처의 이진화^{binarization}입니다. is_a 나 has_a 등의 피처로 변환하는 것을 말합니다. 예를 들어 NLP 작업에서는 이진화를 통해 IsUpper, IsAcronym, IsNumber와 같은 피처를 생성합니다.

또 다른 인기 있는 방법으로 창^{windowed} 또는 감쇠^{decaying} 기법이 있습니다. 예를 들어 상호 작용 피처의 횟수를 계산한 후 1일, 3일, 1주 등으로 세분화합니다.

최근 일어난 상호 작용에 더 큰 가중치를 부여하기 위해 오래된 상호 작용은 감쇠될 수 있습니다. 피처 간의 비율 또한 파생 피처로 흔히 사용됩니다.

Q 5.9 생성 모델 피처

생성 모델에서 사용하는 피처에는 어떤 것이 있나요?

생성 모델은 학습 데이터와 유사한 신규 데이터를 생성하는 방법을 학습합니다. 일반적으로 생성 모델은 원시 데이터를 입력으로 받아 변환해서 사용합니다. 분야별로 예를 들면 다음과 같습니다.

자연어 처리

자연어 처리에서 언어 모델(LM)은 토큰화된 텍스트를 입력으로 사용합니다. 이는 텍스트를 개별 단어나 토큰으로 분해한 것입니다.

기계 번역

기계 번역(MT) 모델은 대량의 병렬 문장 쌍 데이터를 사용합니다. 이때 문장 쌍은 원본 언어 문장과 대상 언어로 번역된 문장으로 구성됩니다. 이러한 문장 쌍을 문장 정렬^{alignment}[14] 번역이라고 하며 일반적으로 수동 또는 자동 정렬 방법으로 얻습니다.

---

14 옮긴이_ 여기서 정렬은 문장 수준의 대응 관계를 뜻합니다. 기계 번역 분야에서 중요한 개념인 토큰 수준의 정렬이 아닙니다.

광학 문자 인식

광학 문자 인식(OCR)에서 학습 데이터는 일반적으로 인쇄하거나 손으로 쓴 텍스트를 스캔한 이미지 또는 문서의 방대한 모음입니다. OCR 시스템을 학습시키기 위해 이 이미지에 정답 텍스트 레이블이 지정됩니다. 모델 학습 프로세스에서 이미지는 정규화, 기울기skew[15] 조정, 스케일링, 기타 전처리 기술 등 다양한 변환을 거칩니다.

자동 음성 인식

자동 음성 인식(ASR)에서 입력 피처는 일반적으로 필터 뱅크 또는 필터 뱅크에서 추출되는 MFCC입니다. 필터 뱅크는 오디오 신호를 주파수 성분으로 분해하는 데 사용하며 MFCC는 필터 뱅크 출력에 추가 변환을 적용해 얻습니다.

텍스트 음성 변환

텍스트 음성 변환(TTS) 시스템은 원시 텍스트를 입력 피처로 사용해 정규화(예 숫자를 철자로 변환[16])를 거쳐 음소phoneme로 변환합니다(참고자료 113). 이는 음향 모델Acoustic Model(AM)의 입력 피처로 사용됩니다. TTS 시스템의 출력은 파형 또는 파형 블록 형태입니다.

[그림 5-5]는 AM과 신경망 보코더Neural Vocoder(NV)를 포함하는 TTS 시스템을 나타냅니다. AM은 시간에 따른 음성 신호의 스펙트럼 특성에 관한 정보를 담은 멜-스펙트로그램mel-spectrogram을 출력으로 생성합니다. 그런 다음 NV는 멜-스펙트로그램을 받아서 합성된 음성에 해당하는 최종 파형을 생성합니다. 몇몇 최신 TTS 시스템은 중간 멜-스펙트로그램 표현 없이 음소에서 직접 파형 블록을 생성하는 다른 기법을 사용합니다.

그림 5-5 텍스트 음성 변환(TTS) 시스템

----

15 옮긴이_ 여기서 기울기는 미분 경삿값(gradient)이 아니라 이미지상에서 텍스트가 기울어진 정도를 의미합니다.

16 옮긴이_ 예를 들어 108을 one hundred eight으로 변환합니다.

ML 실무자가 '조건부conditional' 형태의 생성 모델에 추가 입력 피처 유형을 제공하는 경우가 있습니다. 이러한 생성 모델의 예로 조건부 변분 오토인코더(CVAE)(참고자료 204)와 조건부 생성적 적대 신경망(CGAN)(참고자료 150)이 있습니다. 이러한 경우 일반적으로 모델은 학습 입력과 유사한 출력을 생성하는 대신 분류와 회귀 작업에 사용됩니다(참고자료 138).

Q 5.10 정보 추출 모델 구축

재무 보고서 등에서 정보를 추출하는 모델을 구축합니다. 어떤 기법이 있나요?

효과적인 정보 추출(IE) 모델을 구축하기 위해 여러 접근 방식을 결합하는 경우가 많습니다. 다양한 기법이 있습니다.

규칙 기반 시스템

주어진 텍스트에서 특정 정보를 식별하고 추출하기 위한 일련의 규칙과 패턴을 만듭니다. 이 규칙은 도메인 전문가가 직접 작성하는 경우가 많으며 광범위한 텍스트에 적용될 수 있습니다.

더 발전된 기법들이 있음에도 규칙 기반 시스템은 여전히 많은 IE 시스템에서 중요한 역할을 합니다. ML 모델 성능이 부족한 부분이 있을 때 정교한 규칙을 추가함으로써 미비점을 해결하는 데 도움이 됩니다. 이러한 기법들의 조합은 시스템의 전체 재현율을 크게 향상할 수 있습니다.

규칙 기반 하이브리드 접근 방식

규칙 기반 모델과 통계 모델을 결합해 정확성precision과 적용 범위coverage를 향상합니다. 예를 들어 규칙 기반 시스템으로 명사구 및 고유 명사와 같은 후보를 추출하고 학습된 분류기로 해당 항목을 분류합니다.

하이브리드 시스템은 완전 통계적 접근 방식에 비해 유연성과 해석 가능성이 높지만 도메인 전문 지식이 필요하므로 개발 및 유지 관리 비용이 더 높습니다.

통계 모델

IE 및 개체명 인식 기법의 도입 초기에 가장 인기 있었던 분류기는 HMM[Hidden Markov Model],
MEMM[Maximum Entropy Markov Model], CRF[Conditional Random Field]입니다.

HMM은 정보 추출에 적용된 초기 통계 모델 중 하나입니다. 일련의 입력 토큰이 주어지면 결합 확률을 사용해 태그 시퀀스의 확률을 모델링합니다. 관찰된 토큰 정보만 사용하며 다른 피처는 고려하지 않습니다.

MEMM은 HMM을 확장한 것으로, 로지스틱 회귀를 통해 방출[emission][17] 확률 분포를 조건부 모델링합니다. 이를 통해 시퀀스 레이블링 작업에 추가 피처를 사용할 수 있게 되는데 이는 HMM 구조에서는 불가능합니다.

CRF는 MEMM을 확장한 것으로, 레이블 편향 문제를 해결합니다. 레이블 편향은 어떤 상태[state]가 엔트로피가 낮은 레이블 전환[transition]을 선택함으로써 관련성이 있는 피처들을 결과적으로 무시하게 되는 현상[18]입니다. 이 문제를 해결하기 위해 CRF는 피처 함수를 사용해 입력 및 출력 시퀀스 간의 종속성을 모델링합니다. 피처 함수는 입출력 시퀀스의 특정 측면, 예를 들어 인접한 레이블들과 입력 피처 간의 관계 등을 인코딩합니다.

신경망 모델

최근 몇 년간 기존 통계 모델은 점차 신경망 모델로 대체됐으며 그중 CNN과 BiLSTM은 IE 작업에 매우 인기 있습니다.

CNN은 입력 텍스트에 컨볼루션 연산[19]을 적용해 IE에 사용합니다. IE의 맥락에서 CNN은 슬라이딩 윈도 접근 방식을 사용합니다. 여기서 CNN은 한 번에 고정 크기의 토큰 창(예 토큰 3개)에 컨볼루션 작업을 적용해 각 창에 대한 피처 맵을 생성합니다. 피처 맵들은 맥스-풀링 레이어를 통과해 가장 관련성이 높은 피처들을 추출하고, 이는 완전 연결[fully connected] 레이어에 공급되어 창 가운데에 위치한 토큰에 대한 레이블 확률 분포를 출력하게 됩니다.

BiLSTM[Bidirectional Long Short-Term Memory]은 자연어 텍스트와 같은 순차적 데이터를 처리하도록

---

17 옮긴이_ 정착된 번역어가 없습니다. '배출'로 번역하기도 합니다.

18 옮긴이_ 원문의 설명이 다소 어렵습니다. 시퀀스 전체에서 얻을 수 있는 정보를 사용하지 않고, 주어진 위치의 상태에서 가장 확률이 높은(엔트로피가 낮은) 레이블 전환만을 선택한다는 의미입니다.

19 Q5.12에서 컨볼루션 연산을 자세히 알아보세요.

설계된 신경망 유형입니다. 두 개의 LSTM 레이어로 구성되는데 하나는 입력 시퀀스를 왼쪽에서 오른쪽으로 읽고 다른 하나는 오른쪽에서 왼쪽으로 읽습니다. 두 LSTM 레이어의 출력값을 연결concatenate해 각 토큰의 표현을 만듭니다.

장거리 기억에 용이하도록 LSTM에는 다음 상태로 전달하거나 잊어버릴 정보의 양을 조절하는 게이트가 있습니다. 이처럼 BiLSTM은 시퀀스의 장거리 종속성을 고려해 토큰의 정방향 및 역방향 맥락을 모두 포착합니다.

이러한 모델들은 IE 작업에 독립적으로 사용돼왔지만 진정한 힘은 모델의 조합에 있습니다. 인기 있는 접근 방식으로 CNN, BiLSTM, CRF를 결합한 BiLSTM-CNN-CRF(참고자료 134)가 있습니다.

BiLSTM-CNN-CRF

이 접근 방식의 첫 번째 구성 요소인 CNN은 각 단어를 문자 단위로 처리해 접두사와 같은 형태학적morphological 정보를 포착합니다. 이 정보는 문자 수준의 단어 표현을 생성하는 데 사용됩니다.

두 번째 구성 요소인 BiLSTM은 문자 수준 단어 표현을 단어 임베딩과 연결하고 이를 정방향 및 역방향으로 처리해 입력 시퀀스에서 단어 간의 장거리 관계를 포착합니다.

마지막으로 CRF 레이어는 BiLSTM으로부터 문맥 정보를 담은 단어 표현을 받아서, 인접한 출력 레이블 간의 종속성을 고려해 최종 출력 레이블 시퀀스를 생성합니다.

[그림 5-6은] BiLSTM-CNN-CRF를 나타냅니다.

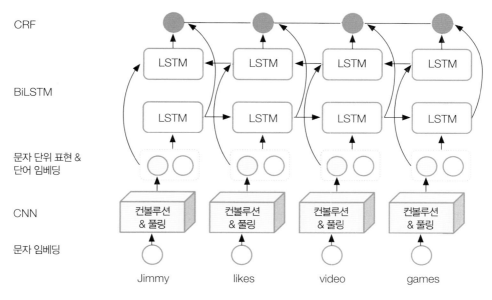

그림 5-6 BiLSTM−CNN−CRF의 다이어그램

이러한 아키텍처에는 변형도 있는데, BiLSTM과 CNN의 블록과 출력을 다양한 방식으로 결합해 사용합니다.

예를 들어 BiLSTM과 CNN에서 병렬로 피처를 추출해 연결한 뒤 CRF 레이어에 공급하거나, CNN 요소 없이 BiLSTM과 CRF만 사용하기도 합니다.

또 다른 변형은 CNN 요소를 BERT(참고자료 060)와 같은 사전 학습된 언어 모델로 대체하는 것입니다. 사전 학습된 BERT 인코더를 BiLSTM−CRF 아키텍처의 입력으로 사용하면 입력 텍스트에서 맥락 정보를 포착하는 데 특히 효과적입니다(참고자료 129).

> **TIP** IE과 NER을 위한 다양한 신경망 접근 방식은 [참고자료 090]에서 자세히 알아보세요.

Q 5.11 정보 추출 평가 지표

정보 추출을 어떤 지표로 평가하나요?

개체명 인식, 관계 추출, 상호 참조 해결, 청킹, 테이블 형식 정보 추출 등 대부분의 정보 추출 작업에는 다음과 같은 지표를 사용합니다.

정밀도

모델이 올바르게 예측한 인스턴스의 비율입니다. 올바르게 예측한 인스턴스 수를 모델이 예측한 총 인스턴스 수로 나눠 계산합니다.

재현율

모델이 올바르게 식별한 텍스트의 인스턴스 비율입니다. 올바르게 예측한 인스턴스 수를 텍스트의 총 인스턴스 수로 나눠 계산합니다.

F1 점수

정밀도와 재현율의 조화 평균으로서 두 지표를 고르게 반영합니다.

품사 태깅[20]은 **정확도**accuracy를 지표로 사용하며 이는 모델이 올바르게 레이블을 지정한 토큰의 비율입니다.

Q 5.12 분류 모델 구축

감성 분석 등을 위해 분류를 수행하는 모델을 구축합니다. 어떤 기법이 있나요?

감성 분석 모델의 종류는 Q5.2에서 살펴봤습니다. 분류 문제를 해결하려면 일반적으로 다음과 같은 모델 프레임워크를 고려합니다.

규칙 기반 모델

미리 정의한 규칙 집합을 사용해 데이터를 분류합니다. 규칙은 도메인 지식이나 경험적 추론을 기반으로 합니다. 이 모델은 빠르게 시작하는 데 도움이 되고 간단한 문제에는 효과적이지만 복잡한 작업에는 확장성이나 견고성이 부족할 수 있습니다.

....

20 옮긴이_ 품사 태깅 작업은 일반적으로 정보 추출 작업으로 간주되지 않지만 저자는 참고 목적으로 여기서 설명한 것 같습니다.

로지스틱 회귀

이진 또는 다항 분류에 널리 사용하는 통계적 기법입니다. 입력 피처값을 기반으로 이벤트가 발생할 확률을 추정합니다. 해석이 용이하며 정확성과 계산 복잡성이 적절히 균형을 이룹니다. 다만 입력 피처와 결과 간의 선형 관계를 가정하는데 그 가정이 항상 성립하지는 않습니다.

그래디언트 부스팅

약한 학습기 여러 개를 결합해 강력한 분류기를 만드는 앙상블 학습 기술입니다. 그래디언트 부스팅 결정 트리에서는 약한 학습기로 의사 결정 트리를 사용하며 각 후속 트리는 이전 트리에서 발생한 오류를 수정하도록 학습됩니다. 그래디언트 부스팅 결정 트리는 매우 효과적이며 광범위한 입력 데이터 유형을 처리합니다. 다만 범주형 피처, 이상치에 대한 민감도, DNN을 비롯한 다른 모델 유형과의 통합는 제한이 있습니다.

심층 신경망(DNN)

피드포워드 네트워크, CNN, RNN, 트랜스포머 등 다양한 종류가 있습니다. DNN은 광범위한 문제에 대한 현시점 최고 성능$^{\text{state-of-the-art}}$ 기술로 여겨지고 있습니다. 성능을 향상하고 학습 속도를 높여주는 수많은 오픈 소스 도구와 최적화 기술의 이점(예 분산 및 GPU 학습)을 누릴 수 있습니다. 다만 학습에 대량의 데이터가 필요하고 계산 비용이 높다는 단점이 있습니다.

DNN을 효과적으로 사용하기 위한 핵심은 피처 상호 작용을 고려하는 것입니다. 예를 들면 다음과 같습니다.

인수 분해 기계(FM)

피처 교차를 가능하게 해 피처 간의 복잡한 상호 작용을 포착하는 데 도움이 됩니다. FM은 다양하고 많은 수의 입력 피처와 엔터티 간의 상호 작용을 다뤄야 하는 추천 시스템에 매우 적합합니다.

어텐션 기반 메커니즘

트랜스포머 인코더를 비롯한 어텐션 기반 메커니즘[21]은 입력 시퀀스의 모든 위치에 주의를 기울여 장거리 종속성을 효과적으로 포착합니다. 어텐션 메커니즘은 시계열, 언어 모델링, 기계 번역, 정렬 작업과 같은 순차 데이터에 사용하기 적합합니다.

컨볼루션

입력의 인접한 영역 간에 강한 국소적 상관관계가 있는 공간 데이터를 처리하는 데 사용합니다. 풀링 레이어는 컨볼루션 레이어의 출력을 받아 공간 차원을 줄임으로써 출력을 압축합니다. 캡슐[22]은 풀링의 대안으로, 각 캡슐은 입력 영역의 서로 다른 속성을 모델링합니다. 따라서 CNN은 이미지 분류, 그래프 표현, 음성 신호 포착 등에 효과적입니다.

관련 핵심 용어는 다음과 같습니다.

컨볼루션

커널이라고도 하는 필터를 입력(例 이미지) 위로 슬라이딩해 피처 맵을 생성하는 작업입니다. 필터는 이미지의 가장자리edge, 모서리corner, 질감 등 입력의 특정 피처를 감지하도록 설계됩니다.

슬라이딩 윈도

한 번에 작은 단계 하나씩, 입력 위로 필터를 이동하면서 각 위치에서 컨볼루션 연산을 수행하는 프로세스입니다. 필터가 입력의 각 위치에 배치되어, 필터와 필터가 적용되는 영역(수용 필드receptive field) 내의 해당 입력값 간에 요소별 곱셈을 수행합니다. 그런 다음 결괏값을 합산해 단일 출력값을 생성하며 이 값은 피처 맵의 해당 위치에 할당됩니다.

이처럼 전체 입력에 필터를 슬라이딩시키면 모델은 입력의 여러 위치에서 다양한 스케일로 피처를 추출할 수 있습니다. 또한 여러 필터의 출력을 결합함으로써 복잡한 패턴과 더 고수준higher-level[23]의 피처를 포착할 수 있습니다.

---

21 Q4.29에서 어텐션 메커니즘을 자세히 알아보세요.

22 옮긴이_ 캡슐 네트워크(*https://en.wikipedia.org/wiki/Capsule_neural_network*)를 의미합니다.

23 옮긴이_ 여기서 고수준이란 형태적으로 더 구체성을 갖는다는 의미입니다.

[그림 5-7]은 CNN의 수용 필드를 나타냅니다. 각 입력 위치에 대한 연산을 병렬로 처리할 수 있지만 수용 필드의 크기는 제한됩니다. 따라서 광범위한 종속성을 포착하려면 컨볼루션 레이어들을 쌓아서 만들어야 합니다(출처: 참고자료 159).

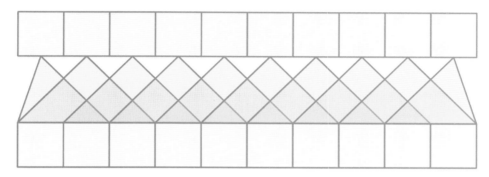

그림 5-7 CNN의 수용 필드

서포트 벡터 머신(SVM)

클래스 간의 간격을 최대화하는 결정 경계면을 찾는 지도 학습 알고리즘입니다. 딥러닝 시대 이전에 널리 사용했지만 오늘날은 흔히 사용하지는 않습니다. 한 가지 이유는 크고 복잡한 데이터셋에서 일반적으로 그래디언트 부스팅이나 DNN만큼 성능을 내지 못하기 때문입니다. 또한 원리적으로 이진 분류 모델이라 멀티클래스 분류 문제를 자연스럽게 다루지 못하며, 로지스틱 회귀 모델과 달리 DNN으로 쉽게 전환되지 않습니다.[24]

Q 5.13 회귀 모델 구축

수요 예측 등을 위해 회귀를 수행하는 모델을 구축합니다. 어떤 기법이 있나요?

주어진 문제에 가장 적합한 회귀 모델을 결정하기 위해 다음과 같은 접근 방식을 고려합니다.

---

24 Q2.10에서 로지스틱 회귀, 그래디언트 부스팅, DNN을 자세히 알아보세요.

선형 회귀

회귀 문제의 일반적인 출발점입니다. 종속 변수와 독립 변수 사이에 선형 관계가 있다고 가정합니다.

다항 회귀

다항 함수를 사용해 독립 변수와 종속 변수 간의 관계를 근사합니다. 다항 회귀는 다항식의 차수가 너무 높으면 과적합이 발생하기 쉽습니다.

다항 회귀 모델은 이상치과 노이즈에 취약하지만 노이즈 수준이 상대적으로 낮은 분야(예 태양광 패널 에너지 출력 예측)에 유용합니다.

서포트 벡터 회귀(SVR)

SVR에서 손실 함수는 ϵ-무감도 손실$^{\epsilon\text{-insensitive loss}}$로도 알려진 마진 기반 손실입니다. 이 손실 함수는 오차가 ϵ이라는 임곗값 안으로 들어오는 한 실젯값과의 편차를 허용합니다. SVR의 목표는 데이터에 가장 적합한 초평면^{hyperplane}을 찾는 동시에 초평면으로부터 ϵ 마진의 바깥에 있는 데이터포인트 개수를 최소화하는 것입니다. 이에 따라 SVR은 이상치와 노이즈에 덜 민감합니다.

SVR은 피처와 대상 변수$^{\text{target variable}}$ 간의 기본 관계가 복잡하고 비선형적이며 노이즈가 많을 수 있는 가격 모델링에 일반적으로 사용됩니다.

트리 기반 기법

예측을 위해 여러 의사 결정 트리를 결합하는 앙상블 학습 기법입니다. 랜덤 포레스트 회귀는 데이터 및 피처의 임의 하위 집합으로 각 의사 결정 트리를 학습시키는 배깅^{bagging} 기법입니다. 부스팅 트리 회귀는 의사 결정 트리를 순차적으로 학습시킴으로써 이전 트리의 오류 또는 잔차를 수정하는 데 중점을 두는 부스팅 접근 방식입니다.

트리 기반 접근 방식은 대량의 (연속형 또는 범주형) 피처가 있는 데이터셋을 처리할 때 적합하며, 누락된 피처를 처리하고 피처 상호 작용을 포착할 수 있습니다.

심층 신경망(DNN)

DNN[25]은 광범위한 회귀 문제에서 엄청난 인기를 얻고 있습니다. 회귀 문제에서 DNN을

---

25 Q4.29에서 업계에서 회귀 작업에 사용하는 DNN을 자세히 알아보세요.

사용해 얻는 이점 하나는 입력 피처 간의 복잡한 고차high-order 상호 작용을 모델링할 수 있다는 점입니다. 이는 서포트 벡터 회귀(SVR)나 부스팅 트리 같은 기존 방법으로는 어렵거나 불가능합니다.

분류 모델과 마찬가지로 회귀 작업을 위해 DNN을 설계하려면 피처 상호 작용을 모델링하는 방법을 고려해야 합니다. 인수 분해 기계, 어텐션 메커니즘, 컨볼루션 등을 사용할 수 있습니다.

Q 5.14 토픽 할당

식별된 토픽을 분류 체계에 할당하는 기술에는 어떤 것이 있나요?

토픽 모델링은 일반적으로 비지도 학습 기법이므로 레이블이 지정된 데이터가 필요하지 않습니다. 대신 데이터 내의 패턴과 구조를 이용해 토픽을 찾아냅니다.

찾은 토픽을 이미 존재하는 토픽 분류 체계에 할당하는 경우가 있습니다. 예를 들어 의료 기록 데이터셋에 토픽 모델링을 수행한다면 분류 체계에는 '심장학', '신경학', '종양학' 등의 범주가 있습니다.

토픽을 분류 체계에 할당하는 데는 다음과 같은 기법을 사용합니다.

하향식 접근 방식

이미 존재하는 분류 체계를 토픽 모델링 프로세스에 활용합니다. 한 가지 방법은 분류 체계의 각 범주와 관련이 있다고 확인된 일련의 단어 또는 구를 사전 지식으로 사용하는 것입니다(참고자료 102). 사전 지식은 각 단어나 구를 특정 토픽과 연결하는 토픽 시딩topic seeding 프로세스를 통해 토픽 모델에 통합됩니다. 그런 다음 이 시드들을 사용해 토픽 모델을 학습시키는데, 미리 정의된 어휘들과 일치하는 토픽을 생성하도록 유도합니다.

sLDASupervised LDA

sLDA 기법(참고자료 142)은 문서 수준에서 응답 변수(예 분류 체계의 범주)를 예측할 수 있는 잠재 토픽을 추론합니다.[26] 즉, sLDA는 특정 범주와 가장 밀접하게 연동되는 토

---

26 옮긴이_ 토픽의 조합과 범주를 연동시킨다는 접근 방식입니다.

픽 혼합 분포를 찾습니다. 다만 이 기법은 문서에 하나의 범주만을 지정한다는 제약이 있습니다.

L-LDA Labeled LDA

L-LDA(참고자료 181)는 sLDA의 제약을 극복하려는 접근 방식입니다. 각 문서를 잠재 토픽 조합으로 모델링하는 동시에, 이미 존재하는 분류 체계에 들어 있는 토픽만을 생성하도록 모델을 제한합니다. 이는 토픽 혼합 분포를 나타낼 디리클레 분포를 수정함으로써 수행됩니다. 즉, 디리클레 분포를 토픽 레이블에 해당하는 토픽들로만 제한합니다.

상향식 접근 방식

먼저, 토픽 모델링으로 토픽을 식별한 후 각 토픽에 대해 가장 대표적인 단어나 문구를 추출합니다. 그리고 이러한 단어나 문구를 분류 체계의 범주와 비교해 가장 잘 맞는 항목을 결정합니다. 이는 키워드 일치, 문자열 일치, 코사인 유사도 등 다양한 방법으로 수행합니다.

휴먼 인 더 루프 Human-in-the-loop 접근 방식

상향식 접근 방식과 유사하되 인간 전문가가 토픽을 분류 체계에 할당하는 프로세스에 참여합니다. 토픽 모델링을 통해 식별한 토픽, 단어 및 문구를 전문가가 검토하고 분류 체계의 적절한 범주에 수동으로 할당합니다.

Q 5.15 토픽 모델링 평가 지표

토픽 모델링 알고리즘의 성능을 어떤 지표로 평가하나요?

토픽 모델링에 대해 널리 합의된 평가 지표는 없습니다. 매우 다양한 지표를 사용하며 몇 가지 예는 다음과 같습니다.

퍼플렉시티

테스트 셋의 로그 가능도로, 학습된 모델이 주어진 테스트 셋 내의 단어들을 관찰할 확률입니다.

$$perplexity = \exp\left\{-\frac{\sum_{d=1}^{M} \log(p(w_d))}{N}\right\}$$

$p(w_d)$는 문서별 토픽 분포와 토픽별 단어 분포를 고려해 단어 w_d가 관찰될 확률이며, N은 테스트 셋의 총 단어 수입니다.

퍼플렉시티[27]는 일반적으로 사용하는 지표이지만 추출된 토픽의 품질에 대한 인간의 평가와는 상관관계가 약한 경우가 많습니다(참고자료 038).

토픽 일관성

토픽 해석 가능성에 대한 인간의 평가와 더 밀접하게 일치하는 지표입니다(참고자료 117). 토픽의 상위 단어들이 서로 얼마나 관련되어 있는지 측정하며 일반적으로 일관성 coherence 점수가 높을수록 토픽이 더 일관되고 해석 가능합니다. 토픽 일관성을 계산하는 방법에는 몇 가지가 있는데 일반적으로는 두 단어의 동시 발생 확률을 포착하는 점별 상호 정보량(PMI)을 사용합니다. 토픽의 상위 단어들 간의 평균 PMI로 계산됩니다.

토픽 다양성

모델이 생성한 토픽의 폭을 평가하는 데 사용하는 보완적 지표입니다. 모든 토픽의 상위 25개 단어 중 고유 단어의 비율을 측정합니다. 다양성 diversity 점수가 높을수록 모델이 더 넓은 범위의 토픽들을 포착합니다.

다운스트림 성능

예를 들어 모델이 생성한 토픽 분포를 문서 분류를 위한 피처로 사용하거나 문서 검색 및 랭킹 작업에 사용합니다. 다운스트림 모델의 성능을 확인함으로써 토픽 모델이 데이터 내의 관련 토픽을 얼마나 잘 포착했는지 평가합니다.

---

27 옮긴이_ 정착된 번역어가 없습니다.

유사한 뉴스 기사를 그룹화하는 등 클러스터링을 수행하는 모델을 구축합니다. 어떤 기법이 있나요?

문서 클러스터링의 목표는 내용에 따라 유사한 문서끼리 그룹화하는 것입니다. 수년간 문서 클러스터링을 위한 다양한 기법이 개발됐으며 문서 표현과 클러스터 할당 기술이 크게 발전했습니다.

문서 표현을 설명하세요.

문서 클러스터링을 위한 초기 기법에서는 **단어 가방**(BoW) 표현을 사용했는데 이때 각 문서를 단어별 빈도의 벡터로 표현했습니다. 그런데 BoW는 단어의 의미론적semantic 요소를 포착하지 못하므로 클러스터링 성능이 좋지 않습니다. 이를 극복하기 위해 **단어 빈도-역문서 빈도** (tf-idf)가 도입됐습니다. tf-idf는 문서와 말뭉치 전체에서 각 단어의 중요성을 고려해 클러스터링 성능을 향상합니다.

딥러닝이 등장하면서 Word2Vec, GloVe와 같은 **단어 임베딩**이 인기를 얻었습니다. 단어 임베딩은 단어를 밀집dense되고 연속적인 벡터로 인코딩해 단어의 의미론적 요소를 포착합니다. 단어 임베딩은 문서 표현에 다양한 방식으로 사용될 수 있습니다. 한 가지는 문서의 모든 단어에 대한 단어 임베딩의 평균을 계산해 문서를 나타내는 단일 벡터를 만드는 방식입니다. 또는 단어 임베딩을 순환 신경망Recurrent Neural Network(RNN)이나 LSTM 모델에 입력하는 방식도 있습니다. 이 모델들은 문서에서 단어 간의 순차적 종속성을 포착하는 방법을 학습합니다. 그런 다음 RNN이나 LSTM의 최종 은닉 상태를 문서의 고정 길이 표현으로 사용합니다.

최근에는 문서의 관련 부분에 주의를 기울여 문서 임베딩을 생성하는 **어텐션 기반 메커니즘**과 BERT와 같은 **트랜스포머 모델**이 사용되고 있습니다. 이러한 모델은 장거리 종속성과 맥락을 포착함으로써 클러스터링 작업에 사용할 수 있는, 보다 정확하고 의미 있는 문서 표현을 생성합니다. 게다가 BERT는 하위 단어 토큰화subword tokenization를 사용해 OOVOut-Of-Vocabulary 단어도 처리할 수 있습니다.[28] 여기에는 큰 말뭉치 내의 빈도를 이용해 단어를 더 작은 단위로 나누

---

28 옮긴이_ 어떻게 토큰화하는지는 어떤 모델을 쓰는지와 기본적으로 무관(orthogonal)합니다. 다만 트랜스포머와 BERT 시대에 들어오

는 작업이 포함됩니다. 이를 통해 BERT는 OOV 단어를 완전한 신규 단어로 처리하는 대신에 이전에 본 하위 단어 단위의 조합으로 표현합니다.

클러스터 할당을 설명하세요.

클러스터 할당을 위한 최초 기법인 **k−평균**은 데이터포인트 사이의 거리에 따라 데이터를 고정된 개수의 클러스터로 분할합니다. k−평균은 초기화에 민감하고, 클러스터 수를 지정해야 하며, 비구형$^{non-spherical}$ 클러스터를 처리하지 못하는 등 여러 가지 한계가 있습니다.

이 한계를 극복하기 위해 **계층적**^{hierarchical} **클러스터링**이 도입됐습니다. 유사한 문서를 반복적으로 그룹화해 트리와 같은 클러스터 구조를 만드는 기법입니다. 또 다른 기법인 **밀도 기반 클러스터링**(예 DBSCAN)은 데이터 공간에서 밀도가 높은 영역을 기반으로 클러스터를 식별합니다.

확률 모델인 가우시안 혼합 모델(GMM)은 주어진 데이터셋에 가장 적합한 여러 가우스 분포(클러스터)의 혼합을 찾습니다. 학습 프로세스에는 혼합될 가우스 분포 각각에 대한 매개변수(평균, 공분산, 혼합 계수)를 추정하는 작업이 포함되며, 널리 사용하는 방법으로 기댓값 최대화(EM)와 변분 추론$^{variational\ inference}$이 있습니다. GMM은 해당 문서가 혼합 가우스 분포(클러스터)들 중에서 어느 분포에 속할 가능도가 가장 높은지에 따라 클러스터를 할당합니다.

최근에는 딥러닝의 발전으로 문서 클러스터링을 위한 신경망 기법이 개발됐습니다. 신경망 기법은 문서 표현과 클러스링을 함께 학습할 수 있습니다. **딥 임베딩 클러스터링**(DEC)(참고자료 264)은 오토인코더의 형태로 클러스터링 문제를 다루는데, 여기서 네트워크는 재구성^{reconstruction} 오차를 최소화하도록 학습됩니다. 클러스터링 맥락에서 DEC는 오토인코더 구조를 사용해 잠재해 있는 클러스터 구조를 학습해냅니다. DEC는 두 단계를 번갈아 학습합니다. 첫 번째 단계에서는 클러스터에 대한 확률 분포를 사용해 문서들을 할당합니다. 클러스터의 초기 중심^{centroid}은 k−평균으로 얻습니다. 두 번째 단계에서는 대상 분포와 소프트 할당 간의 쿨백−라이블러 발산(KLD) 손실을 사용해 클러스터를 업데이트합니다. KLD는 고신뢰 할당$^{high\ confidence\ assignment}$을 기반으로 계산됩니다. 관련 기법으로 딥 컨볼루셔널 임베딩 클러스터링$^{Deep\ Convolutional\ Embedding\ Clustering}$(DCEC)이 있습니다(참고자료 081).

면서 하위 단어 토큰화가 사실상의 표준(defacto standard)이 됐다는 점은 기억할 만합니다.

[그림 5-8]은 DEC의 네트워크 구조를 나타냅니다. 네트워크는 최소 제곱 손실(그림에는 없음)을 사용하는 스택형 오토인코더로 초기화됩니다. 그런 다음 디코더는 버리고 위의 인코더 전용 구조만 사용합니다. q는 각 데이터포인트의 클러스터에 대한 소프트 할당을 나타냅니다. DEC의 학습 프로세스에는 대상 분포와 소프트 할당 q 간의 KLD 손실(고신뢰 할당을 기반으로 계산)을 최소화하는 작업이 포함됩니다.

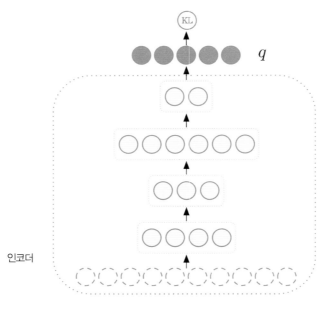

그림 5-8 DEC의 네트워크 구조

TIP 최신 딥 클러스터링 접근 방식을 비교 분석한 블로그 글 [참고자료 055]를 읽어보세요.

Q 5.17 클러스터링 평가 지표

클러스터링 알고리즘의 성능은 어떤 지표로 평가하나요?

문서 클러스터링은 정답 레이블에 기반한 지표로 평가하는 경우가 많습니다.

ACC ^{Unsupervised Clustering Accuracy}

널리 사용하는 지표이며 지도 학습의 분류 정확도^{accuracy}와 같은 역할을 합니다. 정답 클러스터에 올바르게 할당된 문서의 비율을 측정합니다. ACC를 계산하려면 정답 레이블과 클러스터 간의 일대일 매핑이 필요합니다.

조정 상호 정보량^{Adjusted Mutual Information}(AMI)

정보 이론을 기반으로 하는 지표입니다. 두 클러스터링에서 동일한 클러스터에 할당된 샘플의 비율을 고려한 다음, 우연히 동일한 클러스터 할당이 발생할 가능성을 반영하기 위해 정규화합니다. 상호 정보(MI)는 다음과 같이 정의됩니다.

$$ MI(U, V) = \sum_{i=1}^{|U|} \sum_{j=1}^{|V|} \frac{|U_i \cap V_j|}{N} \log \frac{N|U_i \cap V_j|}{|U_i \| V_j|} $$

U와 V는 두 개의 서로 다른 클러스터링 결과입니다.

조정 랜드 지수^{Adjusted Rand Index}(ARI)

두 클러스터링 간의 유사도를 측정하는 지표입니다. 모든 샘플 쌍에 대해, 두 클러스터링에서 동일한 클러스터에 할당된 수와 다른 클러스터에 할당된 수를 집계합니다. 이 지표는 우연히 같은 클러스터에 들어갔을 가능성을 고려해 조정됩니다.

ARI와 AMI는 비슷한 지표이지만 ARI가 일반적으로 데이터의 참조^{reference} 클러스터링의 분포가 균형을 이루는 경우에 선호되는 반면, AMI는 보다 불균형한 경우에 권장됩니다(참고자료 189).

Q 5.18 텍스트 생성 모델 구축

문서를 요약 등을 위해 텍스트를 생성하는 모델을 구축합니다. 어떤 기법이 있나요?

Q5.4에서 소개했듯이 문서 요약을 위한 기법에는 분류기들을 연쇄적^{cascade}으로 사용하는 추출적 기법과 생성 모델링을 사용하는 추상적 기법이 있습니다.

추출적 문서 요약을 설명하세요.

앞서 이미 다뤘으므로 간략한 개요만 설명하겠습니다. 추출적 기법에는 일련의 분류기가 필요하며 프로세스는 다음과 같습니다.

1 분류기가 관련된 문장들을 식별합니다.
2 유사도 기준(예 잠재 표현)을 기반으로 중복 문장을 클러스터링해 중복을 제거합니다.
3 중요성이나 텍스트 내 위치 등의 기준에 따라 문장에 순서를 지정합니다.
4 쌍별 분류를 사용해 상호 참조 해결을 수행함으로써 텍스트에서 동일한 엔터티에 대한 언급을 모아 그룹화합니다.

추상적 문서 요약을 설명하세요.

초기 추상적 요약 기법은 통계적 기계 번역(SMT)(참고자료 014, 261)에서 영감을 받은 **노이지 채널 접근** 방식에 기반을 둡니다. 콘텐츠 선택과 표층 구현surface realization이라는 두 가지 요소로 구성[29]되는데, 이는 SMT에서 사용되는 번역 및 언어 모델의 역할과 비슷합니다. 콘텐츠 선택은 특정 토큰이 요약에 나타날 확률에 초점을 맞추는 반면 표층 구현은 선택한 토큰을 의미 있는 방식으로 배열하는 데 중점을 둡니다.

최근에는 신경망 기법이 출현함에 따라 추상적 요약이 크게 발전했습니다. 심층 신경망(DNN)으로 입력 텍스트를 요약 텍스트로 매핑하는 방식을 사용합니다. 추상적인 요약에 사용하는 신경망 기법 유형은 다음과 같습니다.

RNN

네트워크의 은닉 상태에 이전 컨텍스트 정보를 저장하는 능력을 활용해 임의의 긴 컨텍스트를 모델링할 수 있습니다. 새로운 입력 토큰이 들어올 때마다 은닉 상태를 업데이트해 현재 입력과 이전 은닉 상태의 정보를 포함하도록 합니다. RNN 기반 텍스트 요약기의 예로는 [참고자료 156]이 있습니다.

---

29 옮긴이_ 노이지 채널 모델(noisy channel model)은 결과 생성을 두 요소로 나눕니다. 하나는 결과에 담을 내용 자체이고 또 하나는 그것을 최종 형태로 표현하는 것입니다. 생성하려는 결과가 자연어 텍스트라면 결과에 담을 내용은 전달하려는 요점이고, 최종 형태는 필요한 단어들을 문법에 맞게 배열한 텍스트입니다. 후자를 표층 구현이라고 합니다.

LSTM

RNN의 변형으로, 장기 종속성을 더 잘 처리하도록 설계됐습니다. 일련의 게이트 와연결된 메모리 셀을 도입함으로써 들어오고 나가는 정보 흐름을 조절합니다. 게이트들은 시퀀스의 이전 시간 단계 정보를 선택적으로 잊거나 유지하도록 설계됐습니다. LSTM 기반 텍스트 요약기의 예로는 [참고자료 048]이 있습니다.

CNN

시퀀스 모델링에 덜 자주 사용됐지만 몇 가지 장점이 있습니다. 주요 이점은 과거 전체의 정보를 저장하는 RNN과 달리 고정된 길이의 맥락 정보를 표현한다는 점입니다.[30] 이를 통해 CNN은 모델링할 종속성 범위를 보다 정확하게 제어합니다. 또한 CNN에는 입력 시퀀스에 대한 계층적 표현을 구축할 수 있습니다. 이 계층적 구조를 통해 입력 시퀀스의 장거리 종속성을 RNN보다 더 짧은 경로로 포착합니다. CNN 기반 텍스트 요약기의 예로는 ConvS2S(참고자료 070)가 있습니다.

추상적 요약 분야의 최신 발전은 사전 학습된 LLM 활용에 중점을 둡니다. 이러한 LLM은 이전의 신경망 기법과 달리 트랜스포머 아키텍처를 기반으로 하며, 문서 요약 작업을 위한 미세 조정에 앞서 방대한 원시 텍스트 데이터로 사전 학습됩니다. 트랜스포머 기반 모델은 요약을 생성할 때 어텐션 메커니즘을 사용해 입력 텍스트의 가장 관련성이 큰 부분에 집중합니다.[31]

예를 들어 사전 학습된 LLM인 T5[Text-to-Text Transfer Transformer], BART[Bidirection and Auto-Regressive Transformer], PEGASUS를 활용하는 접근 방식이 인기가 있습니다(참고자료 082). 디코더 전용 모델인 GPT 계열과 달리 이 세 가지 LLM은 모두 인코더–디코더 트랜스포머 아키텍처를 기반으로 합니다.

T5

구글에서 개발한 LLM(참고자료 179)이며 기계 번역, 문서 분류, 질의응답과 같이 크고 다양한 작업 집합으로 학습됐습니다. 독특한 특징은 모든 언어 문제를 통일된 텍스트 대 텍스트 형식으로 변환해서 처리한다는 점입니다. 이러한 사전 학습 방식을 통해 T5는 광

---

30 옮긴이_ 여기서는 입력의 길이를 이야기합니다.
31 트랜스포머와 LLM은 이 책의 부록에서 자세히 알아보세요.

범위한 자연어 처리 작업에 매우 유연하게 대처합니다. T5는 다양한 길이와 무작위 마스크 비율이 적용된 텍스트로 사전 학습됐습니다.

BART

2020년 페이스북 AI 리서치에서 소개한 LLM입니다(참고자료 120). 노이즈 제거 오토인코더denoising autoencoder 방식으로 학습되는데, 손상된 버전에서 원본 입력 텍스트를 재구성하게 됩니다. BART는 사전 학습 단계에서 토큰 마스킹, 토큰 삭제, 문장 무작위 섞기 등의 다양한 손상 함수를 적용합니다.

PEGASUS

추상적 요약을 위해 특별히 설계된 LLM이며 모델 아키텍처가 BART와 동일합니다(참고자료 274). PEGASUS의 사전 학습 작업은 GSG$^{Gap Sentences Generation}$로, BART와 다릅니다. 마스킹을 문장 단위로 적용한 다음 언어 모델이 나머지 문서 맥락을 기반으로 마스킹된 문장들을 생성하도록 학습됩니다. 마스킹할 문장을 선택하기 위해 PEGASUS는 정해진 수의 문장을 무작위로 선택하거나 처음 몇 개 문장을 선택하는 등 다양한 전략을 사용합니다.

TIP 추상적 요약에 사용하는 신경망 기법은 [참고자료 033]에서 자세히 알아보세요.

Q **5.19 텍스트 생성 평가 지표**

생성 작업의 품질은 어떤 지표로 평가하나요?

생성 작업의 품질을 평가하기 위한 지표들은 생성된 텍스트와 참조 텍스트 간의 유사도를 측정한다는 공통점이 있습니다. 동시 발생co-occurrence 기반 지표와 편집 거리 기반 지표라는 두 가지 유형이 있습니다.

동시 발생 기반 지표

문서 요약은 주로 **ROUGE**Recall-Oriented Understudy for Gisting Evaluation를 사용합니다. ROUGE는 생성된 요약과 참조 요약 간의 중첩을 엔그램 동시 발생 측면에서 측정합니다. 종류에는 ROUGE-1, ROUGE-2, ROUGE-L(최장 공통 부분 문자열longest common subsequence을 사용) 등이 있습니다.

기계 번역은 **BLEU**^{Bilingual Evaluation Understudy} 점수를 사용합니다. ROUGE와 마찬가지로 BLEU도 엔그램 동시 발생 정도를 측정합니다. 주요 차이점은 정밀도와 재현율 중 어느 것을 중시하는지에 있습니다. BLEU는 정밀도를 중시하는데, 생성된 텍스트의 엔그램들이 참조 텍스트에 얼마나 들어있는지를 측정합니다. 반대로 ROUGE는 재현율 지향적인 데, 참조 텍스트의 엔그램들이 생성된 텍스트에 얼마나 들어있는지를 측정합니다.

편집 거리 기반 지표

자동 음성 인식(ASR) 시스템은 **단어 오류율**^{Word Error Rate}(WER)로 평가됩니다. WER은 모델이 생성한 결과와 참조 텍스트 간의 차이를 단어 대체, 삭제, 삽입 횟수를 기준으로 측정합니다.

OCR 시스템은 **단어 정확도**와 **문자 정확도**라는 두 가지 지표로 평가합니다. 이는 ASR 시스템을 평가하는 방법과 유사합니다. OCR에서 정확도를 계산하기 위해 WER 또는 문자 오류율^{Character Error Rate}(CER)을 사용하는데, 정확도는 1에서 WER 또는 CER를 뺀 값입니다.

Q 5.20 모델링 워크플로

예측을 서빙하기 위해 모델을 준비하는 단계를 설명하세요.

일반적인 ML 모델링 워크플로는 다음과 같은 요소로 구성됩니다.

1 데이터 준비, 분석, 변환

데이터를 수집, 정리하고 ML 모델 학습에 적합한 형식으로 변환합니다. 이 과정에서 데이터를 분석 및 시각화해 모델 개발에 활용할 수 있는 패턴과 관계, 또는 모델의 예측 능력을 잠재적으로 손상시킬 수 있는 이상치나 불규칙성을 찾아냅니다.

2 학습, 조정, 평가

준비된 데이터로 모델을 개발하고 학습합니다. 그리고 다양한 지표를 사용해 모델 성능을 평가합니다. 검색 공간, 목표 등 다양한 요소를 정해서 하이퍼파라미터 검색을 수행함으로써 모델 트레이너에 최적화된 값을 제공할 수 있습니다.

모델을 프로덕션에 배포하기 전에 모델이 정확하고 신뢰할 만한지 확인하는 것이 중요합니다. 이는 일반적으로 모델 성능이 사전에 정의한 기준을 충족하는지 검증하는 **모델 축복** model blessing[32] 단계를 통해 이뤄집니다.

모델이 축복됐으면 프로덕션 환경에 배포할 수 있습니다. 이 과정에서 모델을 **모델 저장소** model repository에 업로드하는데, 모델 저장소는 학습된 모델과 관련 메타데이터(예 버전)를 저장하고 관리하기 위한 집결지 역할을 합니다. 모델 저장소를 사용하면 개발자가 모델을 쉽게 관리하고 저장하고 꺼내올 수 있습니다. 팀과 프로젝트 간에 모델 공유도 촉진됩니다.

모델을 배포하기 전에 모델 인프라 검사를 수행해 모델이 프로덕션 환경에 성공적으로 통합될 수 있는지 확인하면 도움이 됩니다. 이 과정에서 모델을 샌드박스 환경에 로드하고 몇 가지 예측 성능을 테스트하면, 프로덕션 배포 후 발생할 수 있는 잠재 문제를 식별하는 데 도움이 됩니다.

TIP TFX 파이프라인(참고자료 232)은 프로덕션 워크플로를 정의하는 데 흔히 사용하는 라이브러리입니다. 쿠브플로 파이프라인Kubeflow Pipelines(참고자료 097)과 같은 오케스트레이션 시스템 내에서 실행됩니다.

Q **5.21 오프라인 예측**

텍스트 모음에서 토픽을 추론하는 등의 오프라인 예측을 어떻게 수행하나요?

온라인 예측은 4장과 6장에서 다루므로 여기서는 오프라인 예측에 중점을 둡니다.

오프라인 예측은 실시간 예측 서빙이 필요 없는 다수의 데이터포인트에 대한 일괄batch 스코어링 작업을 의미합니다. 예측을 즉시 또는 실시간으로 생성할 필요가 없는 대신, 다수의 데이터포인트를 효율적으로 처리하려는 경우에 일반적으로 사용합니다.

---

32 옮긴이_ 국내에서 일반적으로 통용되는 용어는 아니지만 원문 표현의 의미를 살려서 번역했습니다.

일괄 예측 사용 사례를 설명하세요.

이메일 및 푸시 알림

실시간 서빙이 필요하지 않은 사용자 유지 캠페인 및 프로모션 캠페인입니다.

다른 시스템에 공급할 데이터셋을 만드는 경우

예를 들어 광고 타기팅에 사용하기 위해 사용자의 인구 통계학적 요소를 추론하는 경우, 필터링 작업에 사용하기 위해 고객 리뷰에서 주요 특성이나 피처를 추출하는 경우가 있습니다.

데이터 분석을 수행하는 경우

한 가지 예인 감성 분석은 고객 피드백 검토, 특정 시장의 최신 토픽 포착, 고객 선호도 변화와 같은 새로운 고객 행동 식별을 포함합니다.

수요 및 가격 모델링

오프라인 예측을 사용해 가격 전략을 조정하고 재고 수준을 최적화해 수요를 충족시키면서 제품 가격을 경쟁력 있게 책정합니다.

일괄 예측 단계를 설명하세요.

온라인 예측과 달리 일괄 예측에는 데이터 웨어하우스나 클라우드 스토리지에 데이터를 모은 후 해당 데이터를 예약 처리하는 작업이 포함됩니다. 관련 단계는 다음과 같습니다.

1 데이터를 클라우드 저장소로 보내기

데이터가 데이터 웨어하우스에 저장되어 있다면 구글 클라우드 스토리지와 같은 클라우드 저장소로 보낼export 수 있습니다. 데이터 웨어하우스에 저장된 데이터는 일반적으로 쿼리를 위해 구조화되고 최적화되어 있지만 ML 모델을 사용한 배치 처리에 반드시 최적화된 것은 아니기 때문입니다.

2 데이터 전처리하기

일괄 예측을 위한 데이터를 준비하기 위해 필터링, 집계, 변환을 통해 데이터를 전처리합니다. 데이터플로^{Dataflow}와 같은 데이터 처리 파이프라인을 사용하면 예약 또는 트리거 기반 작업으로 전처리 단계를 수행할 수 있습니다.

3 일괄 예측 작업 실행하기

관련 데이터포인트 전체(예 특정 기간 내 데이터 전체)에 대한 예측을 생성하기 위해 모델 저장소의 학습된 모델을 사용해 일괄 예측 작업을 실행합니다. 모델은 메모리에 로드되고 분산 컴퓨팅 리소스를 사용해 병렬로 예측이 생성됩니다. 이때 하둡 맵리듀스를 사용하면 여러 노드에서 예측 프로세스를 병렬화할 수 있습니다.

4 예측 결과를 클라우드 스토리지에 기록하기

일괄 예측 작업이 완료되면 예측 결과가 적절한 형식(예 CSV 또는 파케이^{Parquet})으로 클라우드 스토리지에 다시 기록됩니다. 출력 내용에는 실제 예측 결과와 함께 행 식별자 또는 신뢰도 점수와 같은 관련 메타데이터나 정보도 포함됩니다.

5 예측 결과를 데이터 웨어하우스 등으로 보내기

마지막으로, 추가 분석 또는 활용을 위해 예측을 데이터 웨어하우스 또는 다른 시스템으로 내보냅니다. 예를 들어 데이터 분석을 위해 빅쿼리에 로드하거나 다른 모델이 온라인 예측에 사용할 수 있도록 피처 스토어에 저장합니다.

[그림 5-9]는 오프라인 예측 파이프라인 예시를 나타냅니다. 여러가지 접근 방식이 있으며 파이프라인에 데이터 웨어하우스 요소가 없을 수도 있고, 점수 예측을 위해 데이터를 준비하는 작업을 별도로 둘 수도 있습니다. 마지막으로 다운스트림 종속성은 배치 작업을 통해 분산 스토리지에서 업데이트하거나 게시/구독^{pub/sub} 방식으로 직접 업데이트를 받을 수 있습니다.

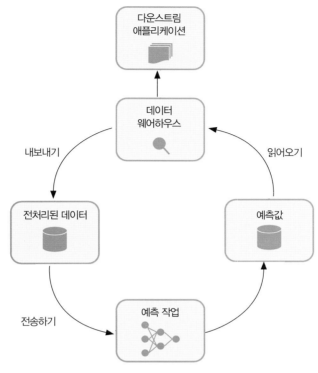

그림 5-9 오프라인 예측 파이프라인의 예

TIP 오프라인 및 온라인 예측은 구글 클라우드 아키텍처 페이지의 [참고자료 148]에서 자세히 알아보세요.

ML 인프라 설계

CHAPTER 6

지원자가 시니어 이상이라면 면접관은 ML 솔루션을 대규모로 구현하는 능력을 평가하기도 합니다. 실무 문제에 ML을 적용할 때는 몇 가지 과제가 있습니다. 대량의 데이터 및 트래픽 처리, 정확성과 성능 간의 균형 이루기, 학습 및 서빙 프로세스 최적화, 피처 및 모델 관리를 위한 탄력적인 시스템 구축 등입니다. 이 장에서는 이와 관련해 면접에서 나올 수 있는 질문들을 살펴봅니다.

4장과 5장의 배포 및 서빙 관련 질문에서 ML 인프라의 다양한 구성 요소를 살펴봤습니다. 여기서는 ML 인프라에 관한 내용을 추가로 살펴보며 고급 주제 또한 함께 다룹니다.

실제 면접에서 이러한 질문은 ML 시스템 설계 면접 세션에 통합되는 경우가 많습니다. 경우에 따라 면접관은 대규모 ML 관련 질문에 집중하기 위해, ML 시스템 설계 면접의 서빙 부분을 줄이거나 건너뛰기도 합니다.

Q **6.1 모델 개발 가속화**

> **모델 개발 프로세스를 가속화하는 방법에는 무엇이 있나요?**

모델 개발 프로세스 속도를 높이는 방법에는 여러 가지가 있습니다.

작은 데이터셋으로 실험하기

더 작은 데이터셋으로 학습하면 학습 시간이 줄어들고 더 빠른 반복이 가능합니다. 데이터 로드 및 변환에 판다스^{Pandas}를 이용해서 프로토타이핑하면 TFX 파이프라인을 사용할 때

보다 빠르며 판다스로 구축한 모델을 TFX로 쉽게 옮길 수 있습니다.

간단한 모델로 시작하기

처음부터 모델을 구축해 제품화 가능성을 입증하는 것이 목표라면, 간단한 피처 전처리 기술을 사용해 다층 퍼셉트론(MLP)과 같은 기본 모델 아키텍처로 시작하는 편이 좋습니다 (참고자료 226). 더 작은 모델을 사용하면 더 작은 데이터셋에 대한 과적합의 위험을 완화하는 데 도움이 되기도 합니다.

신속한 프로토타이핑 프레임워크 활용하기

빅쿼리 ML(BQML)이나 오토ML^AutoML을 사용해 최소한의 코딩 노력으로 데이터 로드부터 모델 학습까지 가설을 신속하게 테스트합니다. 대규모 데이터셋에서 효율적인 학습도 할 수 있습니다. 주요 단점은 커스터마이징(예 모델 크기 제한, 피처 전처리, 결측값 대치)의 제한에 따른 모델 성능 문제입니다. 추가 커스터마이징을 하려면 케라스^Keras 등을 사용해 모델을 다시 작성해야 합니다.

피처 선택 수행하기

일반적으로 피처가 많을수록 모델 성능이 향상되지만, 피처를 신중하게 선택해두면 그다음부터는 들이는 시간에 비해 얻는 성능 향상분은 점점 적어짐^diminishing returns니다. 피처가 2,000개인 모델의 성능은 가장 중요한 피처 200개를 갖는 모델보다 약간 정도만 좋을 수 있습니다. 피처를 선택할 때는 피처의 중요성뿐 아니라 모델과의 조합, 피처를 수화하는 데 드는 비용도 고려해야 합니다. 또한 희소, 가변 길이, 순차적, 계층적 피처에는 모델 학습을 셋업하는 데 더 많은 개발 노력이 필요합니다.

효율적인 알고리즘 선택하기

XGBoost나 LightGBM과 같이 병렬화가 용이하고 학습 속도와 효율성이 좋다고 알려진 알고리즘을 고려합니다. 한 가지 단점은 텐서플로나 파이토치^PyTorch와의 호환성이 낮아서 서로 전환하기가 어렵다는 점입니다.

전이 학습 사용하기

사전 학습된 모델을 사용하거나 최소한 기존 임베딩을 재사용하면 시간이 절약되는 경우가 있습니다. 다만 작업이 도메인 특정적이고 사전 학습된 모델에서 포착되지 않은 지식이 필요한 경우에는 적절하지 않을 수 있습니다.

하이퍼파라미터 튜닝 수행하기

튜닝 프로세스를 자동화해 시간을 절약하고 모델 성능을 향상합니다. 텐서플로(참고자료 099), 세이지메이커^{SageMaker}(참고자료 173) 등 여러 플랫폼에서 하이퍼파라미터 튜닝 기능을 함께$^{out-of-box}$ 제공합니다.

Q 6.2 모델 학습 가속화

단일 인스턴스에서 모델 학습 속도를 높이는 방법에는 무엇이 있나요?

모델 아키텍처 변경이나 추가 피처 엔지니어링이 없는 경우, 단일 인스턴스에서의 모델 학습 속도를 높이기 위해 다음 기법을 적용할 수 있습니다.

데이터 로드 시간 최소화하기

대규모 데이터셋을 다룰 때는 텐서플로에서 기본으로 제공하는 일부 추출, 변환, 로드(ETL) 구성 요소를 사용하는 데 주의하세요. 예를 들어 TFX BigQueryExampleGen이 편리할 수 있지만 데이터셋을 디스크에 TFRecord로 저장하고 데이터를 직접 읽어들이는 편이 더 효율적일 수 있습니다. 또한 TF Transform은 특히 정규화의 경우 대규모 데이터셋에서 느리게 작동한다고 알려져 있으므로 데이터셋을 샘플링해 케라스 정규화 레이어를 적용하는 편이 더 빠를 수도 있습니다.

큰 배치 사용하기

배치가 클수록 매개변수 업데이트 횟수를 줄여 업데이트에 소요되는 시간을 줄임으로써 학습 속도를 높일 수 있습니다. 배치가 클수록 수렴이 빨라질 수 있지만 배치가 작을 때와 같은 수준의 정확도를 달성하려면 더 많은 에포크^{epoch}가 필요할 수도 있습니다.

학습률 일정 최적화하기

학습률 일정을 미세 조정해 수렴 속도와 최적화 프로세스 안정성 간의 균형을 도모합니다.

계산 부담이 적은(비용이 낮은) 그래디언트

ReLU나 PReLU와 같이 그래디언트 계산 비용이 낮은 활성화 함수를 사용합니다.

최적화된 구현 사용하기

널리 사용하는 알고리즘의 최적화된 구현이 포함된 라이브러리와 프레임워크(예 텐서플로, 파이토치)를 사용합니다.

단일 인스턴스 병렬 처리하기

Hogwild!(참고자료 161)를 사용하면 단일 인스턴스에서 확률적 경사하강법의 배치 수준 병렬화가 가능하며 행렬곱 및 기타 선형 대수 연산도 병렬화할 수 있습니다.

GPU 가속 기능 활용하기

GPU는 병렬 처리에 최적화되어 있고, 메모리 대역폭이 크며, 행렬 계산을 위해 특별히 설계된 부분이 있으므로 학습 시간을 크게 단축합니다.

스마트한 초기화

모델 매개변수의 좋은 시작 값을 제공하면 수렴이 빨라지고 성능이 향상될 수 있습니다. 예를 들어 매개변수를 평균이 0이고 목표 분산값$^{target\ variance}$을 가지는 정규 분포(예 Glorot 또는 Xavier 초기화)로 초기화하거나, 새 모델의 매개변수를 이전에 학습된 모델 버전의 매개변수로 초기화합니다.

배치 정규화

DNN의 각 레이어에 대한 입력을 정규화^{normalization}해 활성화 출력이 너무 커지거나 작아지지 않도록 합니다. 이에 따라 학습 프로세스의 안정성이 향상되고 수렴 속도가 빨라질 수 있습니다.

다운샘플링

경우에 따라 모델 성능에 큰 영향 없이 학습 데이터 크기를 줄일 수 있습니다. 예를 들어 불균형 클래스가 있는 데이터셋에서 음성 클래스를 다운샘플링하면 학습 속도가 빨라지고 모델 성능도 향상됩니다.

Q 6.3 모델 학습 분산

분산 인스턴스에서 모델을 학습시키는 방법에는 무엇이 있나요?

모델 학습을 분산시키는 방법에는 데이터 병렬 처리와 모델 병렬 처리가 있습니다.

데이터 병렬 처리를 설명하세요.

각 작업자worker 노드는 모델 전체의 복사본을 사용하게 되며, 데이터가 노드 간에 분할됩니다. 각 노드는 할당받은 데이터에 대한 경사를 계산하고 경삿값들을 모아서 모델 매개변수를 업데이트합니다. 이 기법은 두 가지 하위 기법으로 나뉩니다.

먼저, **동기식 데이터 병렬 처리** 기법은 모든 작업자 노드가 동시에 경사를 계산하고, 모델을 업데이트하기 전에 이를 집계합니다. 업데이트된 경사들의 복사본이 모든 작업자 노드에 전송됩니다. 이렇게 하면 작업자들이 항상 동일한 모델 매개변수를 갖게 되는 장점이 있지만 학습 속도가 느려질 수 있습니다.

반면 **비동기식 데이터 병렬 처리** 기법에서는 각 작업자 노드가 경사를 독립적으로 계산하고, 한 노드가 계산을 완료할 때마다 모델 매개변수가 업데이트됩니다. 작업자가 독립적으로 작업할 수 있어 작업자 노드 간에 계산 능력 편차가 있을 때 유용합니다. 한편 상대적으로 약간 오래된 stale 모델 버전을 사용하게 된다는 단점도 있습니다.

모델 병렬 처리를 설명하세요.

작업자 노드들이 모델의 서로 다른 부분을 할당받습니다. 이 기법은 모델이 단일 디바이스나 노드의 메모리에 담기에 너무 클 때 적절합니다. 모델은 수평(레이어 내부 분할) 또는 수직(레이어 간 분할)으로 분할됩니다(참고자료 115). 각 노드는 할당받은 부분에 대한 경사를 계산하고 노드 간에 통신함으로써 순방향 및 역방향 계산에서 매개변수들을 공유합니다.

데이터 병렬 처리를 어떻게 구현하나요?

데이터 병렬 처리를 구현하는 방법에는 두 가지가 있습니다.

중앙 집중형

매개변수 서버에 모델 매개변수를 저장합니다. 학습 중에 작업자 노드는 매개변수 서버와 통신해 모델 매개변수를 가져오고 경삿값 업데이트를 보냅니다. 이 기법은 경사 계산과 모델 업데이트 작업을 분리해 모델 상태 관리 작업을 단순화한다는 장점이 있지만 매개변수 서버가 통신 병목이 된다는 단점도 있습니다.

분산형

작업자 노드 간에 통신해 모델 매개변수를 업데이트합니다. [그림 6-1]은 링 올리듀스^{Ring} ^{AllReduce}(참고자료 171)라는 기법을 나타냅니다. 이 기법에서는 작업자 노드가 링 토폴로지상의 이웃 노드와 통신해 경사를 집계합니다. 경삿값은 링을 따라 시계 방향으로 전송되며 각 노드는 수신한 경삿값을 자신의 경삿값과 결합합니다. 이 과정은 모든 노드가 경삿값 결합을 완료할 때까지 계속되며 최종 집계된 경삿값은 링을 따라 각 노드로 다시 전송됩니다. 그리고 각 노드는 이 집계된 경삿값으로 모델 복사본을 업데이트합니다.

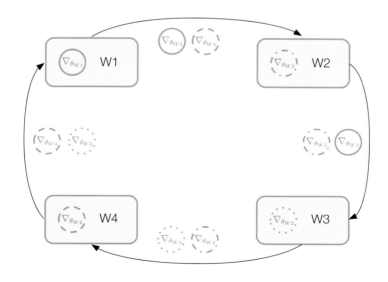

그림 6-1 링 올리듀스 기법

TIP 분산 모델 학습에 관한 실제적인 고려 사항은 트위터 블로그 글 [참고자료 015]에서 알아보세요.

Q 6.4 모델 학습 파이프라인 평가

모델 학습 파이프라인(오케스트레이션)을 평가할 때 주요 기준은 무엇인가요?

모델 학습 파이프라인을 평가할 때 파이프라인이 효율적이고 강력하며 신뢰할 만한지 확인하기 위해 고려해야 할 기준이 있습니다. 주요 기준 몇 가지는 다음과 같습니다.

재학습 용이성

모델을 쉽게 재학습시키는 능력은 새 데이터를 사용하게 되거나 모델을 업데이트해야 하는 경우에 특히 중요합니다. 이전 학습 진행 상황을 잃지 않고 이전에 학습된 모델로부터 학습을 재개하는 웜 스타트warm start 능력이 있어야 합니다. 이 외에도 모델을 재학습시키는 데 드는 시간과 리소스, 프로세스를 예약하고 자동화하는 능력 등을 고려해야 합니다.

내결함성

모델링 파이프라인은 데이터 손상이나 네트워크 문제 등 다양한 이유로 실패할 수 있으므로 내결함성fault tolerance이 매우 중요합니다. 재시도를 처리하고, 마지막으로 성공한 체크포인트에서 학습을 재개하고, 학습이 실패할 경우 마지막 양호한 상태에서 학습을 계속할 수 있어야 합니다.

상태 관리

파이프라인 모델링에 매우 중요한 요소입니다. 파이프라인은 다양한 학습 날짜와 시나리오를 처리할 수 있어야 합니다. 예를 들어 데이터가 손상되거나 모델이 지연되는 경우 건너뛰는 등입니다. 이전 상태로 롤백하거나, 체크포인트로 되돌리거나, 파이프라인 구성을 변경하기가 용이해야 합니다.

관찰 가능성

모델 학습 진행 상황을 모니터링하고, 문제를 포착하고, 실행 가능한 통찰력을 얻는 역량입니다. 파이프라인은 학습 이벤트를 실시간 모니터링하고 로깅하는 기능이 필요하며, 시간에 따라 지표와 시각화 결과를 추적하는 기능 또한 제공해야 합니다. 로그는 디버깅 목적으로 쉽게 액세스하고 쿼리할 수 있어야 합니다. 파이프라인의 비정상적인 동작을 팀에 알리는 경고 기능도 필요합니다.

이 외에 확장성, 비용, 배포 용이성 등을 고려해 파이프라인을 평가합니다.

Q 6.5 분산 학습 오류

학습 중에 하나 이상의 인스턴스에서 오류가 나면 어떻게 되나요?

분산 환경에서 모델 학습 중에 하나 이상의 인스턴스에서 오류fail가 나면 여러 가지 다음과 같은 영향이 있습니다.

학습 시간 증가

한 인스턴스에서 오류가 나면 나머지 인스턴스가 해당 작업을 부담해야 하므로 학습 프로세스가 느려집니다.

데이터 손실

데이터 처리 중 인스턴스에 장애가 발생하면 일부 데이터가 처리되지 않을 수 있습니다. 오류가 난 인스턴스가 학습 데이터의 특정 하위 집합의 처리를 맡고 있었다면, 결과로 얻는 모델이 나머지 인스턴스에서 처리한 데이터 쪽으로 편향될 수 있습니다.

성능 저하

모델 매개변수를 업데이트하는 동안 인스턴스에 오류가 나면 모델 매개변수의 일관성이 훼손되어 모델 성능이 저하될 수 있습니다.

인스턴스 오류의 영향을 완화하려면 학습 프로세스를 모니터링하고 제어하는 강력한 메커니즘을 마련하는 것이 중요합니다. 예를 들어 모델 매개변수를 체크포인팅checkpointing하거나, 인스턴스 복제본을 운용replicating하거나, 실패한 인스턴스를 자동으로 다시 시작하는 전략이 있습니다.

또한 오류가 있을 때 이를 처리하고 일관성을 유지할 수 있는 내결함성 알고리즘과 프로토콜을 사용하면 도움이 됩니다.

Q 6.6 모델 업데이트

모델을 최신 상태로 유지하기 위한 기법에는 무엇이 있나요?

시간이 지나도 모델이 계속 정확하고 관련성 높은 예측을 생성하도록 하려면 모델 업데이트가 중요합니다. 시간에 따라 데이터가 변화(예 피처, 레이블, 피처와 레이블 간의 관계)하면 모델이 오래될^{stale} 수 있습니다.

모델을 다양한 트리거 신호에 따라 업데이트할 수 있습니다. 예를 들어 **시간 기반 주기적 새로 고침**이나 **성능 기반 새로 고침**(예 모델 성능이 임곗값을 초과해 저하되는 경우), 피처가 추가, 수정, 말소^{deprication}되는 등 데이터가 변경되는 경우가 있습니다.

모델을 업데이트하는 방법은 다양합니다. 몇 가지 예는 다음과 같습니다.

일괄 업데이트

새 모델이 최신 데이터로 처음부터 새로 학습되고 예측 작업에 배포됩니다. 이전 모델에 잠복해 있었을 수 있는 문제에 대한 민감성이 줄어든다는 장점이 있지만 새 모델이 사용 가능한 모든 데이터로 학습되지 않기 때문에 성능이 저하될 수 있습니다.

온라인 업데이트

기존 매개변수를 새 모델의 출발점으로 활용(일명 '웜 스타트')해 최신 데이터로 미세 조정^{fine-tuning}합니다. 이 기법을 사용하면 새 데이터가 이전 데이터에서 크게 벗어나지 않는 한 모델 성능이 점진적으로 향상됩니다.

새 모델을 모델 서버에 배포할 때 서버를 다시 시작해 최신 버전의 모델을 적용하거나, 모델 구성^{configuration}을 통해 모델 스냅숏을 프로덕션 시스템에 넣고 뺄 수 있습니다(일명 '핫스왑'). 핫스왑은 다운타임을 줄이는 데 도움이 되며 모델을 보다 유연하고 적응력 있게 배포하도록 합니다(예 모델 서버가 다수의 모델을 호스팅하는 경우).

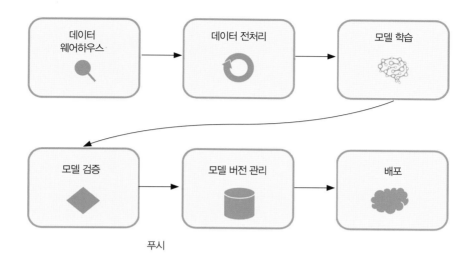

그림 6-2 일괄 및 온라인 워크플로를 위한 학습 및 배포 파이프라인

연속적 업데이트

새로운 데이터가 유입됨에 따라 모델을 점진적으로 업데이트해 모델이 변화하는 데이터 분포에 적응하도록 합니다. 이는 광고 클릭 예측(참고자료 111)과 같이 모델이 완전히 재학습되는 데 걸리는 시간보다 더 빠르게 모델이 오래될ˢᵗᵃˡᵉ 수 있는 경우에 필요합니다. 연속적 학습에서는 모델을 호스팅하는 학습 서버가 학습 데이터 스트림을 구독ˢᵘᵇˢᶜʳⁱᵇᵉ합니다. 학습 서버는 경사를 계산하고 모델 매개변수(예 온라인 경사하강법(참고자료 087))를 업데이트해 해당 업데이트를 모델 서버에 게시합니다. 이러한 시스템은 설정이 복잡하며 사용 가능한 모델 유형이 제한적입니다.

매우 짧은 지연 시간을 갖도록 학습한 모델을 최적화하는 방법에는 무엇이 있나요?

피처 선택, 레이어 수 감소하기, 레이어 크기 감소하기 등 기존 기법은 이미 적용됐다고 가정합니다. 다음은 서빙을 위해 모델을 추가로 최적화하는 기법입니다.

모델 정리

먼저, 모델의 예측 경로에 존재하는 불필요한 구성 요소를 제거하는 것이 중요합니다. 예를 들어 사용되지 않는 노드, 중복 노드, 학습에 필요했지만 예측에는 더 이상 필요하지 않은 기타 구성 요소 등이 있습니다. 또 다른 단계는 항상 상수 표현식으로 평가되는 모델 내 하위 그래프를 찾는 것입니다. 이러한 하위 그래프는 해당 상숫값으로 대체될 수 있습니다. 또한 배치 정규화의 곱셈을 이전 레이어의 가중치 곱셈에 통합시키는 것도 도움이 됩니다.

입력 압축

프로덕션 랭킹 모델은 수만 개는 아니더라도 수천 개의 입력 피처를 사용하는 경우가 많습니다. 다양한 소스에서 피처를 수화하고 네트워크를 통해 모델 서버로 전송해야 하므로 추론 중에 상당한 지연 시간이 발생하기도 합니다. 게다가 모델은 피처를 읽어들여서 사전 처리해야 합니다. 이 문제를 해결하기 위해 학습 중에 대상 및 후보 피처에 대한 밀집 임베딩을 저장해뒀다가 추론 시에 그 임베딩들만 가져옵니다. 임베딩들을 모델의 내부 레이어에 직접 공급할 수 있습니다. 피처가 모델에 전달되는 포맷을 고려하는 것도 중요합니다. 예를 들어 tf.Example 형식은 지나치게 장황할 수 있습니다. 공간을 절약하려면 피처를 연결^{concatenate}하고 이름을 난독화^{obfuscating}[1]하는 등의 기법으로 조합을 해서 입력 표현의 밀도를 높입니다. 이 접근 방식의 단점은 이렇게 모델을 만들어 배포하기 시작한 후에는 피처와 모델 아키텍처를 수정하기가 더 어려워진다는 점입니다.

---

1 옮긴이_ 피처 이름 난독화가 반드시 입력 압축 효과로 이어지지는 않습니다.

효율적 캐싱 전략

캐싱은 프로덕션 시스템의 지연 시간에 큰 영향을 미칠 수 있으며 다양한 지점에서 구현됩니다. 예를 들어 대상 및 후보 피처의 캐싱은 인스턴스(메모리 내)와 데이터 센터 수준(예 memcache) 모두에서 할 수 있으므로 지연 시간과 캐시 적중률을 최적화할 수 있습니다. 또한 교차 피처 수화의 최적화는 주로 랭킹 요청 초기에 대상 피처와 함께 병렬적으로 교차 피처를 가져옴으로써 달성합니다. 또는 쌍별 모델 점수를 짧은 TTL로 캐시하거나, 개별 피처 대신 임베딩을 캐시해 피처 공간 밀도를 높이고 지연 시간을 줄입니다.

일괄 추론

랭킹 문제에서는 모델 서버 네트워크 처리량이 문제가 되는 경우가 많으며 특히 후보가 많을 때 그렇습니다. 네트워크 트래픽과 인스턴스별 계산 로드 간의 균형을 유지하기 위해 각 요청의 배치 크기를 조정합니다.

투 타워

SplitNet 또는 벡터 곱 DNN이라고도 하며, 기존 DNN을 병렬 하위 신경망 두 개로 분할합니다. 한쪽 신경망에는 대상 피처가, 다른 쪽 신경망에는 후보 피처가 제공됩니다. 각 신경망은 각각 타깃 임베딩과 후보 임베딩을 나타내는 고정 크기 벡터를 출력합니다. 최종 예측 점수는 벡터의 내적에 시그모이드 활성화를 적용하는 등 다양한 방법으로 계산합니다. 이는 서빙 타임에 추론 속도를 크게 높일 수 있는데, 대상 및 후보 임베딩을 예컨대 캐시에서 가져와서 내적을 계산하면 되기 때문입니다. 트위터를 비롯한 여러 회사에서 랭킹 모델에 이 접근 방식을 적용했습니다(참고자료 061). 다만 대상과 후보의 교차 피처를 사용하는 DNN 아키텍처는 이런 방식으로 분할할 수 없습니다.

양자화

모델을 양자화해 가중치 및 활성화 출력의 정밀도를 float32에서 int8이나 바이너리로 줄여 계산 시간을 줄입니다.

효율적인 신경망 제품군

컨볼루셔널 레이어를 그룹화하는 셔플넷[ShuffleNet](참고자료 278), 모바일넷[MobileNet](참고자료 092), 이피션트넷[EfficientNet](참고자료 214) 등 효율적인 신경망 제품군을 사용합니다.

모델 압축

최근 모델 압축 기술이 많이 발전했습니다. 다음은 몇 가지 예입니다.

- 지식 증류(참고자료 047)
- 가중치 행렬의 낮은 랭크 근사(참고자료 135)
- DNN의 입력 레이어 압축하기(참고자료 155)
- 모델 성능에 기여도가 낮은 가중치 및 연결을 가지치기하기(참고자료 084)
- 레이어를 클러스터링해 가중치 공유하기(참고자료 251)
- 입력에 따라 DNN의 하위 영역을 활성화하는 동적 DNN(참고자료 085)

TIP 텐서플로 모델 최적화 기술은 구글 블로그 글 [참고자료 182]에서, 다양한 양자화 전략은 텐서플로 문서 [참고자료 151]에서 자세히 알아보세요.

Q **6.8** 서빙 시스템 구성 요소

모델 서빙 시스템의 구성 요소에는 무엇이 있나요?

모델 서빙 시스템의 구성 요소는 다음 그림과 같습니다.

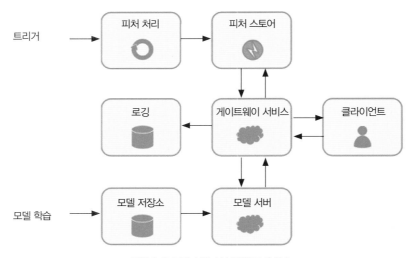

그림 6-3 모델 서빙 시스템의 구성 요소

모델 서빙 시스템은 모니터링 및 로깅, 로드 밸런싱, 인증과 같은 웹 서버의 일반적인 기능 외에도 다음 구성 요소를 포함합니다.

1 모델 로드 및 관리

다양한 형식과 다양한 저장소의 모델을 로드하고 효율적으로 액세스하기 위해 모델을 구성하는 기능입니다.

2 모델 서빙

모델 요청을 처리하고 모델 예측을 클라이언트에 반환합니다.

3 모델 버전 관리 및 핫스왑

모델 버전을 관리하고, 모델 업데이트를 폴링poll하고, 다운타임 없이 모델의 핫스왑을 지원합니다. 이를 통해 서비스를 중단하지 않고 모델을 원활하게 업데이트합니다.

4 모델 저장소

학습된 모델, 메타데이터, 버전 히스토리를 저장함으로써 모델 서버가 필요에 따라 다른 버전의 모델 간에 전환하도록 합니다.

5 관리 인터페이스

모델 관리 및 배포는 물론 모델 출력 모니터링 및 디버깅을 위한 웹 기반 또는 명령줄 인터페이스입니다.

일반적으로 모델 서버 앞에 별도 게이트웨이 서비스를 배치해 인터페이스 역할을 하도록 합니다. 이 추가 서비스는 다음과 같은 기능을 합니다.

- API로서 클라이언트에 원시raw 모델 이름 및 버전으로부터의 추상화 레이어를 제공합니다.
- 여러 호출로 구성되는 예측 요청에 대한 상태를 관리합니다.
- 피처를 수화하고 수화된 피처값을 캐시합니다.
- 피처를 모델에 적합한 입력 형식으로 변환합니다.
- 일괄 요청: 예를 들어 후보 1,000개에 순위를 매긴다면, 크기가 32인 배치로 요청을 분할해 모델 서버로 보낸 다음 예측 결과를 합칩니다.

- 오류를 처리합니다. 예를 들어 예측 요청이 타임아웃되면 백오프 전략을 적용합니다.
- 데이터 분석 및 모델 학습을 위해 요청 및 예측값을 기록합니다.
- 예측값을 다른 시스템에서 사용할 수 있도록 스토어[2]에 게시합니다.

Q 6.9 서빙 시 문제

무엇이 고장 날 수 있으며, 모델 서버의 당번[on-call]이라면 무엇을 확인해야 하나요?

모델 서버의 당번으로 대기 중인 엔지니어로서 잠재적인 고장에 주의를 기울여야 합니다. 발생할 수 있는 일반적인 문제는 다음과 같습니다.

모델 오류

모델이 로드되지 않거나, 예측에 실패하거나, 잘못된 출력을 생성하거나, 시간에 따라 일관되지 않은 결과를 생성하기도 합니다. 그 원인은 손상된 모델 파일, 모델 코드 문제, 입력 형식 변경 등 다양합니다.

인프라 문제

모델 서버 인프라에는 네트워크 오류, 하드웨어 오류, 디스크 공간 문제, 서버의 가용성과 성능에 영향을 미칠 수 있는 문제 등이 발생할 수 있습니다. '불량 감자[bad actors]'같이 몇몇 문제 있는 인스턴스가 알람을 계속 울리는 경우도 있습니다. 성능 임계치가 높은 백분위수(예 99분위수)로 설정되거나 정해진 실패 횟수가 넘어가면 울리도록 설정될 수 있기 때문입니다.

리소스 제약

모델 서버는 서버의 성능과 가용성에 영향을 미치는 메모리, CPU 또는 GPU 리소스 부족과 같은 문제에 직면하기도 합니다. 이는 특히 트래픽이 많은 경우나 데이터 센터 장애 복구 또는 새 서비스 배포 중에 발생합니다.

---

2 옮긴이_ 예를 들면 피처 스토어일 수 있습니다.

코드 문제

모델 서버 코드에는 기능과 성능에 영향을 미치는 버그나 오류가 있을 수 있으며 효율성과 확장성이 최적화되지 않았을 수도 있습니다. 이는 특히 코드 변경 사항을 배포할 때 발생합니다.

데이터 문제

모델의 입력 피처에는 모델 성능에 영향을 미쳐 잘못된 출력을 생성하는 오류나 누락된 값이 포함되기도 합니다.

종속성 문제

모델 서버에는 데이터베이스 서버, 데이터 카탈로그 또는 외부 API와 같은 다른 소프트웨어 구성 요소에 대한 종속성이 있을 수 있습니다. 이에 따라 오류나 모델 서버에 영향을 미치는 성능 문제가 발생하기도 합니다.

당번 엔지니어로서 문제를 신속하게 분류하고 적절하게 에스컬레이션해 모델 서버의 가용성과 안정성을 보장하기 위한 계획이 필요합니다.

Q 6.10 피처 수화 개선

서빙 타임에 피처 수화 및 처리 속도를 높이는 방법에는 무엇이 있나요?

피처 수화를 개선하는 몇 가지 접근 방식은 다음과 같습니다.

조회 최적화

피처 저장 및 검색 과정을 개선합니다. 피처에는 일반적으로 두 가지 유형이 있는데, 정적 참조 피처(예 인구 통계학적 요소)와 동적 실시간 피처(예 일정 기간 내 빈도)입니다. 정적 피처를 처리하기 위해 오프라인 프로세스는 데이터 웨어하우스에서 엔터티 데이터를 읽고 피처 엔지니어링을 수행한 후 짧은 지연 시간으로 조회^{lookup}가 가능한 스토어에 피처를 저장합니다. 동적 피처의 경우 스트리밍 파이프라인을 사용해 실시간으로 이벤트를 포착하고 집계할 수 있습니다. 실시간 집계 결과는 짧은 지연 시간으로 조회가 가능한 스토어에 저장됩니다.

캐싱
추출된 피처, 자주 참조되는 피처(예 교차 피처), 심지어 예측 점수까지 캐시해 지연 시간을 크게 줄입니다. 캐싱은 개별 인스턴스와 데이터 센터 수준 모두에서 일어날 수 있으며 웜 스타트 상황에서 선제적으로 수행되기도 합니다.

다단계 수화
피처 수화는 요청 수명 주기의 다양한 시점에서 발생합니다. 추천 요청의 경우, 후보 생성 작업과 병렬로 요청 처리 시작 시에 대상 피처(및 일부 교차 피처)를 수화할 수 있습니다.

밀집화
예를 들어 JSON 등의 형식으로 만들어진 피처를 모델 입력에 더 적합한 형식으로 저장해 가져오기fetch 지연 시간을 크게 줄입니다.

사전 계산
추출된 피처는 속도rate, 비율ratio, 창windowed 기준 집계 피처, 이진 피처 등 다른 피처값을 파생하는 데 자주 사용됩니다. 이러한 파생 피처를 미리 계산해 저장 장치에 보관함으로써 처리 시간을 줄입니다.

피처 그룹화
피처를 논리적 그룹(예 특정 상호 작용 유형의 후보 피처)으로 구성하고 함께 저장해 네트워크 혼잡을 줄입니다.

병렬 처리
병렬 처리 기술을 사용해 피처를 수화하는 동시에concurrently 처리합니다. 예를 들어 다양한 데이터 스토어와 같은 여러 소스에서 피처를 병렬로 가져와 결합해 예측 단계로 보냅니다.

동일 인스턴스
피처 추출 및 예측이 동일한 인스턴스에서 수행되면 피처를 모델 서버로 보내는 수고가 줄

어렵니다. 다만 랭킹 요청이 여러 모델 서버에 걸쳐 일괄 처리되는 경우 등 특정 상황에는 적용할 수 없습니다.

> **TIP** 지연 시간이 짧은 조회 데이터 스토어의 예로는, 읽기를 위한 구글의 데이터스토어Datastore와 읽기/쓰기를 위한 빅테이블Bigtable이 있습니다. 이 외에 Feast와 같은 피처 스토어를 사용한 서빙 피처 관리도 고려해보세요(참고자료 195).

Q 6.11 지연 시간 개선

서빙 지연 시간을 개선하는 방법에는 무엇이 있나요?

모델 서버에서 서빙 지연 시간을 개선하는 방법은 다음과 같습니다.

피처 수화

피처 수화[3]를 개선해 예측 속도를 높이고 전체 시스템 성능을 최적화합니다. 피처 수화 속도를 높이는 한 가지 방법은 빠른 읽기 작업에 최적화된, 지연 시간이 짧은 데이터 스토어를 사용하는 것입니다. 피처를 보다 컴팩트한 형식으로 인코딩해 밀도를 높이면 시간을 더욱 줄일 수 있습니다. 또 다른 방법은 네트워크 호출 순서를 조정하는 등, 수화 로직 자체에 대해 아이디어를 내는 것입니다.

캐싱

캐싱[4]을 사용해 서버가 동일한 입력에 대해 반복적으로 결과를 다시 계산하거나 가져오는 것을 방지함으로써 서버의 전체 지연 시간을 줄입니다. 캐싱은 다양한 유형의 데이터 (예) 피처, 예측값, 모델의 중간 레이어 출력)를 캐시하는 데 사용될 수 있습니다. 다만 시스템 복잡성과 관련 유지 관리 노력도 늘어난다는 점에 유의해야 합니다. 또한 데이터가 오래되는stale 문제가 발생하기도 합니다.

---

3 Q6.10에서 피처 수화 방법을 자세히 알아보세요.

4 Q4.34에서 다양한 캐싱 기술을 알아보세요.

모델 최적화

모델을 최적화[5]해 모델 서버 성능을 크게 향상합니다. 모델의 크기나 복잡성을 줄이고, 불필요한 피처를 제거하고, 계산을 최적화하는 등의 방법으로 모델 속도를 높입니다.

예측 사전 계산

오프라인 일괄 스코어링 작업에서 예측을 사전 계산해 읽기 지연 시간이 짧은 조회 데이터 스토어에 저장합니다. 이렇게 하면 클라이언트가 온라인 예측을 위해 모델을 호출할 필요 없이, 고유 키를 사용해 데이터 스토어에서 미리 계산된 예측값을 가져옵니다. 이 프로세스에는 데이터 수집 및 처리, 예측 생성을 위한 일괄 예측 작업 실행, 지연 시간이 짧은 조회 스토어로 예측값 내보내기, 마지막으로 클라이언트가 데이터 스토어에 예측 요청을 보내도록 하는 작업(때때로 게이트웨이 서비스를 통합)이 포함됩니다.

모든 엔터티 또는 아이템에 대한 예측을 미리 계산하는 일은 계산 비용과 시간이 많이 들어 불가능할 수 있습니다. 한 가지 해결책은 사용량 등의 기준에 따라 상위 엔터티에 대해서만 미리 예측을 계산해두는 하이브리드 접근 방식입니다. 나머지 엔터티는 모델 서버를 사용한 온라인 예측을 합니다.

또 다른 기법은 높은 카디널리티 엔터티를 해상도^{resolution}가 더 낮은 적은 수의 해시 버킷에 매핑하는 방식입니다. 이에 따라 미리 계산해야 하는 고유 엔터티 수가 크게 줄어 사전 계산 시간과 저장 공간이 줄어듭니다. 다만 예측 정확도가 감소한다는 단점이 있습니다.

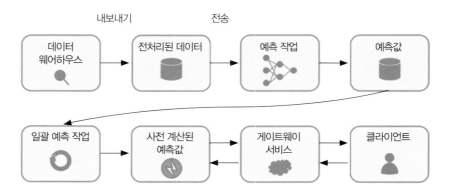

그림 6-4 온라인 서빙을 위한 사전 계산 및 캐싱 예측을 위한 워크플로

---

5   Q6.7에서 모델 최적화 기법을 자세히 알아보세요.

리소스 확장

모델 서버가 클라이언트에 가깝게 위치하고 확장이 잘 되어 있도록 합니다. 모델 서버가 사용자에 가까우면 네트워크 지연 시간이 크게 줄어들어 전반적인 서비스 지연 시간이 개선됩니다. 더 많은 인스턴스를 추가해 모델 서버를 수평으로 확장하거나 더 많은 하드웨어 리소스를 추가해 수직으로 확장함으로써 로드를 처리합니다.

모델 서버 검사

모델 서버의 병목 현상을 찾아내 수정함으로써 전체 서비스 지연 시간을 개선합니다. 병목 현상의 원인은 비효율적인 가비지 콜렉션, 느린 I/O, 네트워크 정체 등 다양합니다.

Q 6.12 많은 요청 처리하기

서버가 많은 요청을 처리하도록 하려면 어떻게 하나요?

일반적으로 웹 서비스는 대량의 요청을 처리하도록 확장될 수 있습니다. 몇 가지 기법은 다음과 같습니다.

로드 밸런싱Load balancing

들어오는 트래픽을 여러 서버에 분산해 단일 서버가 과부하되지 않도록 합니다. 라운드 로빈round robin은 서버 목록을 순환하면서 들어오는 요청을 균등하게 분배하는 간단한 방법입니다. 이 외에 최소 연결least connections 기반, IP 해싱, 가중 라운드 로빈 등의 기술이 있습니다.

오토 스케일링Auto-scaling

웹 서비스가 현재 트래픽 수준에 따라 서버 수를 자동으로 늘리거나 줄이도록 합니다. 이렇게 하면 들어오는 요청을 처리하기에 충분한 리소스가 항상 확보됩니다.

서버 구성 조정Server configuration

CPU 및 RAM 기준으로 크고 작은 인스턴스로 실험해, 메모리 할당(젊은 세대 및 늙은 세대young and old generation[6])을 평가하고 다양한 가비지 콜렉션 기술을 시도합니다.

애플리케이션 코드 최적화

애플리케이션 코드를 최적화해 응답 시간을 최소화하고 리소스 사용량을 줄입니다. 여기에는 타임아웃 및 폴백fallback 전략의 효과적인 사용과 트래픽을 기반으로 컴퓨팅을 동적으로 조정하는 품질 요소가 포함되기도 합니다(참고자료 085).

종속성 최적화

종속성은 웹 서비스에서 병목 현상의 원인이 되는 경우가 많습니다. 적절한 인덱싱, 파티셔닝, 캐싱 기술로 데이터베이스 종속성을 최적화해 웹 서비스 성능을 크게 향상합니다. 각 요청에 대해 새 연결을 생성하는 대신 이미 만들어진 데이터베이스 연결을 재사용하는 것이 좋습니다.

마이크로서비스

마이크로서비스microservice는 모놀리식 웹 서비스를 더 작고 관리하기 쉬운 구성 요소로 나누는 데 사용하는, 작고 독립적으로 배포 가능한 서비스입니다. 이를 활용해 들어오는 트래픽 수준에 따라 개별 구성 요소를 더 쉽게 확장합니다.

이 외에도 ML 모델 서빙 시에 캐싱을 활용하면 큰 이점을 얻을 수 있습니다. 피처, 임베딩, 모델 예측 결과까지 캐시합니다. 캐싱은 여러 수준에서 할 수 있는데, 인스턴스 수준 캐싱과 데이터 센터 수준 캐싱(예: memcache) 등이 가능하며 지연 시간과 캐시 적중률hit rate 간의 균형이 필요합니다. 예외적으로 높은 처리량이 요구되는 경우에는 임베딩(예: 투 타워 기법) 및 모델 점수를 오프라인으로 사전 계산하는 방법을 고려하는 것이 좋습니다.

---

6   옮긴이_ 가비지 콜렉션에서 사용하는 개념입니다.

Q 6.13 서빙 시 모델 업데이트

모델 서버에서 모델을 업데이트하는 과정을 설명하세요.

개략적인 관점에서 모델을 업데이트하는 데는 일반적으로 두 가지 접근 방식이 있습니다.

모델 학습과 서빙에 사용하는 하드웨어를 분리합니다

각 작업에 독립된 리소스를 할당함으로써 학습 또는 서빙의 구체적인 요구 사항에 맞게 하드웨어를 최적화합니다. 이에 따라 학습 시간이 빨라지고 서빙 지연 시간은 줄어듭니다. 또한 학습과 서비스를 별도로 관리하면 변화하는 수요에 맞춰 각 구성 요소를 독립적으로 확장할 수 있으므로 시스템 확장성이 더 좋습니다. 이를 지원하기 위한 두 가지 기술은 다음과 같습니다.

학습된 모델을 모델 서버에 배포할 때 서버를 다시 시작해 최신 버전의 모델을 적용하거나, 모델 구성^{configuration}을 통해 모델 스냅숏을 프로덕션 시스템에 넣고 뺍니다. 이러한 핫 스왑은 다운타임을 줄이는 데 도움이 되며, 모델 서버가 대량의 모델을 호스팅하는 경우와 같이 모델을 보다 유연하고 적응력 있게 배포하도록 합니다.

또 다른 기술인 연속 학습에는 새로운 데이터 스트림이 들어옴에 따라 모델을 점진적으로 업데이트하는 것이 포함됩니다. 연속 학습에서는 모델을 호스팅하는 학습 서버가 학습 데이터 스트림을 구독^{subscribe}합니다. 학습 서버는 경사를 계산하고 모델 매개변수를 업데이트해 해당 업데이트를 모델 서버에 실시간으로 게시^{publish}합니다.

동일한 인스턴스에서 모델을 학습시키고 제공합니다

이 접근 방식을 사용하면 모델 업데이트 프로세스가 단순화됩니다. 다만 몇 가지 단점이 있어 일반적으로 널리 사용하지 않는 편입니다. 예를 들어 컴퓨팅 리소스의 비효율적 할당, 장애 복원력 부족, 중복 작업이라는 단점이 있습니다.

서버에서의 모델 업데이트는 일반적으로 다음 단계로 이뤄집니다.

업데이트된 모델 학습

업데이트된 데이터 및 다른 아키텍처를 사용해 새 버전의 모델을 학습합니다.

모델 평가

업데이트된 모델을 테스트해 예상대로 작동하는지, 프로덕션에 적용하기에 성능이 충분한지를 확인합니다.

모델 패키징

텐서플로 SavedModel과 같이 모델 서버로 쉽게 로드할 수 있는 형식으로 업데이트된 모델을 패키징합니다.

모델 업로드

패키징한 모델을 모델 저장소에 푸시합니다. 모델 저장소에는 학습된 모든 모델과 버전 히스토리 등 관련 메타데이터가 저장됩니다.

모델 활성화

모델 서버가 업데이트된 모델을 들어오는 요청에 대해 사용할 수 있도록 설정합니다. 여기에는 구성 파일을 업데이트하고, 모델 서버에 요청을 보내고, 모델 저장소에 '라이브live' 플래그를 설정하는 등의 작업이 있습니다. 또는 최신 모델 버전을 자동으로 폴링하도록 모델 서버를 구성하기도 합니다.

모델 모니터링

프로덕션에서 업데이트된 모델의 성능을 모니터링해 예상대로 작동하는지 확인합니다.

다운타임을 최소화하고 모델 서버가 항상 최신 버전의 모델을 실행하도록 하려면 모델 서버에서 모델을 업데이트하는 프로세스를 잘 문서화하는 것이 중요합니다. 또한 롤백 계획을 마련하면 업데이트된 모델에 문제가 있을 때 이전 버전으로 신속하게 되돌리는 데 도움이 됩니다.

모델을 어떻게 배포하고 롤백하나요?

모델 배포에는 Q6.13에서 설명한 것과 동일하게 모델 패키징, 업로드 및 활성화 단계가 포함되며 몇 가지 추가 고려 사항이 있습니다.

단계적 배포

모델을 단계별로 배포하는 것이 유용한 경우가 있는데, 특히 품질 또는 지연 시간에 상당한 차이가 있는 새 모델을 다룰 때 그렇습니다. 이전 버전과의 호환성 문제[backwards incompatibility]가 있는 모델(예: 다른 플랫폼에서 학습된 모델 또는 다른 입력이나 출력이 필요한 모델)을 배포할 때도 단계적 배포 프로세스가 필요할 수 있습니다.

스테이징 단계에서는 모델이 제대로 작동하고 품질 표준을 충족하는지 확인하기 위해 비프로덕션 환경에서 모델을 테스트할 수 있습니다.

카나리[Canary] 단계에서는 성능을 모니터링하기 위해 라이브 요청의 일부가 새 모델에 주어집니다.

모델이 안정적이라고 판단되면 **프로덕션**에 배포됩니다. 롤링 배포[rolling deployment]에서는 업데이트가 완료될 때까지 새 모델을 인스턴스들의 하위 집합에 배포하는 동안 나머지 인스턴스들은 이전 모델을 실행하도록 유지하면서 모델 서버를 점진적으로 업데이트하게 됩니다.

모델 롤백

새 모델이 예상대로 작동하지 않으면 핫스왑을 통해 이전 버전으로 롤백합니다. 모델의 이전 버전을 사용하도록 모델 서버 구성을 업데이트해 모델 서버에 요청을 보내거나, '라이브' 버전을 모델 저장소에 있는 이전 모델로 지정합니다. 모델 서버가 핫스왑을 지원하지 않는 경우 재배포해야 할 수도 있습니다.

서버에서는 어떤 지표를 모니터링해야 하나요?

모델 서버에서 모니터링해야 하는 중요한 지표는 다음과 같은 유형으로 나뉩니다.

모델 품질 지표

저장된 평가 데이터를 사용해 프로덕션 모델을 주기적으로 평가해 모델 품질의 변화를 감지합니다. 이는 모델 업데이트를 학습시키고 배포하는 것에 대한 트리거로 사용할 수도 있습니다.

데이터 품질 지표

데이터는 시간에 따라 바뀔 수 있습니다. 피처 변경(예) 새로운 피처나 더 이상 사용되지 않는 피처, 누락된 값, 버그, 이상치), 레이블 변경, 피처와 레이블 간의 관계 변경 등이 있습니다. 또한 데이터가 오래되거나stale, 부적절하게 샘플링되거나, 스키마 자체가 바뀌기도 하므로 이러한 문제를 모니터링해야 합니다.

요청 지표

지연 시간, 처리량(초당 요청 수), 성공률과 오류율, 유형별 오류 등입니다. 지연 시간은 요청 단계(예) 피처 수화 지연 시간, 예측 지연 시간)로 나뉘며 이를 여러 지점(예) 클라이언트 측, 모델 서버 측)에서 측정해 네트워크 정체와 같은 문제를 파악합니다.

예측 지표

모델 크기, 메모리 사용량 등입니다. 개별 모델의 처리량과 지연 시간을 모니터링하면 실험이 원활하게 실행되도록 하는 데 도움이 됩니다. 현재 모델 버전을 사용해 모델 업데이트 진행 상황을 모니터링할 수 있습니다. 피처 수화에 관해서는 캐시 적중률을 모니터링합니다.

하드웨어 지표

사용 중인 CPU, 메모리, 디스크 I/O, 네트워크 대역폭의 양입니다.

인프라 지표 외에 양성 또는 음성 상호 작용과 같은 사용자 지표도 모니터링해야 합니다.

Q 6.16 서빙 시 성능 저하

온라인 모델 성능이 오프라인 지표에 비해 떨어지는 경우에 어떻게 해결하나요?

배포 후 감소된 모델 성능을 감지하는 방법에는 몇 가지가 있습니다.

첫째, 서빙 데이터가 로깅됨에 따라 모델의 예측 결과도 기록되는데, 이 정보를 실측 레이블과 함께 사용해 서빙되는 모델을 오프라인으로 평가[7]하고 학습 중에 관찰된 지표와 상당한 편차를 보이는지를 감지합니다.

둘째, 테스트 데이터를 모델 서버에 요청으로 보낼 수 있는 적절한 형식으로 변환합니다. 그런 다음 동일한 테스트 데이터를 사용해 얻은 오프라인 결과와 비교합니다. 모델 예측과 전체 평가 지표의 차이를 확인합니다.

서빙 시 모델 성능이 학습 데이터에 대한 성능보다 떨어지는 문제를 해결하려면 다음 접근 방식을 고려합니다.

데이터 확인

학습과 서빙에 사용된 데이터가 동일[8]하거나 매우 유사한지 확인합니다. 이를 위해 오프라인에서 성능을 검증할 수 있도록 모델 예측값 외에도 수화된 피처를 기록합니다. 학습 데이터와 비교해 수화된 피처에서 데이터 누출[leakage] (누락된 값)[9] 또는 데이터 드리프트가 있는지 확인합니다. 모델 서버의 문제를 배제하기 위해 수화된 피처를 사용해 오프라인으로 모델을 평가합니다.

---

7 옮긴이_ 온라인 성능을 감지한다면서 오프라인 평가를 한다는 표현이 혼동을 유발할 수 있습니다. 모델의 예측 결과와 실측 레이블(사용자가 실제로 반응한 결과)을 기록했다가 일괄로 오프라인 계산을 한다는 의미입니다.

8 옮긴이_ 완전히 똑같은 데이터라는 뜻이 아니라 동일한 특성을 갖는다는 의미입니다.

9 옮긴이_ 아주 특정한 경우를 제외하면 데이터 누출과 피처값 누락은 의미가 다릅니다. 아마도 저자는 둘을 나열하려 했던 것 같습니다.

모델 메타데이터 로깅

서빙되는 모델 이름과 버전을 확인하거나, 모델이 지속적으로 업데이트되는 경우에는 모델 스냅숏을 저장해 (특히 실험 중에 여러 모델이 클라이언트에 서빙되는 시나리오에서) 모델을 구별할 수 있게 합니다.

모니터링 추가

캐시 오래됨staleness, 캐시 누락miss, 예측 오류(예 타임아웃)에 관한 지표를 추가합니다. 캐시가 오래되면 지나간 데이터를 반환해 모델 성능에 부정적인 영향을 미칠 수 있으며 캐시 누락률이 높으면 응답 시간이 길어지거나 타임아웃이 늘어나서 피처값이 누락될 수 있습니다.

단위 테스트 추가

코너 케이스에 대한 단위 테스트를 추가해 입력 형식이 올바른지, 필요한 피처 수화가 올바르게 적용됐는지 확인합니다. 적용된 입력 처리 기술도 잘 테스트됐는지 확인합니다.

디버거 추가

명령줄 또는 웹 기반 도구 형태로 디버거를 개발하면 모델 서빙 문제를 해결하는 데 도움이 됩니다. 디버거는 요청에 대해서 중간 형식을 덤프하고 수화된 피처를 표시할 수 있어야 합니다. 이는 누락된 값이나 캐싱 정책 문제를 찾아내는 데 유용합니다. 디버거는 tf.Example과 같은 원시raw 입력을 덤프해 피처 이름과 값의 불일치를 찾아낼 수 있습니다. 또한 모델의 예측값이 예상 범위 내로 생성되는지, 특히 여러 요청에 일괄 처리가 적용될 때 예측이 올바르게 패키징됐는지도 확인할 수 있습니다.

캐싱 및 타임아웃 비활성화(스테이징에서)

피처 수화 로직, 캐싱 동작, 타임아웃(수화 타임아웃, 종속성 타임아웃, 모델 예측 타임아웃 등)은 모델 성능에 큰 영향을 미칩니다. 수화된 피처를 로깅하면 디버깅에 도움이 됩니다. 캐싱 문제를 식별하기는 어려울 수 있는데, 한 가지 해결 방법은 스테이징에서 캐싱을 비활성화하고 타임아웃을 늘리거나 비활성화해 문제를 분리해보는 것입니다.

평가 지표 확인

학습 중에 사용한 평가 지표와 모델 서버를 평가할 때 사용한 평가 지표가 동일하고 주어진 문제에 적합한지 확인합니다. 앞서 언급한 기법 중 하나를 적용해 서빙되는 모델을 평가합니다. 온라인과 오프라인 사이의 피처 수화 프로세스와 평가 지표 계산의 차이는 성능 지표에 상당한 영향을 미칩니다. 또한 모델 오래됨staleness으로 인해 오프라인 모델 성능과 온라인 모델 성능 사이에 약간의 격차가 자연스럽게 존재할 수 있다는 점을 인식하는 것이 중요합니다. 이를 감안해 온오프라인 편차를 모니터링합니다.

고급 ML 문제

CHAPTER 7

ML 실무에서는 다양한 문제가 발생하는데 그중 특히 어려운 문제 몇 가지가 있습니다. 하나는 모델의 예측을 비교할 정답ground truth 또는 객관적인 진실이 바로 사용 가능하지 않거나 측정하기 어려울 수 있다는 것입니다.

최고 수준의 ML 면접에서는 이러한 질문을 받을 수 있으며 이를 해결하려면 문제 해결 역량과 ML의 기본 원리에 대한 철저한 이해가 모두 필요합니다. 어려운 문제를 해결하는 방법을 이해함으로써 해당 솔루션을 다른 유사한 문제에 적용해, 실무의 다양한 상황에서 효과적인 ML 솔루션을 설계하고 구현하는 능력을 향상할 수 있습니다.

이 장에서는 고급 ML 문제를 살펴보며 이를 성공적으로 해결하기 위해 반드시 고려해야 할 중요한 제약 조건을 알아봅니다. 어려운 ML 문제를 해결하는 데 유용한 지침과 고려 사항은 다음과 같습니다.

1 이용 가능한 것에 집중합니다

복잡한 ML 문제의 경우, 대개는 데이터가 뚜렷한 한계점을 지니고 있는 경우가 많아 그것을 지나치게 의식하기 쉽습니다. 남은 데이터에서 추출할 수 있는 귀중한 통찰이 여전히 있다는 것을 기억하는 것이 중요합니다.

2 더 나은 신호를 얻기 위해 데이터를 재구성합니다

데이터에 노이즈가 많거나, 불균형하거나, 레이블이 제대로 지정되지 않았다면 ML 알고리즘이 의미 있는 패턴을 추출하기 더 쉬운 방식으로 데이터를 재구성해봅니다. 샘플링, 가중치 지정, 레이블 재지정과 같은 기법은 잠재적으로 데이터 편향을 줄이고 모델 정확성을 높이는 데 도움이 됩니다.

3 예측 작업을 수학적으로 정의합니다

ML 모델 구축을 시작하기 전에 예측하려는 내용을 명확하게 정의합니다. 이 과정에는 적절한 레이블(들)을 신중하게 선택하는 것도 포함됩니다. 모델이 예측을 어떻게 조합할지를 생각해봅니다.

4 올바른 목적 함수를 선택합니다

접근 방식을 수학적으로 정의한 후에는 최적화 프로세스에 적용할 목적 함수를 선택합니다. 기존의 손실 함수를 사용하는 것으로는 충분하지 않을 수 있습니다. 사용 가능한 데이터와 선택한 수학적 정의를 손실 함수에 반영해야 할 수도 있습니다. 과적합 방지를 위한 정규화도 고려합니다.

5 목적 함수를 최적화합니다

모델 성능을 향상하기 위한 마지막 단계입니다. 모델 매개변수를 점진적으로 업데이트하는 데 사용하는 경사하강법의 여러 버전이 있습니다.

특히 3단계와 4단계에서는 고정 관념에서 벗어난 창의적 사고가 필요합니다. 5단계는 보통 면접에서 자세하게 묻지는 않지만 실무에서는 중요하게 고려해야 합니다.

Q **7.1** 지연된 레이블

지연된 레이블은 모델의 학습 데이터 품질에 어떤 영향을 주나요?

참고: 광고 시스템에는 일반적으로 전환 이벤트(클릭, 앱 설치 등)의 확인에 긴 지연 시간이 발생하는 문제가 있습니다.

지연 레이블 상황의 주요 문제 중 하나는 전환 이벤트를 기다리는 동안 모델이 오래될stale 수 있다는 것입니다. 모델이 자주 업데이트되지 않으면 오래된 정보를 기반으로 계속 의사 결정을 내려 예측 성능이 저하됩니다.

또 다른 문제는 위음성의 위험입니다. 예를 들어 사용자가 광고를 봤지만 며칠 사이에 전환이 기록되지 않으면(실제로 나중에 앱을 설치하는 경우) 지연된 전환이 올바른 레이블로 기록되지 않으므로 위음성이 발생할 수 있습니다. 이에 따라 실제 데이터 분포보다 더 많은 음성 레이블이 생성됩니다.

마지막 문제는 지된연 레이블에 대한 최적의 시간 창 길이$^{\text{time window length}}$가 무엇인지 명확하지 않은 경우가 많다는 것입니다. 기간이 너무 짧으면 관련 전환을 모두 포착할 수 없어 예측이 부정확해지고, 지연된 전환을 포착하기 위해 길이를 늘리더라도 기간을 벗어나는 전환에 관해서는 여전히 위음성의 가능성이 있습니다.

지연된 양성 레이블을 사용해 모델을 학습시키고 업데이트하려면 어떻게 해야 하나요?

이러한 문제를 완화하고 모델 학습의 품질을 향상하는 데 사용하는 몇 가지 기법이 있습니다.

충분히 긴 시간 창을 사용합니다

모델을 학습시키기 전에 충분히 긴 시간 창을 사용합니다(참고자료 089). 다만 위음성 문제는 줄어드는 반면 모델이 오래될 가능성이 있습니다.

데이터의 가중치를 조정하거나 레이블을 다시 지정합니다

중요도 샘플링(참고자료 027)은 별도의 과거 데이터셋과 분포 피처가 공유된다는 가정을 바탕으로 레이블 없는 데이터의 가중치를 조정합니다. 적절한 추정 가중치를 구하는 것이 관건입니다.

PU$^{\text{Positive-Unlabeled}}$ **학습**(참고자료 064)은 데이터포인트가 양성 클래스에 속할 추정 확률을 기반으로 레이블 없는 데이터의 가중치를 조정합니다. 일반적으로 분류기를 학습시켜서 사용합니다.

역 성향 가중치$^{\text{inverse propensity weighting}}$(참고자료 009)는 또 다른 가중치 재조정 기법으로, 레이블 없는 데이터에 이미 레이블이 지정됐을 확률을 기반으로 학습 데이터를 조정합니다. 이 기법도 별도의 모델 학습이 필요합니다.

레이블의 지연을 결합^{jointly} 모델링합니다

전환 확률을 두 개의 개별 모델(참고자료 039)로 모델링합니다. 전환 이벤트까지의 예상

시간을 예측하는 **지연 모델**과 이벤트 자체의 확률을 예측하는 **전환 모델**의 두 가지 함수를 사용합니다. 두 모델은 기댓값 최대화(EM)로 동시에 최적화되는데, 이는 각각의 기여도를 구할 수 있도록 해줍니다. 지연 모델링 접근 방식은 더 복잡한 분포를 추정하도록 발전해왔습니다(참고자료 269). 서빙 타임에는 전환 모델이 사용됩니다.

지연 밴딧 알고리즘(참고자료 236)도 전환이 관찰될 때까지 예상되는 지연과 전환 확률을 모두 모델링하는 기법입니다. 광고 시스템의 맥락에서 선택 가능한 행동^{action}은 복수의 광고 후보이며 보상^{reward}은 해당 시점 t에서의 전환 수에 해당합니다. 그리고 클릭 시간 지연의 분포는 과거 데이터로부터 추정됩니다. 각 라운드에서 에이전트는 보상을 받을 때까지 예상되는 지연을 고려해 예상 보상이 가장 높은 광고 후보를 선택합니다.

손실 함수를 조정합니다

위음성 가중 손실(참고자료 111)은 데이터셋의 편향에 대한 예상 기여도를 기반으로 데이터셋의 양성 및 음성 샘플에 대한 학습 손실의 가중치를 조정하는 데 사용할 수 있는 기술입니다. 이후에 알리바바는 중요도 샘플링 기술에 대한 개선된 버전을 제안했습니다(참고자료 076). 이러한 접근 방식은 기존 모델 아키텍처에 적용하기 용이하다는 점에서 인기를 얻었습니다.

Q 7.2 레이블 없이 학습하기

참고: iOS 14 이후 애플은 개인 정보 보호 정책을 변경해, 서로 다른 앱에 걸쳐 사용자 데이터를 집계하려면 명시적인 사용자 동의^{opt-in}를 얻도록 했습니다. 이에 따라 대부분의 사용자 수준 전환^{conversion} 데이터를 사용할 수 없게 됐으며 각 앱은 지연되어 집계되는 수준[1]으로만 알 수 있는 캠페인[2] 수준 데이터만을 사용해야 합니다.

---

1 옮긴이_ 사용자의 개별 행동 하나하나에 대한 정보를 수집할 수 없고 여러 사용자에 대한 전체 통계적 정보만을 사용할 수 있다는 의미입니다.

2 옮긴이_ 애플 광고(Apple Ad)에서 사용되는 개념입니다. *https://searchads.apple.com/kr/help/campaigns/0005-create-campaigns*를 참조하길 바랍니다.

이 제한으로 인해 발생하는 주요 과제는 무엇인가요?

애플의 변경된 개인 정보 보호 정책에 따르면 사용자 ID, 앱 ID, 타임스탬프 등의 정보가 포함된 행 수준row-level 데이터에 접근하려면 참조하는 앱referring app과 설치된 앱installed app 모두 사용자 동의를 받아야 합니다. 사용자 동의 없이는 userId, appId, clickId를 비롯한 클릭 데이터만 이용할 수 있습니다.

사용자 동의가 없다면 iOS 14는 제한된 데이터를 제공하는데, 애플은 **SKAdNetwork**(SKAN) 캠페인 ID별로 집계된 데이터만 보여줍니다. 여기서 캠페인 ID의 값은 1과 100 사이 값[3]입니다. 앱 ID는 메타데이터의 일부일 수 있으므로 광고주는 어떤 앱이 클릭을 생성했는지 확인할 수 있습니다. 하지만 데이터는 캠페인 ID와 +/- 12시간의 타임스탬프 범위로 제한됩니다. 즉, 광고주는 사용자 수준 전환 데이터에 접근할 수 없어 정확한 예측 모델을 구축하기가 더 어려워집니다.

사용자 수준 데이터의 양이 크게 줄어든 것 외에도 이 문제를 해결할 때 고려해야 할 몇 가지 중요한 요소가 있습니다.

먼저, iOS 사용자 중 일부만이 데이터 수집에 동의하기 때문에, 음성negative 레이블은 (아직) 전환되지 않았음을 의미하거나 데이터 수집에 동의하지 않았음opt-out을 나타낼 뿐일 수 있으며 실제로는 양성 레이블일 수 있습니다. 이러한 iOS 데이터를 사용해 구축한 모델은 정확하지 않습니다.

또 다른 중요한 고려 사항은 **캠페인 디자인**입니다. 디자인 방식은 다양한데, 한 가지는 전환 확률에 관계없이 사용자 그룹 내의 레이블 가변성을 최소화하기 위해, 그룹 내 엔트로피가 줄어들도록 캠페인을 디자인하는 것입니다. 또 다른 접근 방식은 정밀도가 높아지도록 디자인하는 것인데, 이는 높은 전환 확률을 목표로 합니다. 이 방식은 캠페인의 주요 목표가 모델 학습에 사용할 양성 레이블을 수집하는 것일 때 유용합니다.

대부분의 사용자 수준 레이블이 누락된 경우 예측 모델을 어떻게 학습하나요?

단기적 해결책은 약간의 조정으로 큰 어려움 없이 적용할 수 있습니다.

---

3   옮긴이_ 애플은 광고 앱과 SKAdnetwork당 100개의 캠페인 ID(1~100)만 허용합니다.

모델 고정

새로운 개인 정보 보호 정책이 도입되기 전에 학습된 기존 모델을 사용합니다. 사용자 행동 패턴이 시간이 지나도 크게 변하지 않는다는 가정을 기반으로 합니다. 이 모델은 신규 사용자에게 효과적이지 않다는 점에서 정확하지 않은 해결책이지만 새로운 모델을 개발하기 위한 시간을 벌어줍니다.

프록시 레이블

아직 사용 가능한 클릭 데이터(userId, appId, clickId)를 사용해 예측 모델을 학습시킵니다. 클릭 데이터를 앱 설치 여부의 프록시 신호로 사용하는 것은 어떤 지표로서 유용합니다. 다만 클릭 데이터는 설치 여부에 관한 신뢰성 높은 프록시는 아닐 수 있으므로 편향이나 노이즈가 많아 모델 정확성에 한계를 부여하기도 합니다.

소프트 레이블

유사한 피처를 공유하는 사용자의 데이터를 캠페인 단위로 집계해 그룹화된 데이터를 소프트 레이블로 사용해 모델을 학습시킵니다. 캠페인의 데이터를 그룹화하면 인구 통계학적 요소나 관심사 등 유사한 피처를 가진 사용자 그룹의 전환율을 추정할 수 있다는 장점이 있습니다. 다만 개별 사용자는 집계된 데이터에 포착되지 않는 고유한 특성과 행동 패턴이 있을 수 있으므로 모델은 개별 사용자의 행동을 정확하게 예측하지 못할 수 있습니다.

중기적 해결책은 모델 구조 및 학습 절차에 대한 수정을 필요로 합니다.

다중 작업 학습

기타 사용engagements 정보(예 클릭, 체류 시간dwell time) 및 캠페인 데이터와 같은 여러 신호를 사용해 모델을 학습시킵니다. 예를 들어 사용 정보 데이터를 캠페인 데이터(예 캠페인 ID 및 관련 레이블)와 결합해 다중 작업 모델을 학습시킵니다. 이 기법은 모델에 더 많은 정보를 제공해 정확성을 높이는 데 도움이 됩니다.

보정된 프록시 레이블

프록시 레이블 접근 방식의 확장으로, 사용 정보 데이터로 프록시 레이블을 만들어 모델 학습에 사용합니다. 그리고 캠페인 레이블로 보정합니다. 예를 들어 어떤 사용자 그룹(캠페인 ID 기준)의 클릭 가능성이 앱 설치 가능성보다 높은 경우, 이 정보를 사용해 모델 정확도를 개선합니다.

안드로이드 모델

대안으로 안드로이드용 모델을 개발하고 이를 사용해 iOS에서 데이터 수집에 동의하지 않은 사용자를 포함한 모든 사용자의 전환율을 예측합니다. 앞서 설명한 캠페인 단위 레이블을 사용해 iOS 사용자에 맞게 모델을 보정할 수도 있습니다. 다만 사용자 행동과 인구 통계학적 요소는 안드로이드와 iOS 간에 다를 수 있다는 점에 유의해야 합니다. 게다가 안드로이드는 가까운 시일에 iOS와 유사한 개인 정보 보호 정책을 도입할 예정이므로 이 대안도 오래 적용하기는 어려울 수 있습니다.

장기적 해결책에는 데이터 수집에 동의한 iOS 사용자의 양성 레이블을 활용하는 것이 포함됩니다. iOS 데이터셋에는 편향이 있는데, 이는 음성 레이블이 (아직) 전환되지 않았거나 데이터 수집에 동의하지 않았음을 나타낼 수 있기 때문입니다. 따라서 음성 레이블은 레이블이 없다고 간주해야 합니다.

옵트인 편향 보정

옵트인 편향 보정이 적용된 iOS 데이터로 모델을 학습시킵니다. 옵트인 편향 보정에는 다음과 같이 다양한 기법이 있습니다.

첫 번째는 네거티브 다운샘플링을 하거나, 음성 샘플의 가중치를 조정하거나, 비용 민감 학습을 적용하는 기법입니다. 간단하다는 장점이 있지만 음성 샘플이 실제로는 양성 샘플일 수 있는 가능성을 고려하지 못합니다.

두 번째는 **중요도 샘플링**입니다. 레이블이 지정된 데이터와의 공유 피처를 기반으로 레이블이 없는 데이터에 가중치를 부여하거나 레이블을 지정합니다. 레이블이 없는 데이터에서 (레이블이 있는 데이터와) 유사한 피처를 공유하는 것들을 찾아내고, 이러한 데이터에 더 높은 가중치를 할당해 예측 모델을 학습시킵니다. 한 가지 한계는 레이블이 있는 데이터와 없는 데이터 간의 관계에 관해 가정을 한다는 것입니다.

세 번째는 **PU 학습**입니다. 마찬가지로 레이블이 없는 데이터에 가중치를 부여하거나 레이블을 지정하는 기법입니다. 레이블이 있는 데이터(데이터 수집에 동의한 사용자들의 전환 데이터)로 모델을 학습시킨 다음 이를 레이블이 없는 데이터에 적용하는 준지도 방식입니다. 여기서 얻은 양성 확률을 사용해 레이블이 없는 데이터에 가중치를 부여하거나 레이블을 지정합니다.

마지막은 **확률적 어트리뷰션**probabilistic attribution입니다. 캠페인에서 관찰된 설치 횟수를 기반으로 레이블이 없는 데이터에 부분 크레딧(예: 부분 가중치)을 할당합니다(참고자료 154). 캠페인의 사용자는 전환 가능성에 따른 가중치를 갖게 됩니다. 이 기법은 각 사용자의 전환 확률을 추정하는 모델을 사용해 구현하는데, 이때 과거 행동(예: 클릭 시점)을 기반으로 하거나 옵트인 사용자의 레이블 있는 데이터를 활용합니다.

추론

네거티브에 대한 정보를 유도induction하는 대신 추론transduction 학습 기법을 사용해 기존 포지티브, 캠페인 레이블, 레이블이 없는 데이터의 정보를 통합합니다. 논문 「On Learning from Label Proportions」(참고자료 270)에서는 레이블이 없는 데이터의 추론적 속성을 활용하면 캠페인 수준에서의 레이블 비율을 사용해 개별 인스턴스에 레이블을 지정하는 모델을 학습시킬 수 있음을 보였습니다. 그들은 큰 마진 클러스터링large-margin clustering에서 영감을 받은 알고리즘(참고자료 271)을 개발해 이를 달성했습니다. 각 캠페인의 레이블 비율과 레이블이 없는 데이터들의 고차원 공간에서 클러스터링을 활용해 두 가지 모두에 최적화되는 결정 경계를 찾습니다. 목적 함수를 조정함으로써 인스턴스 단위로 양성 레이블을 붙일 수 있습니다.

Q 7.3 가격 모델

참고: 기존 지도 학습과 달리 가격 예측에는 최적의 정답 레이블이라는 것이 없습니다. 예를 들어 에어비앤비에서 이상적인 숙소 가격이 얼마인지는 정해져 있지 않습니다.

이상적인 가격을 알 수 없으면 가격을 어떻게 최적화하나요?

동적 가격 책정 문제를 다룰 때 가격 예측을 위한 레이블을 얻기 어려울 수 있습니다. 한 가지 방법은 과거 예약 내역을 사용하는 것입니다.

숙소가 예약된 경우, 제안된 가격^{suggested price[4]}이 정가^{list price[5]}보다 낮거나 같으면 최적 가격은 제안된 가격보다 높거나 같습니다. 한편 제안된 가격이 정가보다 크면 최적 가격이 제안된 가격에 비해 높을지 낮을지 알 수 없습니다. 숙소가 예약되지 않은 경우, 제안된 가격이 정가보다 낮으면 최적 가격이 제안된 가격에 비해 높을지 낮을지 알 수 없습니다. 한편 제안된 가격이 정가보다 높거나 같으면 최적 가격이 제안된 가격보다 낮습니다.

숙소가 예약되지 않았다면 최적 가격의 **하한**^{lower bound}은 $c_1 \times$[정가]로, **상한**^{upper bound}은 [정가]로 설정합니다. 여기서 c_1은 1보다 작은 상수입니다. 숙소가 예약됐다면 최적 가격의 **하한**은 [정가]로, **상한**은 $c_2 \times$[정가]로 설정합니다. 여기서 c_2는 1보다 크거나 같은 상수입니다.

그런 다음 이러한 경계를 기반으로 손실 함수를 구성합니다. 제안된 가격이 범위 내에 있으면 제안된 가격에 비해 최적의 가격이 얼마인지 모르기 때문에 손실이 0이 됩니다. 제안된 가격이 경계를 벗어나면 제안된 가격과 가장 가까운 경계와의 차이를 손실로 봅니다. 이는 서포트 벡터 회귀(SVR)에서 사용하는 ϵ-비민감^{insensitive} 손실과 유사합니다(참고자료 202).

손실은 다음과 같이 정의합니다.

$$\operatorname{argmin} \sum_{i=1}^{N} (\phi_L + \phi_U)$$

ϕ_L과 ϕ_U는 각각 상한과 하한 함수이며 다음과 같습니다.

$$\phi_L = \max(0, L(P_i, y_i) - f_\theta(x_i))$$
$$\phi_U = \max(0, f_\theta(x_i) - U(P_i, y_i))$$
$$L(P_i, y_i) = y_i P_i + (1 - y_i) c_1 P_i$$
$$U(P_i, y_i) = (1 - y_i) P_i + y_i c_2 P_i$$

[그림 7-1]은 손실 함수 그래프를 나타냅니다. 제안된 가격이 하한과 상한 사이에 있으면 손실은 0입니다.

---

4 옮긴이_ 시스템에서 사용자에게 보여진 가격입니다.
5 옮긴이_ 어떤 기준에 따라 정해진 표준 가격입니다.

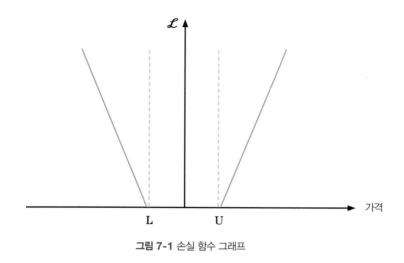

그림 7-1 손실 함수 그래프

다양한 업계, 예를 들어 항공(참고자료 200) 및 호텔(참고자료 287) 업계에서 이 목표 함수를 사용했습니다.

최적의 가격을 제안하는 모델을 어떻게 만드나요?

목표 손실 함수를 명확하게 이해했으니 이제 이 사용자 정의 함수를 최소화하는 작업을 진행합니다. 이 예측 작업에는 몇 가지 모델 유형이 적용된 바 있습니다. 에어비앤비(참고자료 266)는 SVR을 사용한 회귀 모델을 구현했으며 중국 쇼핑 플랫폼인 메이투안(참고자료 276)은 DNN을 사용했습니다. 알리바바(참고자료 287)는 시간에 따른 검색 빈도와 같은 순차 피처를 포착하는, 더 복잡한 다중 작업 DNN을 활용했습니다. 각 기법에는 확률적 경사하강법(SGD)의 변형 버전이 사용됐습니다.

에어비앤비를 예로 들면 모델 피처에는 다음과 같은 것이 있습니다.

정보 피처
객실 유형, 최대 인원, 후기, 위치, 편의시설 등

시간 피처
숙박 기간, 연중 날짜, 이벤트, 주어진 기간 중 예약 가능 여부 등

경쟁 피처

주변 숙박 업소의 객실 목록 수, 후기, 조회 수 등

이러한 피처는 도메인에 따라 조정됩니다. 예를 들어 항공료 예측 모델을 만든다면 정보 피처는 여행 속성(그룹 규모, 좌석 등급, 경유지 수, 도착 및 목적지 공항 등)으로 구성할 수 있고, 경쟁 피처에는 동일한 예약 카테고리에 있는 대체 항공편을 포함할 수 있습니다.

또 다른 문제는 하이퍼파라미터인 c_1 과 c_2 의 조정입니다. 이 값들이 1에 가까우면 제안된 가격이 정확한 편이며 1에서 멀어질수록 시스템 신뢰성이 떨어집니다. 이 값을 조정하는 기법은 다양합니다. 다양한 c_1 과 c_2 값으로 A/B 테스트를 수행하거나, 지나치게 낮거나 높은 가격을 피하는 등 비즈니스 목표에 따라 하한 및 상한을 제한합니다. 혹은 아래에서 설명할 오프라인 평가 지표를 최적화하는 값을 선택합니다.

이 모델을 오프라인에서 평가하려면 어떻게 해야 하나요?

제안된 숙소가 예약됐는지 여부에 따라 모델의 가격 제안 효과를 평가하는 지표를 정의합니다. 지표의 목적은 전체 매출을 극대화하는 것입니다.

가격 인하 재현율 Price Decrease Recall**(PDR)**

예약되지 않은 숙소 중에서 제안된 가격이 정가보다 낮은 비율

가격 인하 정밀도 Price Decrease Precision**(PDP)**

제안된 가격이 정가보다 낮은 경우 중에서 예약되지 않은 비율

가격 인상 재현율 Price Increase Recall**(PIR)**

예약된 숙소 중에서 제안된 가격이 정가보다 높거나 같은 비율

가격 인상 정밀도 Price Increase Precision**(PIP)**

제안된 가격이 정가보다 높거나 같은 경우 중에서 예약된 비율

예약 후회 Booking Regret

예약된 모든 숙소에 걸쳐 실제 정가 P 대신 제안된 가격 P_{sugg} 가 선택되는 경우 손실되는 매출(백분율)

$$BR = mean_{bookings}\left(\max\left(0, 1 - \frac{P_{sugg}}{P}\right)\right)$$

생성 모델:
노이지 채널 모델에서 LLM까지

부록 A

지난 몇 년 동안 LLM 접근 방식과 챗GPT 같은 모델이 주목을 받으면서 생성 모델링 분야가 눈에 띄게 발전했습니다. 많은 모델이 널리 사용되기 시작했으며 이에 대해 찬성, 반대, 중립 의견을 가진 전문가들이 나타나서 온갖 갑론을박을 펼치고 있습니다. 노련한 업계 전문가라도 끊임없는 기술의 발전을 따라가기가 어렵다고 생각할 정도입니다.

약간 헤매는 느낌이 들더라도 걱정하지 마세요. 다른 사람들도 마찬가지니까요. 부록에서는 생성 모델링의 최신 발전을 따라잡기 위해 알아야 할 핵심 개념을 하나하나 짚어봅니다.

학습 데이터와 유사한 데이터를 생성하는 것을 목표로 하는 생성 모델은 지난 몇 년[1] 동안 다양한 도메인에서 크게 발전했습니다. 그중 자동 음성 인식(ASR)과 기계 번역(MT) 분야를 예로 들어 주요 발전 사항을 살펴봅시다.

A.1 기계 번역(MT)

통계적 기계 번역

통계적 기계 번역 Statistical Machine Translation (SMT)은 노이지 채널[2] 접근 방식을 기반으로 하며, 오랫동안 지배적인 패러다임이었습니다. 노이지 채널 접근 방식은 원본source 문장이 번역 목표target

---

1   옮긴이_ 2024년 기준으로 지난 10년 정도로 보면 됩니다.
2   옮긴이_ '노이즈 채널'이나 '잡음 채널'로 번역하기도 합니다.

문장[3]에 노이즈가 더해진 버전이라고 가정합니다. SMT 모델은 두 가지 요소로 구성되는데, 각각 원본 구문이 주어졌을 때의 목표 구문의 확률을 추정하는 번역 모델(TM)과, 목표 구문 자체의 확률을 추정하는 언어 모델(LM)입니다. TM 학습에 널리 사용되는 방법에는 단어 정렬을 학습해 원본–목표 번역에 대한 사후 분포를 추정하는 기댓값 최대화(EM), 베이지안 추론 기술(참고자료 109) 등이 있습니다. [그림 A–1]은 SMT에서의 구문 기반$^{\text{phrase-based}}$ 번역을 위한 정렬의 예입니다. SMT에서 구문 번역 테이블의 학습은 단어 정렬에서 시작됩니다. 널리 사용되는 접근 방식에는 EM 및 변분 베이즈 기법$^{\text{Variational Bayes}}$이 있습니다.

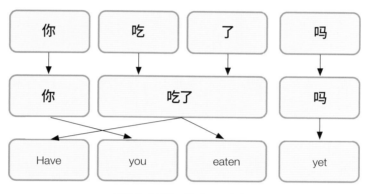

그림 A-1 구문 기반 SMT 정렬

TIP SMT의 여러 단계는 Moses SMT 시스템 문서 [참고자료 153]에서 자세히 알아보세요.

신경망 기계 번역

2010년대 중반에는 신경망 기계 번역(NMT)이 SMT를 대신해 지배적인 MT 접근 방식으로 자리 잡았습니다. NMT 모델은 신경망을 사용해 원본 문장을 목표 문장에 직접 매핑합니다. 즉, SMT처럼 명시적으로 노이지 채널 모델링을 통하지 않습니다. 따라서 SMT의 2개 모델 구성보다 더 간결하게 만들 수 있습니다. 또한 DNN 덕분에 NMT 모델은 원본 문장의 맥락을 더 잘 포착해서 목표 문장을 더 유창한 표현으로 만듭니다.

------

3 옮긴이_ 인코더–디코더(encoder–decoder) 또는 기계 번역 기술의 맥락에서는 입력 정보를 원본(source), 출력을 목표(target)라고 부르는 것이 일반적입니다. 여기서 '번역 목표'는 번역할 대상이 아니라 번역된 결과를 뜻합니다.

NMT 모델은 인코더와 디코더로 구성됩니다. 인코더는 원본 문장을 읽고 이를 고정 길이 벡터 표현으로 인코딩해 문장의 의미를 담습니다. 그런 다음 디코더는 인코더가 생성한 벡터 표현을 조건으로 해 목표 문장을 한 단어씩 생성합니다.

몇 년 동안 인코더와 디코더는 seq2seq(참고자료 211)에서 볼 수 있는 것처럼 RNN 또는 LSTM 네트워크로 구현됐습니다. 이러한 RNN 기반 모델은 원본 문장을 한 단어씩 순차적으로 처리합니다. 한 단어씩 읽을 때마다 모델의 은닉 상태^{hidden state}를 업데이트합니다.

어텐션 기반 메커니즘은 NMT 모델의 성능을 크게 향상했습니다. 어텐션 기반 메커니즘의 주요 장점은 입력과 출력의 다양한 위치에 선택적으로 집중할 수 있다는 점입니다. 특히, 셀프 어텐션은 네트워크가 스스로의 시퀀스에 대해 어텐션 가중치를 계산하도록 해주는 메커니즘인 반면, 교차 어텐션은 모델이 각 목표 단어를 생성할 때 원본 문장의 여러 부분에 선택적으로 주의를 기울이도록 해줍니다.

A.2 자동 음성 인식(ASR)

음성 피처의 확률 분포를 모델링하는 데는 **가우시안 혼합 모델**(GMM)이 오랫동안 일반적으로 사용됐습니다. SMT와 마찬가지로 ASR은 노이지 채널 개념을 사용해 GMM-HMM 형태로 구현됐습니다. 여기서 GMM이 음향 모델(AM)이고 HMM은 언어 모델(LM)입니다.

ASR 모델에서 사용하는 피처는 다음과 같습니다.

필터 뱅크
필터 뱅크^{filter bank} 피처는 각 주파수에서의 출력^{power}으로 오디오 신호를 표현하는 방법입니다. 필터 뱅크 피처를 구하려면 오디오 파형을 프레임 시퀀스로 변환하고, 각 프레임을 주파수 영역 표현으로 변환한 다음, 각 주파수 대역에 대한 인간 청각 시스템의 민감도 근사를 기반으로 주파수를 모아 구간화합니다.

MFCC
MFCC를 구하려면 이산 코사인 변환^{Discrete Cosine Transform}(DCT)을 사용해 필터 뱅크 피처를 추가로 처리합니다. 이 단계에서는 필터 뱅크 피처의 상관관계를 제거^{decorrelate}해 보다 간결한 표현으로 압축합니다.

MFCC는 손실이 있는 표현이 되지만 GMM과의 궁합이 더 좋습니다. 그러나 DNN은 GMM과 달리 상관관계가 있는 피처를 잘 처리하므로 필터 뱅크 피처를 직접 사용합니다.

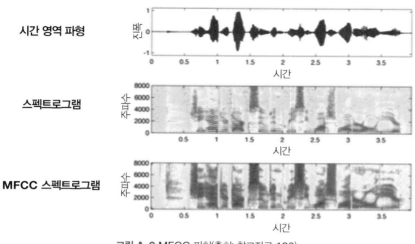

그림 A-2 MFCC 피처(출처: 참고자료 106)

GMM은 음향 피처가 각각 다른 음소phoneme에 해당하는 가우스 분포의 혼합에 의해 생성된다는 가정을 기반으로 합니다. 다만 GMM에는 몇 가지 한계가 있는데, 피처 간의 복잡한 종속성을 모델링하기 어렵고 대규모 데이터셋을 사용하기 쉽지 않습니다.[4]

DNN은 ASR의 기본 모델로서 GMM을 빠르게 대체했습니다. DNN은 입력 피처(필터 뱅크)와 출력 레이블 간의 복잡한 비선형 관계를 학습할 수 있으므로 ASR 모델링에 더욱 효과적입니다. 또한 DNN은 병렬 컴퓨팅의 성능을 활용해 대규모 모델을 빠르게 학습합니다.

ASR을 위한 DNN의 최근 발전에 따라 이러한 이점들이 실현됐습니다. 예를 들어 RNN과 이후의 **어텐션 기반 메커니즘**을 통해 모델은 각 출력 요소를 생성할 때 입력 시퀀스의 관련 부분에 선택적으로 집중할 수 있습니다. 이는 모델이 입력 시퀀스와 출력 시퀀스 간의 소프트 정렬soft alignment[5]을 학습하는 데 도움이 됩니다.

---

4 옮긴이_ 계산량과 메모리 필요량이 많고, 수렴이 어렵거나 과적합되는 등의 난점들이 있습니다.
5 옮긴이_ 하드 정렬(hard alignment)과 반대되는 개념으로 사용했습니다. 하드 정렬에서는 입력 토큰들과 출력 토큰들 간의 관계가 이진(0 또는 1)으로 연결됩니다.

또한 CNN도 ASR에 적용되어 음향 신호로부터 2D 피처 맵을 구성하는 데 쓰입니다. 이미지와 유사하게 이러한 피처 맵은 MFCC와 같은 음향 피처를 2차원 특징 맵으로 받아들입니다. 한 축은 주파수 영역, 다른 축은 시간입니다. 이를 통해 음향 신호의 로컬 패턴을 포착합니다.

최근의 ASR 모델, 예를 들어 Conformer 모델(참고자료 078)과 Convolutional Transducer 모델(참고자료 152) 등 많은 모델은 어텐션과 컨볼루션의 요소가 결합되어 있습니다.

A.3 트랜스포머로의 수렴

어텐션 기반 메커니즘, 특히 트랜스포머(참고자료 235)로의 생성적 접근 방식의 수렴은 ML에서 중요한 발전입니다.

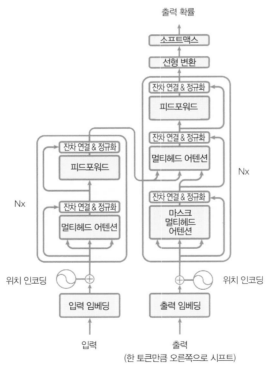

그림 A-3 트랜스포머 인코더–디코더 네트워크(출처: 참고자료 159)

TIP 트랜스포머를 사용한 신경망 기계 번역은 텐서플로 튜토리얼 [참고자료 159]에서 알아보세요.

트랜스포머에는 일반적으로 세 가지 형태가 있습니다.

인코더-디코더 네트워크

트랜스포머의 전체 형태로서 인코더-디코더 네트워크가 있습니다. 이 아키텍처에서 입력 시퀀스는 인코더 네트워크를 통해 고정 길이 벡터 표현으로 만들어집니다.[6] 그리고 이 벡터는 디코더 네트워크에 전달되어 한 번에 한 요소씩 출력 토큰의 시퀀스를 생성하는 데 사용됩니다. 인코더-디코더 네트워크는 NMT와 텍스트 요약 같은 표준적인 시퀀스 간 sequence-to-sequence 모델링 작업에 널리 사용됩니다.

인코더 전용 네트워크

인코더-디코더 네트워크와 달리, 입력을 변화시킨 변형 원본original variant을 생성함으로써 입력의 인코딩된 표현을 학습합니다. 차원 축소와 같은 다양한 비지도 학습 작업에 사용하는 오토인코더 아키텍처로의 일종으로 볼 수 있습니다. 인코더 전용 네트워크는 일반적으로 분류와 회귀 같은 작업에 사용하는데, 입력의 인코딩된 표현을 소프트맥스, 시그모이드, MLP 또는 기타 네트워크로 연결해서 구현합니다.

디코더 전용 네트워크

자기 회귀autoregressive 모델이라고도 합니다. 모델은 이전에 생성된 요소들을 조건으로 한 번에 하나씩 출력 요소를 생성합니다. 모델이 앞을 내다보는 '엿보기cheating'를 방지하기 위해 모델이 시퀀스의 이전 토큰에만 어텐션을 적용할 수 있도록 입력 시퀀스를 마스킹합니다.

TIP 위 세 가지 인코더 및 디코더 아키텍처를 비교한 깃허브 게시물 [참고자료 237]을 읽어보세요.

GPT 모델 제품군(참고자료 030)을 비롯해 많은 최신 LLM이 디코더 전용 네트워크를 기반으로 만들어집니다. GPT 모델은 왼쪽에서 오른쪽으로의 자기 회귀 디코딩 프로세스를 사용합니다. 여기서 각 토큰은 시퀀스의 이전 토큰들을 기반으로 생성됩니다.

---

6 옮긴이_ 원문에 명확하지 않은 점이 있어서 추가 설명을 덧붙입니다. 트랜스포머 구조에서 입력 시퀀스는 하나의 벡터로 인코딩되지 않고 토큰 개수만큼의 벡터로 인코딩됩니다. 이것이 기존의 RNN 기반 인코더-디코더 네트워크와 결정적으로 다른 부분입니다. 저자는 각각의 토큰의 벡터는 정해진 차원수를 가진다는 것을 말하려고 했던 것 같습니다.

인코더-디코더 네트워크와 디코더 전용 네트워크는 공통점이 많고 둘 다 LLM을 만드는 데 사용됩니다. 둘 사이의 주요 차이점은 입력 시퀀스를 처리하는 방식입니다.

디코더 전용 자기 회귀 모델에 비해 인코더-디코더 아키텍처를 사용할 때의 주요 이점은, 인코더가 입력 시퀀스의 모든 시간 스텝에 대한 은닉 상태를 동시에 계산할 수 있는 반면, 디코더 전용 모델은 이전의 은닉 상태들만 순차적으로 참조할 수 있다는 점입니다. 디코더 전용 LLM은 모델 학습이 상대적으로 간단하고 메모리 요구 사항 측면에서 이점이 있습니다.

그러나 최근 연구에서는 LLM 작업에 인코더-디코더 모델이 디코더 전용 모델보다 낫다는 직관을 부정하기도 합니다. [참고자료 245]의 연구에서는 비지도 사전 학습을 적용한 자기 회귀 구조의 인과 디코더causal decoder가 인코더-디코더 구조보다 더 나은 제로샷 일반화 능력을 보였습니다. 저자가 논문에서 그 이유를 자세히 논하지는 않았지만 다음과 같은 점을 생각해볼 만합니다.

첫째, 디코더 전용 모델의 자기 회귀 피처가 이전 토큰의 각 토큰들을 조건으로 이용해 언어의 규칙성과 패턴을 더 잘 포착할 수 있다는 점입니다. 이와 대조적으로 인코더-디코더 모델은 입력 시퀀스의 인코딩된 표현과 입력 및 출력 시퀀스 간의 정렬 관계에 제한을 받음으로써, 새로운 컨텍스트로부터 유창한 텍스트를 생성하기 어려울 수 있습니다.

둘째, 디코더 전용 모델이 더 단순한 아키텍처와 입력 및 출력 시퀀스 간의 정렬[7]이 필요 없다는 점으로 인해 과적합이 덜 발생한다는 점입니다. 이는 작업별 미세 조정fine-tuning 없이 모델을 새로운 작업 및 도메인으로 일반화해야 하는 제로샷 설정에서 특히 유용할 수 있습니다.

A.4 현실의 과제를 위한 미세 조정

LLM은 점점 더 크고 정교해짐에 따라 스스로 지식을 습득할 수 있게 됐습니다. 다만 현실의 특정한 과제를 해결하기 위해 이 지식을 효과적으로 적용하기는 여전히 어렵습니다.

미세 조정은 이 문제를 해결하기 위해 널리 사용하는 기법입니다. 대량의 데이터로 LLM을 사전 학습한 다음 이를 다운스트림 작업에 적용시킵니다. 미세 조정은 일반적으로 지침instruction

---

7 옮긴이_ 이 장에서 저자는 정렬(alignment)이라는 개념을 자주 사용합니다. 그런데 이 용어는 최근의 트랜스포머나 LLM 맥락에서는 사실상 사용되지 않습니다. 이는 한 세대 이전의 기계 번역이나 자연어 생성 분야에서 핵심적으로 사용되던 요소입니다. 트랜스포머나 RNN 맥락에서는 디코더가 인코더 쪽을 참조하는 교차 어텐션의 의미로 이해하면 무난합니다.

템플릿(참고자료 026)을 이용해 수행하는데 템플릿은 프롬프트, 컨텍스트, 답변으로 구성됩니다. LLM은 템플릿으로 제공된 것과 유사한 답변을 생성하도록 미세 조정됩니다.

그림 A-4 Natural Instructions 데이터셋의 스키마(출처: 참고자료 006)

LLM을 현실 과제에 적용하기 위한 지침[8] 기반 미세 조정에는 두 가지 주요 접근 방식이 있습니다.

다운스트림 접근

LLM은 고정되고 미세 조정 중에 가중치가 업데이트되지 않습니다. 대신, 입력 시퀀스의 각 토큰에 대해 LLM에 의해 생성된 임베딩을 소프트맥스, 시그모이드, MLP 또는 기타 신경망과 같은 추가 레이어로 전달하고, 이러한 레이어는 원하는 작업별 예측을 출력하도록 학습됩니다.

---

8 옮긴이_ LLM의 미세 조정을 지침(instruction) 데이터셋으로 하는 기법은 2022년부터 급격히 대두되어 정착된 번역어가 없습니다. 대부분 영어 그대로 'instruction fine-tuning'이라고 칭합니다. 이 책에서는 '지침 기반 미세 조정'으로 번역했습니다.

전체적holistic **접근**

LLM의 매개변수를 미세 조정 중에 직접 업데이트합니다. 따라서 LLM이 작업 관련 정보를 더 많이 학습할 수 있습니다. 이는 접근 방식은 다운스트림 방식보다 더 나은 성능을 제공하는 경향이 있지만, 미세 조정 중에 많은 LLM 매개변수를 업데이트해야 하므로 계산 비용이 더 높습니다.

계층적[9] 피드백을 통한 강화 학습Reinforcement Learning with Hierarchical Feedback (RLHF)은 사전 학습된 LLM을 특정 과제에 적응시키기 위한 또 다른 기법입니다. 챗GPT의 경우에는 지침 기반 미세 조정(참고자료 165)의 다음 단계로 이 기법을 사용했습니다.

먼저, **보상**reward **모델**을 학습합니다. 보상 모델은 텍스트 시퀀스를 입력으로 사용해서 인간의 선호도를 나타내는 스칼라 보상값을 출력합니다. 보상 모델을 위한 학습 데이터셋은 일정한 집합에서 프롬프트를 샘플링하고 이를 기본initial 언어 모델[10]에 입력해 얻은 결과로 만들어집니다. 한 가지 랭킹 기법은 사용자가 동일한 프롬프트를 이용해 두 가지 언어 모델[11]에서 생성된 텍스트를 비교하는 것입니다. 이러한 상대적 선호도 차잇값은 엘로Elo 평점 방식을 적용해 학습에 사용할 스칼라 보상값으로 정규화됩니다. 일반적으로 보상 모델은 미세 조정될 LLM과 크기가 비슷한 LLM입니다.

보상 모델이 학습되면 **PPO**Proximal Policy Optimization 알고리즘을 이용해 보상 함수를 최대화하는 정책policy을 학습합니다. 이 맥락에서 정책은 미세 조정 대상인 LLM입니다.

PPO 학습을 적용할 미세 조정 대상 모델(현재 LLM)은 앞서 사용한 기본 LLM을 복사한 버전입니다. 기본 LLM은 고정된 상태로 유지되며 정규화를 위한 참조 모델로 사용됩니다. 한편 현재 LLM은 학습 과정을 통해 최적화됩니다. 보상 모델은 현재 LLM의 예측을 평가해 스칼라 보상 형태로 피드백을 제공합니다.

PPO의 목적 함수는 현재 정책이 초기 정책에 가깝게 유지되도록 유도해 너무 큰 업데이트를 피함으로써 최적화 프로세스가 안정되도록 합니다. 현재 LLM과 초기 LLM의 출력 간의 쿨백−

---

9 옮긴이_ 보통 RLHF에서 H는 'Hierarchical'이 아니라 'Human'을 나타내지만 원문 그대로 번역했습니다. 데이터셋을 만들 때, 구조적(hierarchical)인 요소도 반영이 되므로 아주 틀린 표현은 아닙니다.

10 옮긴이_ 챗GPT 학습 방법을 기준으로 설명한다면 첫 번째 단계인 SFT를 마친 LLM을 의미합니다.

11 옮긴이_ 원문에는 두 개의 모델을 사용한다고 되어 있지만 보통은 하나의 모델로부터 확률적으로 생성되는 복수의 출력을 비교합니다.

라이블러 발산(KLD)을 페널티 항으로 도입하는 것입니다.

$$L^{KLPEN}(\theta) = \mathbb{E}\left[\frac{\pi_\theta}{\pi_{\theta_{old}}}A - \beta KL[\pi_{\theta_{old}}, \pi_\theta]\right]$$

여기에서 A는 어드밴티지advantage[12]로, 가치 함수가 예측한 보상 기댓값과 보상 모델로부터 얻은 실제 보상의 차이입니다(참고자료 207). 그리고 β는 고정 또는 감쇠될 수 있는 하이퍼파라미터입니다. [참고자료 272]에서 구체적인 설명을 확인할 수 있습니다.

PPO의 변형인 PPO-Clip(참고자료 177)에서는 다음과 같이 경삿값 업데이트에 고정된 한계를 적용합니다.

$$L^{CLIP}(\theta) = \mathbb{E}\left[\min\left(\frac{\pi_\theta}{\pi_{\theta_{old}}}A, clip\left(\frac{\pi_\theta}{\pi_{\theta_{old}}}, 1-\epsilon, 1+\epsilon\right)A\right)\right]$$

여기서 ϵ은 경삿값 업데이트의 한계를 설정하는 하이퍼파라미터입니다. 이 PPO-Clip에서는 쿨백-라이블러 발산 항은 목표 함수에 넣지 않습니다.

TIP RLHF를 더 알아보려면 허깅페이스 게시물 [참고자료 114]에서 요약 해설을 읽어보세요.

---

12 옮긴이_ 강화 학습의 개념을 원문 그대로 사용했습니다. 정착된 한국어 번역어가 없습니다.

1. A/B Tests vs Multivariate Tests. (2019, November 22). Mixpanel. Retrieved May 5, 2023, from https://mixpanel.com/blog/ab-tests-vs-multivariate-tests/

2. Ackerman, I., & Kataria, S. (2021, June 3). Homepage feed multi-task learning using TensorFlow. LinkedIn Engineering. Retrieved May 5, 2023, from https://engineering. linkedin.com/blog/2021/homepage-feed-multi-task-learning-using-tensorflow

3. AdSense revenue share - Google AdSense Help. (n.d.). Google AdSense Help. Retrieved May 5, 2023, from https://support.google.com/adsense/answer/180195?hl=en

4. Agrawal, R., Imieliński, T., & Swami, A. (1993). Mining association rules between sets of items in large databases. ACM SIGMOD Record, 22(2), 207-216.

5. Alade, O. A., Selamat, A., & Sallehuddin, R. (2020). The Effects of Missing Data Characteristics on the Choice of Imputation Techniques. Vietnam Journal of Computer Science, 7(2).

6. allenai/natural-instructions: Expanding natural instructions. (n.d.). github. Retrieved May 7, 2023, from https://github.com/allenai/natural-instructions

7. AllenNLP - Demo. (n.d.). AllenNLP. Retrieved May 5, 2023, from https://demo.allennlp. org/sentiment-analysis/roberta-sentiment-analysis

8. Arora, S., Ge, R., & Moitra, A. (2012). Learning Topic Models - Going beyond SVD. FOCS.

9. Austin, P. C., & Stuart, E. A. (2015). Moving towards best practice when using inverse probability of treatment weighting (IPTW) using the propensity score to estimate causal treatment effects in observational studies. Stat Med, 34(28), 3661-3679.

10. Automatic feature preprocessing | BigQuery. (2023, May 3). Google Cloud. Retrieved May 4, 2023, from https://cloud.google.com/bigquery/docs/reference/standard-sql/ bigqueryml-auto-preprocessing

11. Awesome XGBoost. (n.d.). github. Retrieved May 5, 2023, from https://github.com/dmlc/xgboost/tree/master/demo#machine-learning-challenge-winning-solutions

12. Ba, L. J., & Caruana, R. (2014). Do Deep Nets Really Need to be Deep? NIPS.

13. Bai, T., Xiao, Y., Wu, B., Yang, G., Yu, H., & Nie, J. (2022). A Contrastive Sharing Model for Multi-Task Recommendation. WWW.

14. Banko, M., Mittal, V. O., & Witbrock, M. J. (2000). Headline Generation Based on Statistical Translation. ACL.

15. Bean, A. (2020, September 23). Distributed training of sparse ML models — Part 1: Network bottlenecks. Twitter Blog. Retrieved May 6, 2023, from https://blog.twitter.com/engineering/en_us/topics/insights/2020/distributed-training-of-sparse-machine-learning-models-1

16. Bejeck, B. (2012, November 30). Calculating a Co-Occurrence Matrix With Hadoop. Random Thoughts on Coding. Retrieved May 5, 2023, from http://codingjunkie.net/cooccurrence/

17. Belli, L., Ktena, S. I., Tejani, A., Lung-Yut-Fong, A., Portman, F., Zhu, X., Xie, Y., Gupta, A., Bronstein, M., Delić, A., Sottocornola, G., Anelli, W., Andrade, N., Smith, J., & Shi, W. (2020). Privacy-Aware Recommender Systems Challenge on Twitter's Home Timeline. arXiv:2004.13715.

18. Beutel, A., Chen, J., Zhao, Z., & Chi, E. H. (2017). Data Decisions and Theoretical Implications when Adversarially Learning Fair Representations. Presented as a poster at the 2017 Workshop on Fairness, Accountability, and Transparency in Machine Learning.

19. Bi, Q., Li, J., Shang, L., Jiang, X., Liu, Q., & Yang, H. (2022). MTRec: Multi-Task Learning over BERT for News Recommendation. ACL.

20. Bidding Strategies Overview. (n.d.). Snapchat's Business Help Center. Retrieved May 5,

2023, from https://businesshelp.snapchat.com/s/article/bidding-strategies?language=en_US

21. big-data-rosetta-code/TfIdf.scala. (n.d.). github. Retrieved May 5, 2023, from https://github.com/spotify/big-data-rosetta-code/blob/main/src/main/scala/com/spotify/bdrc/pipeline/TfIdf.scala

22. Blei, D., & McAuliffe, J. D. (2007). Supervised topic models. NIPS.

23. Blei, D. M., & Lafferty, J. D. (2005). Correlated Topic Models. NIPS.

24. Blei, D. M., Ng, A. Y., & Jordan, M. I. (2003). Latent Dirichlet Allocation. JMLR.

25. Bordes, A., Usunier, N., Garcia-Duran, A., Weston, J., & Yakhnenko, O. (2013). Translating Embeddings for Modeling Multi-relational Data. NIPS.

26. Bosma, M., & Wei, J. (2021, October 6). Introducing FLAN: More generalizable Language Models with Instruction Fine-Tuning. Google AI Blog. Retrieved May 7, 2023, from https://ai.googleblog.com/2021/10/introducing-flan-more-generalizable.html

27. Bottou, L., Peters, J., Quiñonero-Candela, J., Charles, D., Chickering, D. M., Portugaly, E., Ray, D., Simard, P., & Snelson, E. (2013). Counterfactual Reasoning and Learning Systems. JMLR.

28. Bredillet, T. (2019, May 17). Core Modeling at Instagram. At Instagram we have many Machine… | by Thomas Bredillet. Instagram Engineering. Retrieved May 5, 2023, from https://instagram-engineering.com/core-modeling-at-instagram-a51e0158aa48

29. Broadcasting — NumPy v1.24 Manual. (n.d.). NumPy. Retrieved May 4, 2023, from https://numpy.org/doc/stable/user/basics.broadcasting.html

30. Brown, T., Mann, B., Ryder, N., Subbiah, M., Kaplan, J., Dhariwal, P., Neelakantan, A., Shyam, P., Sastry, G., Askell, A., Agarwal, S., Herbert-Voss, A., Krueger, G., Henighan, T.,

Child, R., Ramesh, A., Ziegler, D. M., Wu, J., Winter, C., … Amodei, D. (2020). Language Models are Few-Shot Learners. NIPS.

31. Cai, L., & Wang, W. Y. (2018). KBGAN: Adversarial Learning for Knowledge Graph Embeddings. NAACL HLT.

32. Callison-Burch, C. (2009). Fast, Cheap, and Creative: Evaluating Translation Quality Using Amazon's Mechanical Turk. EMNLP.

33. Cao, M. (2022). A Survey on Neural Abstractive Summarization Methods and Factual Consistency of Summarization. arXiv:2204.09519.

34. Cao, S., Lu, W., & Xu, Q. (2016). Deep neural networks for learning graph representations. AAAI.

35. Cao, Z., Qing, T., Liu, T., Tsai, M., & Li, H. (2007). Learning to rank: from pairwise approach to listwise approach. ICML.

36. Categorical Data — xgboost 1.7.5 documentation. (n.d.). XGBoost Documentation. Retrieved May 4, 2023, from https://xgboost.readthedocs.io/en/stable/tutorials/categorical.html

37. Celebi, M. E., Kingravi, H. A., & Vela, P. A. (2013). A Comparative Study of Efficient Initialization Methods for the K-Means Clustering Algorithm. Expert Systems with Application, 40, 200-210.

38. Chang, J., Gerrish, S., Wang, C., Boyd-graber, J., & Blei, D. (2009). Reading Tea Leaves: How Humans Interpret Topic Models. NIPS.

39. Chapelle, O. (2014). Modeling delayed feedback in display advertising. KDD.

40. Chapelle, O., & Zhang, Y. (2009). A dynamic bayesian network click model for web search ranking. WWW.

41. Chen, M., Beutel, A., Covington, P., Jain, S., Belletti, F., & Chi, E. (2019a). Top-K Off-Policy Correction for a REINFORCE Recommender System. WSDM.

42. Chen, Q., Zhao, B., Wang, H., Li, M., Liu, C., Li, Z., Yang, M., & Wang, J. (2021). SPANN: Highly-efficient Billion-scale Approximate Nearest Neighbor Search. NIPS.

43. Chen, Q., Zhuo, Z., & Wang, W. (2019b). BERT for Joint Intent Classification and Slot Filling. arXiv:1902.10909.

44. Chen, T., & Guestrin, C. (2016). XGBoost: A Scalable Tree Boosting System. KDD.

45. Chen, T., Zhang, W., Lu, Q., Chen, K., Zheng, Z., & Yu, Y. (2012). SVDFeature: A Toolkit for Feature-based Collaborative Filtering. JMLR.

46. Cheng, H., Koc, L., Harmsen, J., Shaked, T., Chandra, T., Aradhye, H., Anderson, G., Corrado, G., Chai, W., Ispir, M., Anil, R., Haque, Z., Hong, L., Jain, V., Liu, X., & Shah, H. (2016). Wide & Deep Learning for Recommender Systems. DLRS.

47. Cho, J. H., & Hariharan, B. (2019). On the Efficacy of Knowledge Distillation. ICCV.

48. Chopra, S., Auli, M., & Rush, A. M. (2016). Abstractive Sentence Summarization with Attentive Recurrent Neural Networks. NAACL.

49. Clevert, D., Unterthiner, T., & Hochreiter, S. (2016). Fast and Accurate Deep Network Learning by Exponential Linear Units (ELUs). ICLR.

50. Collaborative Filtering Advantages & Disadvantages | Machine Learning. (2022, July 18). Google Developers. Retrieved May 5, 2023, from https://developers.google.com/machine-learning/recommendation/collaborative/summary

51. Covington, P., Adams, J., & Sargin, E. (2016). Deep Neural Networks for YouTube Recommendations. Proceedings of the 10th ACM Conference on Recommender Systems.

52. Craswell, N., & Taylor, M. (2008). An experimental comparison of click position-bias models. WSDM.

53. Create an app installs campaign. (n.d.). Twitter for Business. Retrieved May 5, 2023, from https://business.twitter.com/en/help/campaign-setup/create-an-app-installs-campaign.html

54. Cui, P., Hu, L., & Liu, Y. (2020). Enhancing Extractive Text Summarization with Topic-Aware Graph Neural Networks. COLING.

55. Dahal, P. (n.d.). Deep Learning Demystified. DeepNotes | Deep Learning Demystified. Retrieved May 6, 2023, from https://deepnotes.io/deep-clustering#performance-metrics

56. Das, S., & Chen, M. (2001). Yahoo! For Amazon: Sentiment Parsing from Small Talk on the Web. EFA 2001 Barcelona Meetings.

57. Data Split Example | Machine Learning. (2022, July 18). Google Developers. Retrieved May 4, 2023, from https://developers.google.com/machine-learning/data-prep/construct/sampling-splitting/example

58. Davidson, J., Liebald, B., Liu, J., Nandy, P., Vleet, T. V., Gargi, U., Gupta, S., He, Y., Lambert, M., Livingston, B., & Sampath, D. (2010). The YouTube video recommendation system. RecSys.

59. Davis, J., & Goadrich, M. (2006). The relationship between Precision-Recall and ROC curves. ICML.

60. Devlin, J., Chang, M., Lee, K., & Toutanova, K. (2019). BERT: Pre-training of Deep Bidirectional Transformers for Language Understanding. NAACL.

61. Dilipkumar, D., & Chen, J. (2019, June 25). A SplitNet architecture for ad candidate ranking. Twitter Blog. Retrieved May 5, 2023, from https://blog.twitter.com/engineering/en_us/topics/infrastructure/2019/splitnet-architecture-for-ad-candidate-ranking

62. Discounted cumulative gain. (n.d.). Wikipedia. Retrieved May 5, 2023, from https://en.wikipedia.org/wiki/Discounted_cumulative_gain

63. Eksombatchai, C., Jindal, P., Liu, J. Z., Liu, Y., Sharma, R., Sugnet, C., Ulrich, M., & Leskovec, J. (2018). Pixie: A System for Recommending 3+ Billion Items to 200+ Million Users in Real-Time. WWW.

64. Elkan, C., & Noto, K. (2008). Learning classifiers from only positive and unlabeled data. KDD.

65. El-Kishky, A., Markovich, T., Park, S., Verma, C., Kim, B., Eskander, R., Malkov, Y. A., Portman, F., Samaniego, S., Xiao, Y., & Haghighi, A. (2022). TwHIN: Embedding the Twitter Heterogeneous Information Network for Personalized Recommendation. KDD.

66. Errickson, J. (n.d.). Multiple Imputation. Department of Statistics. Retrieved May 4, 2023, from https://dept.stat.lsa.umich.edu/~jerrick/courses/stat701/notes/mi.html#mice-in-r

67. Fan, M., Guo, J., Zhu, S., Miao, S., Sun, M., & Li, P. (2019). MOBIUS: Towards the Next Generation of Query-Ad Matching in Baidu's Sponsored Search. KDD.

68. Fayyad, U., & Irani, K. (1993). Multi-Interval Discretization of Continuous-Valued Attributes for Classification Learning. IJCAI.

69. Frequently Asked Questions — xgboost 1.7.5 documentation. (n.d.). XGBoost Documentation. Retrieved May 4, 2023, from https://xgboost. readthedocs.io/en/stable/faq.html

70. Gehring, J., Auli, M., Grangier, D., Yarats, D., & Dauphin, Y. N. (2017). Convolutional Sequence to Sequence Learning. ICML.

71. Goel, A., Gupta, P., Sirois, J., Wang, D., Sharma, A., & Gurumurthy, S. (2015). The Who-To-Follow System at Twitter: Strategy, Algorithms, and Revenue Impact. Interfaces, 45(1), 98-107.

72. Gong, X., Feng, Q., Zhang, Y., Qin, J., Ding, W., Li, B., Jiang, P., & Gai, K. (2022). Real-time Short Video Recommendation on Mobile Devices. CIKM.

73. Grbovic, M., & Cheng, H. (2018). Real-time Personalization using Embeddings for Search Ranking at Airbnb. KDD.

74. Grbovic, M., Radosavljevic, V., Djuric, N., Bhamidipati, N., Savla, J., Bhagwan, V., & Sharp, D. (2015). E-commerce in Your Inbox: Product Recommendations at Scale. KDD.

75. Grover, A., & Leskovec, J. (2016). node2vec: Scalable Feature Learning for Networks. KDD.

76. Gu, S., Sheng, X., Fan, Y., Zhou, G., & Zhu, X. (2021). Real Negatives Matter: Continuous Training with Real Negatives for Delayed Feedback Modeling. KDD.

77. Guestrin, C. (2007, April 4). Unsupervised learning or Clustering – K-means Gaussian mixture models. Carnegie Mellon University. Retrieved May 4, 2023, from http://www.cs.cmu.edu/%7Eguestrin/Class/10701-S07/Slides/clustering.pdf

78. Gulati, A., Qin, J., Chiu, C., Parmar, N., Zhang, Y., Yu, J., Han, W., Wang, S., Zhang, Z., Wu, Y., & Pang, R. (2020). Conformer: Convolution-augmented Transformer for Speech Recognition. Interspeech.

79. Guo, D., Ktena, S. I., Huszar, F., Myana, P. K., Shi, W., & Tejani, A. (2020). Deep Bayesian Bandits: Exploring in Online Personalized Recommendations. RecSys.

80. Guo, H., Tang, R., Ye, Y., Li, Z., & He, X. (2017a). DeepFM: A Factorization-Machine based Neural Network for CTR Prediction. IJCAI.

81. Guo, X., Liu, X., Zhu, E., & Yin, J. (2017b). Deep Clustering with Convolutional Autoencoders. ICONIP.

82. Gupta, A., Chugh, D., Anjum, & Katarya, R. (2021). Automated News Summarization

Using Transformers. ICSAC.

83. Gupta, U., Wu, C., Wang, X., Naumov, M., Reagen, B., Brooks, D., Cottel, B., Hazelwood, K., Jia, B., Lee, H. S., Malevich, A., Mudigere, D., Smelyanskiy, M., Xiong, L., & Zhang, X. (2020). The Architectural Implications of Facebook's DNN-based Personalized Recommendation. HPCA.

84. Han, S., Pool, J., Tran, J., & Dally, W. J. (2015). Learning both Weights and Connections for Efficient Neural Networks. NIPS.

85. Han, Y., Huang, G., Song, S., Yang, L., Wang, H., & Wang, Y. (2021). Dynamic Neural Networks: A Survey. arXiv:2102.04906.

86. Hartmann, J., Heitmann, M., Siebert, C., & Schamp, C. (2023). More than a Feeling: Accuracy and Application of Sentiment Analysis. International Journal of Research in Marketing, 40(1), 75-87.

87. Hazan, E., Rakhlin, A., & Bartlett, P. (2007). Adaptive Online Gradient Descent. NIPS.

88. He, X., Liao, L., Zhang, H., Nie, L., Hu, X., & Chua, T. (2017). Neural Collaborative Filtering. WWW.

89. He, X., Pan, J., Jin, O., Xu, T., Liu, B., Xu, T., Shi, Y., Atallah, A., Bowers, S., & Candela, J. Q. (2014). Practical Lessons from Predicting Clicks on Ads at Facebook. ADKDD.

90. He, Z., Wang, Z., Wei, W., Feng, S., Mao, X., & Jiang, S. (2020). A Survey on Recent Advances in Sequence Labeling from Deep Learning Models. arXiv:2011.06727.

91. Hinton, G., Vinyals, O., & Dean, J. (2014). Distilling the Knowledge in a Neural Network. NIPS.

92. Howard, A. G., Zhu, M., Chen, B., Kalenichenko, D., Wang, W., Weyand, T., Andreetto, M., & Adam, H. (2017). MobileNets: Efficient Convolutional Neural Networks for Mobile

Vision Applications. arXiv:1704.04861.

93. Hu, J., Shen, L., Albanie, S., Sun, G., & Wu, E. (2018). Squeeze-and-Excitation Networks. CVPR.

94. Huang, Z. (1997). Clustering Large Data Sets with Mixed Numeric and Categorical Values. Proceedings of the First Pacific Asia Knowledge Discovery and Data Mining Conference.

95. Ilic, A., & Kabiljo, M. (2015, June 2). Recommending items to more than a billion people. Engineering at Meta. Retrieved May 5, 2023, from https://engineering. fb.com/2015/06/02/core-data/recommending-items-to-more-than-a-billion-people/

96. Imbalanced Data | Machine Learning. (2022, July 18). Google Developers. Retrieved May 4, 2023, from https://developers.google.com/machine-learning/data-prep/ construct/sampling-splitting/imbalanced-data

97. Introduction | Kubeflow. (2022, September 15). Kubeflow. Retrieved May 6, 2023, from https://www.kubeflow.org/docs/components/pipelines/v1/ introduction/

98. Introduction | Machine Learning. (2022, July 18). Google Developers. Retrieved May 5, 2023, from https://developers.google.com/machine-learning/recommendation

99. Introduction to the Keras Tuner. (2022, December 15). TensorFlow. Retrieved May 6, 2023, from https://www.tensorflow.org/tutorials/keras/keras_tuner

100. Introduction to Variables. (2022, December 15). TensorFlow. Retrieved May 4, 2023, from https://www.tensorflow.org/guide/variable

101. Iscen, A., Tolias, G., Avrithis, Y., & Chum, O. (2019). Label Propagation for Deep Semi-supervised Learning. CVPR.

102. Jagarlamudi, J., Daumé, H., & Udupa, R. (2012). Incorporating lexical priors into topic

models. EACL.

103. Kalyan, K. S., Rajasekharan, A., & Sangeetha, S. (2021). AMMUS : A Survey of Transformer-based Pretrained Models in Natural Language Processing. arXiv:2108.05542.

104. Keras debugging tips. (2020, May 16). Keras. Retrieved May 4, 2023, from https://keras.io/examples/keras_recipes/debugging_tips/

105. Khandelwal, H., Ha-Thuc, V., Dutta, A., Lu, Y., Du, N., Li, Z., & Huang, Q. (2021). Jointly Optimize Capacity, Latency and Engagement in Large-scale Recommendation Systems. RecSys.

106. Kim, C. (n.d.). MFCC Feature extraction for Sound Classification. Kaggle. Retrieved May 7, 2023, from https://www.kaggle.com/code/seriousran/mfcc-feature-extraction-for-sound-classification

107. Kingma, D. P., Rezende, D. J., Mohamed, S., & Welling, M. (2014). Semi-Supervised Learning with Deep Generative Models. NIPS.

108. Klambauer, G., Unterthiner, T., Mayr, A., & Hochreiter, S. (2017). Self-Normalizing Neural Networks. NIPS.

109. Knight, K. (2009, September). Bayesian Inference with Tears. Retrieved May 7, 2023, from https://sites.socsci.uci.edu/~lpearl/courses/readings/Knight2009_BayesWithTears.pdf

110. Koren, Y. (2008). Factorization meets the neighborhood: a multifaceted collaborative filtering model. KDD.

111. Ktena, S. I., Tejani, A., Theis, L., Myana, P. K., Dilipkumar, D., Huszar, F., Yoo, S., & Shi, W. (2019). Addressing Delayed Feedback for Continuous Training with Neural Networks in CTR prediction. RecSys.

112. Kuhn, M., & Johnson, K. (2019). Feature Engineering and Selection: A Practical Approach for Predictive Models. CRC Press, Taylor & Francis Group.

113. Kyubyong/g2p: g2p: English Grapheme To Phoneme Conversion. (n.d.). github. Retrieved May 5, 2023, from https://github.com/Kyubyong/g2p

114. Lambert, N., Castricato, L., Werra, L. v., & Havrilla, A. (2022, December 9). Illustrating Reinforcement Learning from Human Feedback (RLHF). Hugging Face. Retrieved May 7, 2023, from https://huggingface.co/blog/rlhf

115. Langer, M., He, Z., Rahayu, W., & Xue, Y. (2020). Distributed Training of Deep Learning Models: A Taxonomic Perspective. IEEE Transactions on Parallel and Distributed Systems, 31(12), 2802-2818.

116. Latent semantic analysis. (n.d.). Wikipedia. Retrieved May 5, 2023, from https://en.wikipedia.org/wiki/Latent_semantic_analysis

117. Lau, J. H., Newman, D., & Baldwin, T. (2014). Machine Reading Tea Leaves: Automatically Evaluating Topic Coherence and Topic Model Quality. EACL.

118. Least squares. (n.d.). Wikipedia. Retrieved May 4, 2023, from https://en.wikipedia.org/wiki/Least_squares

119. Lerer, A., Wu, L., Shen, J., Lacroix, T., Wehrstedt, L., Bose, A., & Peysakhovich, (2019). PyTorch-BigGraph: A Large-scale Graph Embedding System. Proceedings of The Conference on Systems and Machine Learning.

120. Lewis, M., Liu, Y., Goyal, N., Ghazvininejad, M., Mohamed, A., Levy, O., Stoyanov, V., & Zettlemoyer, L. (2020). BART: Denoising Sequence-to-Sequence Pre-training for Natural Language Generation, Translation, and Comprehension. ACL.

121. Li, K. (1994). Reservoir-sampling algorithms of time complexity $O(n(1+\log(N/n)))$. ACM Transactions on Mathematical Software, 20(4), 481-493.

122. Li, L., Chu, W., Langford, J., & Schapire, R. E. (2010). A Contextual-Bandit Approach to Personalized News Article Recommendation. WWW.

123. Li, Y. (2020). Handling Position Bias for Unbiased Learning to Rank in Hotels Search. arXiv:2002.12528.

124. Lian, J., Zhou, X., Zhang, F., Chen, Z., Xie, X., & Sun, G. (2018). xDeepFM: Combining Explicit and Implicit Feature Interactions for Recommender Systems. KDD.

125. Lin, J., & Dyer, C. (2010). Data-Intensive Text Processing with MapReduce (1st ed.). Morgan and Claypool Publishers.

126. Listwise ranking. (2022, September 27). TensorFlow. Retrieved May 5, 2023, from https://www.tensorflow.org/recommenders/examples/listwise_ranking#training_the_models

127. Liu, P. J., & Zhao, Y. (2020, June 9). PEGASUS: A State-of-the-Art Model for Abstractive Text Summarization. Google AI Blog. Retrieved May 5, 2023, from https://ai.googleblog.com/2020/06/pegasus-state-of-art-model-for.html

128. Liu, S., Xiao, F., Ou, W., & Si, L. (2017). Cascade Ranking for Operational E-commerce Search. KDD.

129. Liu, S., Yang, H., Li, J., & Kolmanič, S. (2021). Chinese Named Entity Recognition Method in History and Culture Field Based on BERT. International Journal of Computational Intelligence Systems.

130. Liu, Y., Ott, M., Goyal, N., Du, J., Joshi, M., Chen, D., Levy, O., Lewis, M., Zettlemoyer, L., & Stoyanov, V. (2019). RoBERTa: A Robustly Optimized BERT Pretraining Approach. arXiv:1907.11692.

131. Liu, Z., Zou, L., Zou, X., Wang, C., Zhang, B., Tang, D., Zhu, B., Zhu, Y., Wu, P., Wang, K., & Cheng, Y. (2022). Monolith: Real Time Recommendation System With Collisionless

Embedding Table. arXiv:2209.07663.

132. López, V., Fernández, A., García, S., Palade, V., & Herrera, F. (2013). An insight into classification with imbalanced data: Empirical results and current trends on using data intrinsic characteristics. Information Sciences, 250, 113-141.

133. Ma, J., Zhao, Z., Yi, X., Chen, J., Hong, L., & Chi, E. (2018). Modeling Task Relationships in Multi-task Learning with Multi-gate Mixture-of-Experts. KDD.

134. Ma, X., & Hovy, E. (2016). End-to-end Sequence Labeling via Bi-directional LSTM-CNNs-CRF. ACL.

135. Ma, Y., Chen, R., Li, W., Shang, F., Yu, W., Cho, M., & Yu, B. (2019). A Unified Approximation Framework for Compressing and Accelerating Deep Neural Networks. ICTAI.

136. Machine Learning for Snapchat Ad Ranking. (2022, February 11). Snap Engineering. Retrieved May 5, 2023, from https://eng.snap.com/machine-learning-snap-ad-ranking

137. MacKenzie, I., Meyer, C., & Noble, S. (2013, October 1). How retailers can keep up with consumers. McKinsey. Retrieved May 5, 2023, from https://www.mckinsey.com/industries/retail/our-insights/how-retailers-can-keep-up-with-consumers

138. Madireddy, S., Balaprakash, P., Carns, P., Latham, R., Ross, R., Snyder, S., & Wild, S. (2018). Modeling I/O Performance Variability Using Conditional Variational Autoencoders. IEEE International Conference on Cluster Computing (CLUSTER).

139. Malkov, Y. A., & Yashunin, D. A. (2020). Efficient and robust approximate nearest neighbor search using Hierarchical Navigable Small World graphs. IEEE Transactions on Pattern Analysis and Machine Intelligence, 42(4), 824-836.

140. Mason, W., & Suri, S. (2012). Conducting behavioral research on Amazon's Mechanical Turk. Behavior Research Methods, 44, 1-23.

141. McAlone, N. (2016, June 14). Netflix Recommendation Engine Worth $1 Billion Per Year. Business Insider. Retrieved May 5, 2023, from https://www.businessinsider.com/netflix-recommendation-engine-worth-1-billion-per-year-2016-6

142. Mcauliffe, J., & Blei, D. (2007). Supervised Topic Models. NIPS.

143. McCaffrey, J. D. (2013, November 5). Why You Should Use Cross-Entropy Error Instead Of Classification Error Or Mean Squared Error For Neural Network Classifier Training. Retrieved May 4, 2023, from https://jamesmccaffrey.wordpress.com/2013/11/05/why-you-should-use-cro ss-entropy-error-instead-of-classification-error-or-mean-squared-error-for-neural-network-classifier-training/

144. McMahan, H., Holt, G., Sculley, D., Young, M., Ebner, D., Grady, J., Nie, L., Phillips, T., Davydov, E., Golovin, D., Chikkerur, S., Liu, D., Wattenberg, M., Hrafnkelsson, A. M., Boulos, T., & Kubica, J. (2013). Ad Click Prediction: a View from the Trenches. KDD.

145. Meddeb, A., & Romdhane, L. B. (2022). Using Topic Modeling and Word Embedding for Topic Extraction in Twitter. Procedia Computer Science, 207, 790-799.

146. Miao, Y., Grefenstette, E., & Blunsom, P. (2017). Discovering Discrete Latent Topics with Neural Variational Inference. ICML.

147. Miao, Y., Yu, L., & Blunsom, P. (2016). Neural Variational Inference for Text Processing. ICML.

148. Minimizing real-time prediction serving latency in machine learning | Cloud Architecture Center. (2023, May 3). Google Cloud. Retrieved May 6, 2023, from https://cloud.google.com/architecture/minimizing-predictive-serving-latency-in-machine-learning

149. Minka, T. (2003). A Comparison of Numerical Optimizers for Logistic Regression. https://www.microsoft.com/en-us/research/publication/comparison-numerical-optimizers-logistic-regression/

150. Mirza, M., & Osindero, S. (2014). Conditional Generative Adversarial Nets. arXiv:1411.1784.

151. Model optimization. (2021, October 20). TensorFlow. Retrieved May 6, 2023, from https://www.tensorflow.org/lite/performance/model_optimization#quantization

152. Mohamed, A., Okhonko, D., & Zettlemoyer, L. (2019). Transformers with convolutional context for ASR. arXiv:1904.11660.

153. Moses - Moses/Background. (2013, July 28). Statmt.org. Retrieved May 7, 2023, from http://www2.statmt.org/moses/?n=Moses.Background

154. Müller, P. H. (2021, April 25). Attribution in iOS 14.5 — what is allowed? Adjust. Retrieved May 6, 2023, from https://www.adjust.com/blog/making-sense-of-ios-14-5-attribution-methods/

155. Nakkiran, P., Alvarez, R., Prabhavalkar, R., & Parada, C. (2015). Compressing Deep Neural Networks using a Rank-Constrained Topology. Interspeech.

156. Nallapati, R., Zhou, B., Nogueira dos santos, C., Gulcehre, C., & Xiang, B. (2016). Abstractive Text Summarization Using Sequence-to-Sequence RNNs and Beyond. CoNLL.

157. Naumov, M., Mudigere, D., Shi, H. M., Huang, J., Sundaraman, N., Park, J., Wang, X., Gupta, U., Wu, C., Azzolini, A. G., Dzhulgakov, D., Mallevich, A., Cherniavskii, I., Lu, Y., Krishnamoorthi, R., Yu, A., Kondratenko, V., Pereira, S., Chen, X., ... Smelyanskiy, M. (2019). Deep Learning Recommendation Model for Personalization and Recommendation Systems. arXiv:1906.00091.

158. NetSci 10-1 Small World Model. (2020, October 5). YouTube. Retrieved May 5, 2023, from https://www.youtube.com/watch?v=Pnh6Kg4nYbE

159. Neural machine translation with a Transformer and Keras | Text. (2023, April 8).

TensorFlow. Retrieved May 5, 2023, from https://www.tensorflow.org/text/tutorials/transformer

160. Ng, A. (n.d.). Machine Learning Specialization (DeepLearning.AI). Coursera. Retrieved May 4, 2023, from https://www.coursera.org/specializations/machine-learning-introduction

161. Niu, F., Recht, B., Re, C., & Wright, S. J. (2011). HOGWILD!: A Lock-Free Approach to Parallelizing Stochastic Gradient Descent. NIPS.

162. O'Brien, M., & Keane, M. T. (2006). Modeling Result-List Searching in the World Wide Web: The Role of Relevance Topologies and Trust Bias. Proceedings of the Annual Meeting of the Cognitive Science Society, 28.

163. Okura, S., Tagami, Y., Ono, S., & Tajima, A. (2017). Embedding-based News Recommendation for Millions of Users. KDD.

164. Oord, A. v., Dieleman, S., & Schrauwen, B. (2013). Deep content-based music recommendation. NIPS.

165. OpenAI. (2023). GPT-4 Technical Report. arXiv:2303.08774.

166. Ostermiller, S. (n.d.). Efficiently Implementing Dilate and Erode Image Functions - Stephen Ostermiller. Retrieved May 5, 2023, from https://blog.ostermiller.org/efficiently-implementing-dilate-and-erode-image-functions/

167. Overfit and underfit. (2022, December 15). TensorFlow. Retrieved May 4, 2023, from https://www.tensorflow.org/tutorials/keras/overfit_and_underfit

168. Pal, A., Eksombatchai, C., Zhou, Y., Zhao, B., Rosenberg, C., & Leskovec, J. (2020). PinnerSage: Multi-Modal User Embedding Framework for Recommendations at Pinterest. KDD.

169. Palczewska, A., Palczewski, J., Robinson, R. M., & Neagu, D. (2013). Interpreting random forest classification models using a feature contribution method. IEEE IRI.

170. Pasumarthi, R. K., Bruch, S., Wang, X., Li, C., Bendersky, M., Najork, M., Pfeifer, J., Golbandi, N., Anil, R., & Wolf, S. (2019). TF-Ranking: Scalable TensorFlow Library for Learning-to-Rank. KDD.

171. Patarasuk, P., & Yuan, X. (2009). Bandwidth optimal all-reduce algorithms for clusters of workstations. Journal of Parallel and Distributed Computing, 69(2), 117–124.

172. Pennington, J., Socher, R., & Manning, C. D. (2014). GloVe: Global Vectors for Word Representation. EMNLP.

173. Perform Automatic Model Tuning with SageMaker - Amazon SageMaker. (n.d.). AWS Documentation. Retrieved May 6, 2023, from https://docs.aws.amazon.com/sagemaker/latest/dg/automatic-model-tuning.html

174. Persson, A. (n.d.). Machine-Learning-Collection/ML/algorithms. github. Retrieved May 4, 2023, from https://github.com/aladdinpersson/Machine-Learning-Collection/tree/master/ML/algorithms

175. Prepare Data | Machine Learning. (2022, July 18). Google Developers. Retrieved May 5, 2023, from https://developers.google.com/machine-learning/clustering/prepare-data

176. Prokhorov, V., Shareghi, E., Li, Y., Pilehvar, M. T., & Collier, N. (2019). On the Importance of the Kullback-Leibler Divergence Term in Variational Autoencoders for Text Generation. WNGT.

177. Proximal Policy Optimization — Spinning Up documentation. (n.d.). OpenAI. Retrieved May 7, 2023, from https://spinningup.openai.com/en/latest/algorithms/ppo.html#background

178. Puri, C., Kooijman, G., Long, X., Hamelmann, P., Asvadi, S., Vanrumste, B., & Luca, S.

(2021). Feature selection for unbiased imputation of missing values: A case study in healthcare. Annu Int Conf IEEE Eng Med Biol Soc, 1911-1915.

179. Raffel, C., Shazeer, N., Roberts, A., Lee, K., Narang, S., Matena, M., Zhou, Y., Li, W., & Liu, P. J. (2020). Exploring the Limits of Transfer Learning with a Unified Text-to-Text Transformer. JMLR.

180. Ramachandran, P., Zoph, B., & Le, Q. V. (2017). Swish: a Self-Gated Activation Function. arXiv:1710.05941.

181. Ramage, D., Hall, D., Nallapati, R., & Manning, C. D. (2009). Labeled LDA: A supervised topic model for credit attribution in multi-labeled corpora. EMNLP.

182. Ramsey, L. (2018, November 1). Optimizing TensorFlow Models for Serving | by Lukman Ramsey | Google Cloud - Community. Medium. Retrieved May 6, 2023, from https://medium.com/google-cloud/optimizing-tensorflow-models-for-serving-959080e9ddbf

183. Recommendation Systems Overview | Machine Learning. (2022, July 18). Google Developers. Retrieved May 5, 2023, from https://developers.google.com/machine-learning/recommendation/overview/types

184. Ren, Y., Tang, H., & Zhu, S. (2019). Unbiased Pairwise Learning to Rank in Recommender Systems. WWW.

185. Rendle, S. (2010). Factorization Machines. IEEE International Conference on Data Mining.

186. Rendle, S., Freudenthaler, C., Gantner, Z., & Schmidt-Thieme, L. (2009). BPR: Bayesian Personalized Ranking from Implicit Feedback. UAI.

187. Resilient ad serving at Twitter-scale. (2016, March 30). Twitter Blog. Retrieved May 6, 2023, from https://blog.twitter.com/engineering/en_us/a/2016/resilient-ad-serving-at-

twitter-scale

188. Richardson, M., Dominowska, E., & Ragno, R. (2007). Predicting Clicks: Estimating the Click-Through Rate for New Ads. WWW.

189. Romano, J., Vinh, N. X., Bailey, J., & Verspoor, K. (2016). Adjusting for Chance Clustering Comparison Measures. JMLR, 17(134), 1-32.

190. Ruder, S. (2016, January 19). An overview of gradient descent optimization algorithms. ruder.io. Retrieved May 4, 2023, from https://www.ruder.io/optimizing-gradient-descent/

191. Saravanou, A., Tomasi, F., Mehrotra, R., & Lalmas, M. (2021, October 29). Multi-Task Learning of Graph-based Inductive Representations of Music Content - Spotify Research. Spotify Research. Retrieved May 5, 2023, from https://research.atspotify.com/2021/10/multi-task-learning-of-graph-based-inductive-representations-of-music-content/

192. Sataluri, V., Wu, Y., Zheng, X., Qian, Y., Wichers, B., Dai, Q., Tang, G. M., Jiang, J., & Lin, J. (2020). SimClusters: Community-Based Representations for Heterogeneous Recommendations at Twitter. KDD.

193. Saveski, M., Pouget-Abadie, J., Saint-Jacques, G., Duan, W., Ghosh, S., Xu, Y., & Airoldi, E. (2017). Detecting Network Effects: Randomizing Over Randomized Experiments. KDD.

194. Saxena, S. (2019, June 26). What's the Difference Between RMSE and RMSLE? | by Sharoon Saxena | Analytics Vidhya. Medium. Retrieved May 4, 2023, from https://medium.com/analytics-vidhya/root-mean-square-log-error-rmse-vs-rmlse-935c6cc1802a

195. Sell, T., & Pienaar, W. (2019, January 19). Introducing Feast: an open source feature store for machine learning. Google Cloud. Retrieved May 6, 2023, from https://cloud.google.com/blog/products/ai-machine-learning/ introducing-feast-an-open-source-feature-store-for-machine-learning

196. sentiment-analysis-using-roberta.ipynb - Colaboratory. (n.d.). Google Colab. Retrieved May 5, 2023, from https://colab.research.google.com/github/DhavalTaunk08/NLP_scripts/blob/master/sentiment_analysis_using_roberta.ipynb#section05

197. Shalaby, W., Oh, S., Afsharinejad, A., Kumar, S., & Cui, X. (2022). M2TRec: Metadata-aware Multi-task Transformer for Large-scale and Cold-start free Session-based Recommendations. RecSys.

198. Sharma, A., Jiang, J., Bommannavar, P., Larson, B., & Lin, J. (2016). GraphJet: real-time content recommendations at twitter. Proceedings of the VLDB Endowment, 9(13), 1281-1292.

199. Shi, C., Li, Y., Zhang, J., Sun, Y., & Yu, P. S. (2016). A survey of heterogeneous information network analysis. IEEE Transactions on Knowledge and Data Engineering, 29(1), 17-37.

200. Shukla, N., Kolbeinsson, A., Otwell, K., Marla, L., & Yellepeddi, K. (2019). Dynamic Pricing for Airline Ancillaries with Customer Context. KDD.

201. Siddiqui, J. R. (2022, February 6). Why Is Cross Entropy Equal to KL-Divergence? Towards Data Science. Retrieved May 4, 2023, from https://towardsdatascience.com/why-is-cross-entropy-equal-to-kl-divergence-d4d2ec413864

202. sklearn.svm.LinearSVR. (n.d.). Scikit-learn. Retrieved May 6, 2023, from https://scikit-learn.org/stable/modules/generated/sklearn.svm.LinearSVR.html

203. Smith, B., & Linden, G. (2017). Two Decades of Recommender Systems at Amazon.com. IEEE Internet Computing, 21(3), 12-18.

204. Sohn, K., Lee, H., & Yan, X. (2015). Learning Structured Output Representation using Deep Conditional Generative Models. NIPS.

205. Srivastava, N., Hinton, G., Krizhevsky, A., Sutskever, I., & Salakhutdinov, R. (2014).

Dropout: A Simple Way to Prevent Neural Networks from Overfitting. JMLR, 15(56), 1929–1958.

206. Steadman, B. (2020, October 9). SteadBytes | Reservoir Sampling. Ben Steadman. Retrieved May 5, 2023, from https://steadbytes.com/blog/reservoir-sampling/

207. Stiennon, N., Ouyang, L., Wu, J., Ziegler, D. M., Lowe, R., Voss, C., Radford, A., Amodei, D., & Christiano, P. (2020). Learning to summarize from human feedback. NIPS.

208. String-searching algorithm. (n.d.). Wikipedia. Retrieved May 5, 2023, from https://en.wikipedia.org/wiki/String-searching_algorithm

209. Sun, W., Yan, L., Ma, X., Ren, P., Yin, D., & Ren, Z. (2023). Is ChatGPT Good at Search? Investigating Large Language Models as Re-Ranking Agent. arXiv:2304.09542.

210. Sun, Z., Deng, Z., Nie, J., & Tang, J. (2019). RotatE: Knowledge Graph Embedding by Relational Rotation in Complex Space. ICLR.

211. Sutskever, I., Vinyals, O., & Le, Q. V. (2014). Sequence to Sequence Learning with Neural Networks. NIPS.

212. Szandała, T. (2021). Review and Comparison of Commonly Used Activation Functions for Deep Neural Networks. Bio-Inspired Neurocomputing, Springer, 903, 203-224.

213. Tan, H. H., & Lim, K. H. (2019). Review of second-order optimization techniques in artificial neural networks backpropagation. IOP Conf. Ser.: Mater. Sci. Eng., 495.

214. Tan, M., & Le, Q. V. (2019). EfficientNet: Rethinking Model Scaling for Convolutional Neural Networks. ICML.

215. Tang, J., Qu, M., Wang, M., Zhang, M., Yan, J., & Mei, Q. (2015). LINE: Large-scale Information Network Embedding. WWW.

216. Tang, J., & Wang, K. (2018). Ranking Distillation: Learning Compact Ranking Models

참고자료

With High Performance for Recommender System. KDD.

217. Tanner, G. (2020, September 29). Logistic Regression. ML Explained. Retrieved May 4, 2023, from https://ml-explained.com/blog/logistic-regression-explained#gradient-descent

218. Teh, Y. W., Jordan, M. I., Beal, M. J., & Blei, B. M. (2006). Hierarchical Dirichlet Processes. Journal of the American Statistical Association, 101(476), 1566-1581.

219. TensorFlow Data Validation | TFX. (2023, March 15). TensorFlow. Retrieved May 4, 2023, from https://www.tensorflow.org/tfx/tutorials/data_validation/tfdv_basic

220. Tensorflow Serving Configuration | TFX. (2021, March 30). TensorFlow. Retrieved May 4, 2023, from https://www.tensorflow.org/tfx/serving/serving_config

221. TFX tutorials | TensorFlow. (2021, December 8). TensorFlow. Retrieved May 4, 2023, from https://www.tensorflow.org/tfx/tutorials

222. The Size and Quality of a Data Set | Machine Learning. (2022, July 18). Google Developers. Retrieved May 4, 2023, from https://developers.google.com/machine-learning/data-prep/construct/collect/data-size-quality

223. the-algorithm/cr-mixer. (n.d.). github. Retrieved May 5, 2023, from https://github.com/twitter/the-algorithm/tree/main/cr-mixer

224. the-algorithm/src/scala/com/twitter/simclusters_v2. (n.d.). github. Retrieved May 5, 2023, from https://github.com/twitter/the-algorithm/tree/main/src/scala/com/twitter/simclusters_v2

225. Train and serve a TensorFlow model with TensorFlow Serving | TFX. (2023, March 15). TensorFlow. Retrieved May 4, 2023, from https://www.tensorflow.org/tfx/tutorials/serving/rest_simple

226. Training using the built-in wide and deep algorithm | AI Platform Training. (2023, May 3). Google Cloud. Retrieved May 4, 2023, from https://cloud.google.com/ai-platform/training/docs/algorithms/wide-and-deep#analysis

227. Transforming Your Data: Check Your Understanding | Machine Learning. (2022, July 18). Google Developers. Retrieved May 5, 2023, from https://developers.google.com/machine-learning/data-prep/transform/check-your-understanding

228. Turney, P. (2002). Thumbs Up or Thumbs Down? Semantic Orientation Applied to Unsupervised Classification of Reviews. ACL.

229. Tyagi, A., Sharma, V., Gupta, R., Samson, L., Zhuang, N., Wang, Z., & Campbell, W. M. (2020). Fast Intent Classification for Spoken-Language-Understanding Systems. ICASSP.

230. Tzeng, E., Hoffman, J., Saenko, K., & Darrell, T. (2017). Adversarial Discriminative Domain Adaptation. CVPR.

231. Understanding bidding basics - Google Ads Help. (n.d.). Google Support. Retrieved May 5, 2023, from https://support.google.com/google-ads/answer/2459326?hl=en

232. Understanding TFX Pipelines. (2023, April 4). TensorFlow. Retrieved May 6, 2023, from https://www.tensorflow.org/tfx/guide/understanding_tfx_pipelines

233. Vajjala, S., & Balasubramaniam, R. (2022). What do we Really Know about State of the Art NER? LREC.

234. Vasile, F., Smirnova, E., & Conneau, A. (2016). Meta-Prod2Vec – Product Embeddings Using Side-Information for Recommendation. RecSys.

235. Vaswani, A., Shazeer, N., Parmar, N., Uszkoreit, J., Jones, L., Gomez, A., Kaiser, Ł., & Polosukhin, I. (2017). Attention Is All You Need. NIPS.

236. Vernade, C., Cappé, O., & Perchet, V. (2017). Stochastic Bandit Models for Delayed

Conversions. Conference on Uncertainty in Artificial Intelligence.

237. Versloot, C. (2020, December 29). machine-learning-articles/differences-between-autoregressive-autoencoding-and-sequence-to-sequence-models-in-machine-learning. md. github. Retrieved May 7, 2023, from https://github.com/christianversloot/machine-learning-articles/blob/main/differences-between-autoregressive-autoencoding-and-sequence-to-sequence-models-in-machine-learning.md

238. Volkovs, M., Yu, G., & Poutanen, T. (2017). DropoutNet: Addressing Cold Start in Recommender Systems. NIPS.

239. Wang, C., & Blei, D. (2011). Collaborative topic modeling for recommending scientific articles. KDD.

240. Wang, D., Cui, P., & Zhu, W. (2016a). Structural Deep Network Embedding. KDD.

241. Wang, H. (2020, June 8). A new approach: Metric learning for SplitNet. Twitter Blog. Retrieved May 5, 2023, from https://blog.twitter.com/engineering/en_us/topics/insights/2020/a-new-approach-metric-learning-for-splitnet

242. Wang, H., Wang, N., & Yeung, D. (2015). Collaborative Deep Learning for Recommender Systems. KDD.

243. Wang, R., Fu, B., & Wang, M. (2017). Deep & Cross Network for Ad Click Predictions. Proceedings of AdKDD and TargetAd.

244. Wang, R., Shivanna, R., Cheng, D. Z., Jain, S., Lin, D., Hong, L., & Chi, E. H. (2021). DCN V2: Improved Deep & Cross Network and Practical Lessons for Web-scale Learning to Rank Systems. WWW.

245. Wang, T., Roberts, A., Hesslow, D., Scao, T. L., Chung, H. W., Beltagy, I., Launay, J., & Raffel, C. (2022). What Language Model Architecture and Pretraining Objective Work Best for Zero-Shot Generalization? arXiv:2204.05832.

246. Wang, W., Gan, Z., Xu, H., Zhang, R., Wang, G., Shen, D., Chen, C., & Carin, L. (2019a). Topic-Guided Variational Autoencoders for Text Generation. NAACL.

247. Wang, W., Jin, J., Hao, J., Chen, C., Yu, C., Zhang, W., Wang, J., Hao, X., Wang, Y., Li, H., Xu, J., & Gai, K. (2019b). Learning Adaptive Display Exposure for Real-Time Advertising. CIKM.

248. Wang, X., Bendersky, M., Metzler, D., & Najork, M. (2016b). Learning to Rank with Selection Bias in Personal Search. SIGIR.

249. Wang, X., Golbandi, N., Bendersky, M., Metzler, D., & Najork, M. (2018). Position Bias Estimation for Unbiased Learning to Rank in Personal Search. WSDM.

250. Wang, Z., Zhao, L., Jiang, B., Zhou, G., Zhu, X., & Gai, K. (2020). COLD: Towards the Next Generation of Pre-Ranking System. DLP-KDD.

251. Weight clustering | TensorFlow Model Optimization. (2022, August 3). TensorFlow. Retrieved May 6, 2023, from https://www.tensorflow.org/model_optimization/guide/clustering

252. What is Candidate Sampling. (n.d.). TensorFlow. Retrieved May 5, 2023, from https://www.tensorflow.org/extras/candidate_sampling.pdf

253. What is Functional Programming? | Scala 3 — Book. (n.d.). Scala Documentation. Retrieved May 5, 2023, from https://docs.scala-lang.org/scala3/book/fp-what-is-fp.html

254. Wong, J. P. (2022, January 20). Model-based candidate generation for account recommendations. Twitter Blog. Retrieved May 5, 2023, from https://blog.twitter.com/engineering/en_us/topics/insights/2022/model-based-candidate-generation-for-account-recommendations

255. Working with preprocessing layers. (2022, January 10). TensorFlow. Retrieved May 4, 2023, from https://www.tensorflow.org/guide/keras/preprocessing_layers

256. Wu, C., Wu, F., Qi, T., & Huang, Y. (2021). Empowering News Recommendation with Pre-trained Language Models. SIGIR.

257. Wu, L., Lin, H., Gao, Z., Tan, C., & Li, S. Z. (2023a). Self-supervised Learning on Graphs: Contrastive, Generative,or Predictive. IEEE Transactions on Knowledge and Data Engineering, 35(4), 4216-4235.

258. Wu, S., Irsoy, O., Dabravolski, V., Dredze, M., Gehrmann, S., Kambadur, P., Rosenberg, D., & Mann, G. (2023b). BloombergGPT: A Large Language Model for Finance. arXiv:2303.17564.

259. Wu, Y., Zhao, S., & Li, W. (2020). Phrase2Vec: Phrase embedding based on parsing. Information Sciences, 517, 100-127.

260. Wu, Z., Pan, S., Chen, F., Long, G., Zhang, C., & Yu, P. S. (2019). A Comprehensive Survey on Graph Neural Networks. arXiv:1901.00596.

261. Wubben, S., Bosch, A. v., & Krahmer, E. (2012). Sentence Simplification by Monolingual Machine Translation. ACL.

262. Xia, F., Liu, T., Wang, J., Zhang, W., & Li, H. (2008). Listwise approach to learning to rank: theory and algorithm. ICML.

263. Xia, Y., Fabbrizio, G. D., Vaibhav, S., & Datta, A. (2017). A content-based recommender system for e-commerce offers and coupons. Proceedings of SIGIR eCom.

264. Xie, J., Girshick, R., & Farhadi, A. (2016). Unsupervised Deep Embedding for Clustering Analysis. ICML.

265. Yang, Z., Ding, M., Zhou, C., Yang, H., Zhou, J., & Tang, J. (2020). Understanding Negative Sampling in Graph Representation Learning. KDD.

266. Ye, P., Qian, J., Chen, J., Wu, C., Zhou, Y., Mars, S. D., Yang, F., & Zhang, L. (2018).

Customized Regression Model for Airbnb Dynamic Pricing. KDD.

267. Yi, X., Yang, J., Hong, L., Cheng, D. Z., Heldt, L., Kumthekar, A. A., Zhao, Z., Wei, L., & Chi, E. (2019). Sampling-Bias-Corrected Neural Modeling for Large Corpus Item Recommendations. RecSys.

268. Ying, R., He, R., Chen, K., Eksombatchai, P., Hamilton, W., & Leskovec, J. (2018). Graph Convolutional Neural Networks for Web-Scale Recommender Systems. KDD.

269. Yoshikawa, Y., & Imai, Y. (2018). A Nonparametric Delayed Feedback Model for Conversion Rate Prediction. arXiv:1802.00255.

270. Yu, F. X., Choromanski, K., Kumar, S., Jebara, T., & Chang, S. (2015). On Learning from Label Proportions. arXiv:1402.5902.

271. Yu, F. X., Liu, D., Kumar, S., Jebara, T., & Chang, S. (2013). ∝SVM for learning with label proportions. ICML.

272. Yuan, Z., Yuan, H., Tan, C., Wang, W., Huang, S., & Huang, F. (2023). RRHF: Rank Responses to Align Language Models with Human Feedback without tears. arXiv:2304.05302.

273. Yue, Y., Patel, R., & Roehrig, H. (2010). Beyond position bias: examining result attractiveness as a source of presentation bias in clickthrough data. WWW.

274. Zhang, J., Zhao, Y., Saleh, M., & Liu, P. J. (2020). PEGASUS: Pre-training with Extracted Gap-sentences for Abstractive Summarization. ICML.

275. Zhang, Q., Liao, X., Liu, Q., Xu, J., & Zheng, B. (2022). Leaving No One Behind: A Multi-Scenario Multi-Task Meta Learning Approach for Advertiser Modeling. WSDM.

276. Zhang, Q., Qiu, L., Wu, H., Wang, J., & Luo, H. (2019). Deep Learning Based Dynamic Pricing Model for Hotel Revenue Management. ICDMW.

277. Zhang, W., Chen, T., Wang, J., & Yu, Y. (2013). Optimizing top-n collaborative filtering via dynamic negative item sampling. SIGIR.

278. Zhang, X., Zhou, X., Lin, M., & Sun, J. (2018). ShuffleNet: An Extremely Efficient Convolutional Neural Network for Mobile Devices. CVPR.

279. Zhang, Z. (2016). Missing data imputation: focusing on single imputation. Ann Transl Med, 4(1).

280. Zhao, H., Phung, D., Huynh, V., Jin, Y., Du, L., & Buntine, W. (2021). Topic Modelling Meets Deep Neural Networks: A Survey. IJCAI.

281. Zhao, X., Louca, R., Hu, D., & Hong, L. (2018). Learning Item-Interaction Embeddings for User Recommendations. arXiv:1812.04407.

282. Zhao, X., Zheng, X., Yang, X., Liu, X., & Tang, J. (2020). Jointly Learning to Recommend and Advertise. KDD.

283. Zhao, Z., Hong, L., Wei, L., Chen, J., Nath, A., Andrews, S., Kumthekar, A., Sathiamoorthy, M., Yi, X., & Chi, E. (2019). Recommending what video to watch next: a multitask ranking system. RecSys.

284. Zheng, H., Yang, Z., Liu, W., Liang, J., & Li, Y. (2015). Improving deep neural networks using softplus units. IJCNN.

285. Zheng, Y., Bian, J., Meng, G., Zhang, C., Wang, H., Zhang, Z., Li, S., Zhuang, T., Liu, Q., & Zeng, X. (2022). Multi-Objective Personalized Product Retrieval in Taobao Search. arXiv:2210.04170.

286. Zhou, L., & Brunskill, E. (2016). Latent Contextual Bandits and their Application to Personalized Recommendations for New Users. IJCAI.

287. Zhu, F., Xiao, W., Yu, Y., Wang, Z., Chen, Z., Lu, Q., Liu, Z., Wu, M., & Ni, S. (2022).

Modeling Price Elasticity for Occupancy Prediction in Hotel Dynamic Pricing. CIKM.

288. Zhu, J., Shan, Y., Mao, J., Yu, D., Rahmanian, H., & Zhang, Y. (2017). Deep Embedding Forest: Forest-based Serving with Deep Embedding Features. KDD.

289. Zhuang, Y., Thiagarajan, A., & Sweeney, T. (2019, March 4). Ranking Tweets with TensorFlow — The TensorFlow Blog. The TensorFlow Blog. Retrieved May 5, 2023, from https://blog.tensorflow.org/2019/03/ranking-tweets-with-tensorflow.html

290. Zinkevich, M. (2023, January 5). Rules of Machine Learning. Google Developers. Retrieved May 4, 2023, from https://developers.google.com/machine-learning/guides/rules-of-ml

291. Žliobaitė, I. (2010). Learning under Concept Drift: an Overview. arXiv:1010.4784.

찾아보기

찾아보기